Z 1038.
F.a.1

15719

LETTRES
DE
RACINE,
ET
MEMOIRES
SUR SA VIE.
TOME PREMIER.

A LAUSANNE ET A GENEVE,
Chez MARC-MICHEL BOUSQUET, &
Compagnie.

M. DCC. XLVII.

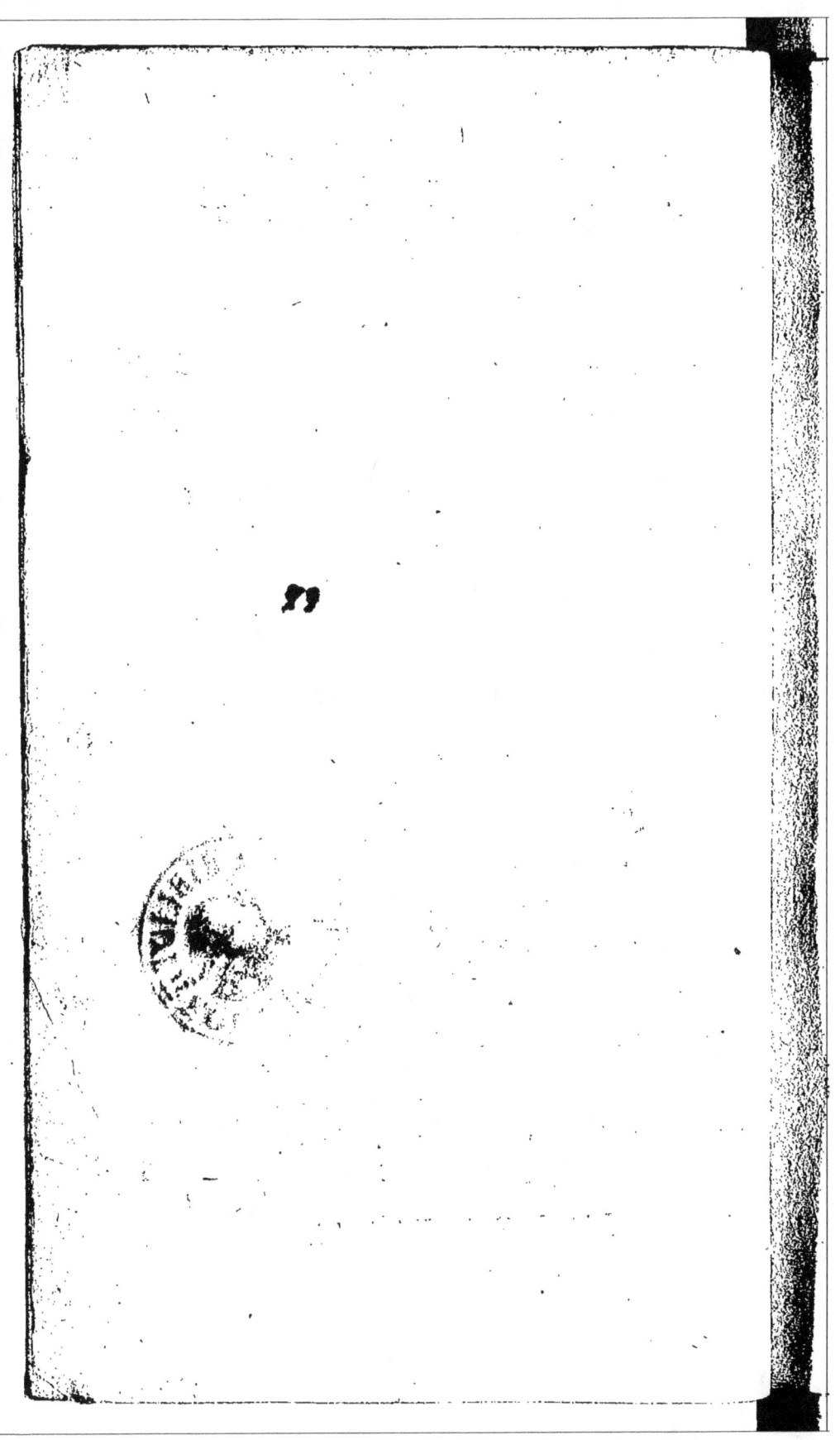

AVERTISSEMENT.

Comme M. l'Abbé d'Olivet, qui avoit lû quelques-unes des Lettres suivantes, en a parlé dans son Histoire de l'Académie Françoise, en disant qu'elles sont pleines d'esprit, & écrites avec une exactitude & une beauté de style, qui est ordinairement le fruit d'un long exercice, on me sçauroit mauvais gré si je ne les faisois pas connoître; & quoiqu'elles soient peu sérieuses, loin d'avoir de la répugnance à les donner, je n'ai pas de meilleur moyen pour détromper ceux qui s'imaginent que celui qui a si bien peint l'amour dans ses Vers, en étoit toujours occupé. S'il y eût été livré, même dans sa jeunesse, il ne se fut pas rendu capable de le peindre si bien.

Voici des Lettres écrites en toute liberté, & en sortant de Port-Royal, dont il n'avoit plus à craindre les remontrances : on les peut apeler ses *Juvenilia*. Il les écrit à un jeune ami, qu'il soupçonne quelquefois d'être amou-

AVERTISSEMENT.

amoureux : il ne s'attendoit pas qu'elles duſſent être luës par d'autres : il n'a jamais ſçu qu'on les eût conſervées. M. l'Abbé Dupin, qui les avoit recueillies, nous les a renduës. Dans ces Lettres cependant, écrites librement, le badinage eſt ſi innocent, que je n'ai jamais rien trouvé qui ait dû m'obliger à en ſuprimer une ſeule. On y voit un jeune homme enjoué, aimant à railler, ne ſe préparant pas à l'état Eccléſiaſtique par eſprit de pieté, conſervant toujours néanmoins des ſentimens de piété dans le cœur, quoiqu'il paroiſſe content de n'être plus ſous la ſévére diſcipline de Port-Royal ; plein de tendreſſe pour ſes amis, fuyant le monde & les plaiſirs par raiſon, pour ſe livrer tout entier à l'étude, & à ſon unique paſſion, qui étoit celle des Vers.

LETTRES

PREMIER RECUEIL.

LETTRES
Ecrites dans sa jeunesse à quelques Amis.

A M. LE VASSEUR.

A Paris le 5 Septembre 1660.

L'Ode est faite, (1) & je l'ai donnée à M. Vitart pour la faire voir à M. Chapelain. S'il n'étoit point si tard, j'en ferois une autre copie pour vous; mais il est dix heures du soir, & d'ailleurs je crains furieusement le chagrin où vous met votre maladie, & qui vous

---

(1) L'Ode intitulée *la Nymphe de la Seine*. M. Vitart son Oncle la porta à Chapelain Ce M. le Vasseur, si intime ami alors de mon Pere, & environ du même âge, étoit un parent de M. Vitart.

rendroit peut-être assez difficile, pour ne rien trouver de bon dans mon Ode. Cela m'embarrasseroit, & l'autorité que vous avez sur moi pourroit produire en cette rencontre un aussi mauvais effet qu'elle en produit de bons en toutes les autres. Néanmoins comme il y a espérance que cette maladie ne durera pas, je vous enverrai demain une Copie. Je crains encore que vos notes ne viennent tard.

Quoiqu'il en soit, je vais vous écrire par avance une Stance & demie. Ce n'est pas que je les croie les plus belles; mais c'est qu'elles sont sur l'entrée de la Reine.

(1) Qu'il vous faisoit beau voir en ce superbe jour,
Où sur un char conduit par la Paix & l'Amour,
Votre illustre beauté triompha sur mes rives!
Les discords après vous se voyoient enchaînés.

---

(1) Quoiqu'il paroisse si content de ces vers, il ne conserva pas les premiers. On lui critiqua aparemment *les discords*, mot qui lui plaisoit, & par lequel il vouloit imiter Malherbe. La Stance suivante est telle qu'elle subsiste aujourd'hui.

Mais hélas ! que d'ames captives
Virent aussi leurs cœurs en triomphe menés !
Tout l'or dont se vante le Tage,
Tout ce que l'Inde sur ses bords
Vit jamais briller de trésors,
Sembloit être sur mon rivage.
Qu'étoit-ce toutefois de ce grand apareil,
Dès qu'on jettoit les yeux sur l'éclat non-
pareil,
Dont vos seules beautés vous avoient entou-
rées ?
Je sçais bien que Junon parut moins belle
aux Dieux
Et moins digne d'être adorée,
Lorsqu'en nouvelle Reine, elle entra dans
les Cieux.

Peut-être trouverez-vous d'autres Strophes, qui ne vous paroîtront pas moins belles.

Je ne sçai si vous avez connoissance de quelques Lettres qui font un grand bruit. Elles sont de M. le Cardinal de Rets. Je les ai vûës, mais en des mains dont je ne pouvois les tirer. On craint à Paris quelque chose de plus fort, comme un Interdit. Cela passe ma portée. Adieu.

AU MESME.

A Paris le 8 Septembre 1660.

JE vous envoye mon Sonnet, (1) c'est-à-dire un nouveau Sonnet. Car je l'ai tellement changé hier au soir, que vous le méconnoîtrez. Mais je crois que vous ne l'en aprouverez pas moins. En effet ce qui le rend méconnoissable, est ce qui vous le doit rendre plus agréable, puisque je ne l'ai si défiguré que pour le rendre plus beau, & plus conforme aux régles que vous me prescrivites hier, qui sont les régles mêmes du Sonnet. Vous trouviez étrange que la fin fut une suite si différente du commencement. Cela me choquoit de même que vous. Car les Poëtes ont cela des hypocrites, qu'ils défendent toûjours ce qu'ils font, mais

---

(1) Il fit en même tems le Sonnet, que j'ai raporté dans sa vie, & qu'il apelle dans la Lettre suivante, son *triste Sonnet*, à cause des réprimandes qui lui vinrent de Port-Royal, lorsqu'on y aprit qu'il faisoit des Vers.

que leur conscience ne les laisse jamais en repos. J'avois bien reconnu (1) ce défaut, quoique je fisse tout mon possible pour montrer que ce n'en étoit pas un : la force de vos raisons étant ajoûtée à celle de ma conscience a achevé de me convaincre. Je me suis rangé à la raison, & j'y ai aussi rangé mon Sonnet. J'en ai changé la pointe, ce qui est le plus considérable dans ces ouvrages. J'ai fait comme un nouveau Sonnet : ma conscience ne me reproche plus rien, & j'en prens un assez bon augure. Je souhaite qu'il vous satisfasse de même.

J'ai lû toute la Callipédie, (2) & je l'ai admirée. Il me semble qu'on ne peut faire de plus beaux Vers Latins. Balzac diroit qu'ils sentent tout-à-fait l'ancienne Rome, & la Cour d'Auguste, & que le Cardinal du Perron les auroit lûs de bon cœur. Pour moi, qui ne sçais pas si bien quel étoit le goût de ce Cardinal, & qui m'en soucie fort peu, je me contente de vous dire mon senti-

___

(1). Le Sonnet paroît bien l'ouvrage d'un très-jeune homme ; mais cette réflexion si juste est remarquable dans un Poëte si jeune.

(2) Poëme Latin composé par Quillet.

ment. Vous trouverez dans cette Lettre plusieurs ratures; mais vous les devez pardonner à un homme qui sort de table. Vous sçavez que ce n'est pas le tems le plus propre pour concevoir les choses bien nettement; & je puis dire avec autant de raison que l'Auteur de la Callipédie, qu'il ne faut pas se mettre à travailler sitôt après le repas.

Nimirum crudam si ad læta cubilia portas
Perdicem, &c.

Mais il ne m'importe de quelle façon je vous écrive, pourvû que j'aïe le plaisir de vous entretenir; de même qu'il me seroit bien difficile d'attendre après la digestion de mon soûper, si je me trouvois à la premiére nuit de mes nôces. Je ne suis pas assez patient pour observer tant de formalités : cela est pitoyable de se priver d'un entretien pour trois ou quatre ratures. Mais M. Vitart monte à cheval, & il faut que je parte avec lui; je vous écrirai plus au long une autrefois. *Vale & vive.*

AU MESME.

A Paris le 13 *Septembre* 1660.

POurquoi ne voulez-vous plus me venir voir, & aimez-vous mieux me parler par Lettres ? N'est-ce point que vous vous imaginez que vous en aurez plus d'autorité sur moi, & que vous en conserverez mieux la majesté de l'Empire ? *Major è loginquo reverentia.* Croyez-moi, Monsieur, il n'est pas besoin de cette politique : vos raisons sont trop bonnes d'elles-mêmes, sans être apuyées de ces secours étrangers. Votre présence me seroit plus utile que votre absence, car l'Ode étant presque imprimée, vos avis arriveront trop tard.

Elle a été montrée à M. Chapelain : il a marqué quelques changemens à faire, je les ai faits, & j'étois très-embarrassé pour sçavoir si ces changemens n'étoient point eux-mêmes à changer. Je ne sçavois à qui m'adresser. M. Vitart est rarement capable de donner son attention à quelque chose.

M. l'Avocat n'en donne pas beaucoup non plus à ces sortes de choses. Il aime mieux ne voir jamais une piéce, quelque belle qu'elle soit, que de la voir une seconde fois, si bien que j'étois près de consulter, comme Malherbe, une vieille servante, si je ne m'étois aperçû qu'elle est Janséniste comme son maître, & qu'elle pourroit me déceler, (1) ce qui seroit ma ruïne entiére: vû que je reçois encore tous les jours lettres sur lettres, ou pour mieux dire, excommunications sur excommunications, à cause de mon triste Sonnet. Ainsi j'ai été obligé de m'en raporter à moi seul de la bonté de mes Vers. Voyez combien votre presence m'auroit fait de bien; mais puisqu'il n'y a plus de reméde, il faut que je vous rende compte de ce qui s'est passé. Je ne sçais si vous vous y interressez, mais je suis si accoutumé à vous faire part de mes fortunes, bonnes ou mauvaises, que je vous punirois moins que moi-même, en vous les taisant.

 M. Chapelain a donc reçû l'Ode avec

---

(1) Cet endroit fait connoître combien il craignoit de déplaire à Port-Royal, où l'on ne vouloit point qu'il fît de Vers.

la plus grande bonté du monde : tout malade qu'il étoit, il l'a retenuë trois jours, & a fait des remarques par écrit, que j'ai fort bien suivies. M. Vitart n'a jamais été si aise qu'après cette visite ; il me pensa confondre de reproches, à cause que je me plaignois de la longueur de M. Chapelain. Je voudrois que vous eussiez vû la chaleur & l'éloquence avec laquelle il me querella. Cela soit dit en passant.

Au sortir de chez M. Chapelain, il alla voir M. Perrault, contre notre dessein, comme vous sçavez : il ne s'en pût empêcher, & je n'en suis pas marri à present. M. Perrault lui dit aussi de fort bonnes choses, qu'il mit par écrit, & que j'ai encore toutes suivies, à une ou deux près, ou je ne suivrois pas Apollon lui-même. (1) C'est la comparaison de Venus & de Mars qu'il récuse, à cause que Venus est une prostituée. Mais vous savez que quand les Poëtes parlent des Dieux, ils les traittent en Divinités, & par conséquent comme des Etres parfaits,

---

(1.) Quelque docile qu'il fût, il avoit raison de ne pas l'être à cette critique pitoyable.

n'ayant même jamais parlé de leurs crimes, comme s'ils eussent été des crimes, car aucun ne s'est avisé de reprocher à Jupiter & à Venus leurs adultères, & si cela étoit, il ne faudroit plus introduire les Dieux dans la Poësie, vû qu'à regarder leurs actions, il n'y en a pas un qui ne méritât d'être brûlé, si on leur faisoit bonne justice.

Mais en un mot, j'ai pour moi Malherbe, qui a comparé la Reine Marie à Venus, dans quatre Vers aussi beaux qu'ils me sont avantageux, puisqu'il y parle de l'amour de Venus.

> Telle n'est point la Cytherée,
> Quand d'un nouveau feu s'allumant,
> Elle sort pompeuse & parée
> Pour la conquête d'un Amant.

Voilà ce qui regarde leur censure : je ne vous dirai rien de leur aprobation, sinon que M. Perrault a dit que l'Ode étoit très-bonne, & voici les paroles de M. Chapelain, (1) que je vous

---

(1) Chapelain étoit alors le souverain Juge du Parnasse : jamais Poëte vivant n'a été en si grande vénération. *O quantum est in rebus inane !*

raporterai comme le texte de l'Evangile, sans y rien changer. Mais aussi c'est *M. Chapelain*, comme disoit à chaque mot M. Vitart. *L'Ode est fort belle, fort poëtique, & il y a beaucoup de Stances qui ne peuvent être mieux. Si l'on repasse le peu d'endroits que j'ai marqués, on en fera une fort belle piéce.* Il a tant pressé M. Vitart de lui en nommer l'Auteur, que M. Vitart veut à toute force me mener chez-lui. Il veut qu'il me voïe. Cette vûë nuira bien sans doute à l'estime qu'il a pû concevoir de moi.

Ce qu'il y a eu de plus considérable à changer, ç'a été une Stance entiere, qui est celle des Tritons. Il s'est trouvé que les Tritons n'avoient jamais logé dans les fleuves, mais seulement dans la mer. Je les ai souhaité bien des fois noyés tous tant qu'ils sont, pour la peine qu'ils m'ont donnée. J'ai donc refait une autre Stance. Mais *Poi che da tutti i lati ho pieno il foglio*, adieu. Je suis, &c.

AU MESME.

A Babylone (1) *le* 26 *Janvier*. 1661.

JE sais que M. l'Avocat vous proposa hier de me venir voir; & que cette proposition vous effraya. Vous n'êtes pas d'humeur à quitter les Dames, pour aller voir des prisonniers. Dieu vous garde de l'être jamais. Je jure par toutes les divinitez qui président aux prisons (je crois qu'il n'y en a point d'autres que la Justice, ou Themis en termes de Poëtes) je jure donc par Themis, que je n'aurai jamais le moindre mouvement de pitié pour vous, & que je me changerai en pierre, comme Niobé, pour être aussi dur pour vous, que vous l'avez été pour moi ; aulieu que M. l'Avocat ne sera pas plutôt dans un des plus noirs cachots de la Bastille (car

---

(1) Il étoit alors à Chevreuse, comme je l'ai dit dans sa Vie, & il date de Babylone par plaisanterie, pour faire entendre qu'il y est captif, & qu'il s'y ennuie autant que les Juifs s'ennuyoient à Babylone.

un homme de fa conféquence ne fauroit jamais être prifonnier que d'Etat) il n'y fera pas plutôt, en vérité, que j'irai m'enfermer avec lui : & croyez que ma reconnoiffance ira de pair avec mon reffentiment.

Vous vous attendez peut-être que je m'en vais vous dire que je m'ennuïe beaucoup à Babylone, & que je vous dois reciter les lamentations que Jéremie y a autrefois compofées. Mais je ne veux pas vous faire pitié, puifque vous n'en avez pas déja eûë pour moi ; je veux vous braver au contraire, & vous montrer que je paffe fort bien mon tems. Je vais au cabaret (1) deux ou trois fois le jour. Je commande à des Maçons, à des Vitriers, & à des Menuifiers, qui m'obéiffent affez exactement, & me demandent de quoi boire. Je fuis dans la chambre d'un Duc & Pair ; voilà pour ce qui regarde le fafte : car dans un quartier comme celui-ci, où il n'y a que des gueux, c'eft grandeur que

---

(1) C'étoit l'ufage alors d'aller au cabaret, comme on va aujourd'hui au caffé.

d'aller au cabaret. Tout le monde n'y peut aller.

J'ai des divertissemens plus solides, quoiqu'ils paroissent moins ; je goute tous les plaisirs de la vie solitaire : je suis tout seul, & je n'entens pas le moindre bruit : il est vrai que le vent en fait beaucoup, & même jusqu'à faire trembler la maison ; mais il y a un Poëte qui dit :

O quàm jucundum est recubantem audire
    susurros
Ventorum, & somnos imbre juvante,
    sequi !

Ainsi, si je voulois, je tirerois ce vent à mon avantage ; mais je vous assûre qu'il m'empêche de dormir toute la nuit, & je crois que le Poëte vouloit parler de ces Zephirs flatteurs,

Che debattendo l'ali
    Lusingano il sonno de mortali.

Je lis des Vers, je tâche d'en faire ; je lis les aventures de l'Arioste, & je ne suis pas moi-même sans aventure. Une Dame me prit hier pour un Sergent.

Venez me voir, nous irons au cabaret ensemble ; on vous prendra pour un Commissaire, & nous ferons trembler tout le quartier. Faites ce que vous voudrez, mais ne faites rien par pitié, car je ne vous en demande pas le moins du monde.

AU MESME.

Vous vous êtes fait, Monsieur, un terrible ennemi. M. de la Charles commença hier contre vous une harangue qui ne finira qu'avec sa vie, si vous n'y donnez ordre, & que vous ne lui fermiez la bouche, par une Lettre d'excuses, qui fasse le même effet que cette miche dont Enée remplit la triple gueule de Cerbere. Pour moi dès que je le vis commencer, je n'attendis pas que l'exorde de la Harangue fût fini ; je crus que le seul parti que je devois prendre, c'étoit de m'enfuïr, en disant, *Monsieur a raison*, pour ne pas tomber dans cet inconvénient où me jetta autrefois le dur essai de sa meurtriere éloquence.

J'étois à l'Hôtel de Babylone quand M. l'Avocat y apporta vos Lettres. Mademoiselle Vitart lisant que vous alliez prendre les eaux de Bourbon, ne pût s'empêcher de crier comme si vous étiez déja mort. Elle dit cela avec chaleur : M. Vitart s'en apperçût, prit la Lettre, & après s'être frotté les yeux.

Tre volto, & quatre e sei lesse lo scritto.

Et ayant regardé ensuite Mademoiselle Vitart, il lui demanda *con il ciglio fieramente inarcato*, ce que tout cela vouloit dire : elle fut obligée de lui dire quelques mots à l'oreille, que je n'entendis pas.

Mais je fais réflexion que je ne vous parle point de votre Poësie ; j'ai tort, je l'avouë, & je devrois considérer qu'étant devenu Poëte, vous êtes devenu sans doute impatient, c'est une qualité inséparable des Poëtes, aussi bien que des Amoureux, qui veulent qu'on laisse toutes choses, pour ne leur parler que de leur passion

& de leurs ouvrages. (1) Je ne vous parlerai point de votre amour : un homme auſſi délicat que vous ne ſauroit manquer d'avoir fait un beau choix, & je ſuis perſuadé que votre Belle mérite les adorations de tous tant que nous ſommes, puiſque vous l'avez jugée digne des vôtres, juſqu'à devenir Poëte pour elle. Cela me confirme de plus en plus que l'amour eſt celui de tous les Dieux qui fait mieux le chemin du Parnaſſe. Avec un ſi bon conducteur vous n'avez garde de manquer d'y être bien reçû : d'ailleurs les Muſes vous connoiſſoient déja de reputation, & ſachant que vous étiez bien venu parmi toutes les Dames, il ne faut point douter qu'elles ne vous ayent fait le plus obligeant accuëil du monde.

Utque viro Phæbi chorus aſſurrexerit omnis.

Ils ne ſont pas ſeulement amoureux, la juſteſſe y eſt toute entiere. Néanmoins ſi j'oſe vous dire mon ſentiment ſur

---

(1) Il y a apparence que ce jeune homme, après s'être fait ſaigner, lui avoit envoyé des Vers qu'il avoit fait pour une Demoiſelle. C'eſt ſur ſon amour, ſa poëſie, & ſa ſaignée qu'il le plaiſante.

deux ou trois mots, celui de *radieux* est un peu trop antique pour un homme tout frais forti du Parnaſſe: j'aurois tâché de mettre *impérieux*, ou quelque autre mot. J'aurois auſſi retranché ces deux Vers, *Ainſi ſi comme nous*, & le ſuivant; ou je leur aurois donné un ſens, car il me ſemble qu'ils n'en ont point.

Vous m'accuſerez peut-être de trop d'inhumanité, de traiter ſi rudement les fils ainés de votre Muſe & de votre Amour; je ne veux pas dire les fils uniques: la Muſe & l'Amour n'en demeureront pas là; mais au moins cela vous doit faire voir réciproquement que je n'ai rien de caché pour vous, & que ce n'eſt point par flatterie que je vous louë, puiſque je prens la liberté de vous cenſurer. *Scito eum peſſimè dicere, qui laudabitur maximè.* En effet quand une choſe ne vaut rien, c'eſt alors qu'on la louë démeſurément, & qu'on n'y trouve rien à redire, parce que tout y eſt également à blâmer. Il n'en eſt pas de même de vos Vers, ils ſont auſſi naturels qu'on le peut deſirer, & vous ne devez pas plaindre le ſang qu'ils vous ont couté. Ne vous

DE RACINE. 19

amufez pas pourtant à vous épuifer les veines, pour continuer à faire des Vers, (1) fi ce n'eft qu'à l'exemple de la femme de Seneque, vous ne vouliez témoigner la grandeur de votre amour ; mais je ne crois pas que les beaux yeux qui vous ont bleffé, foient fi fanguinaires, & que ces marques de votre amour lui foient plus agréables, qu'une fanté forte & robufte.

M. du Chêne eft votre ferviteur. M. d'Houy eft ivre, tant je lui ai fait boire de fantés : & moi je fuis tout à vous.

---

(1) On voit par plufieurs traits, répandus dans ces Lettres, que celui qui les écrivoit étoit né railleur.

AU MESME.

A Paris le 3. Juin 1661.

M. l'Avocat vient de m'apporter une de vos Lettres, & veut absolument que nous soyons réconciliés ensemble : je gagne trop à cette réunion pour m'y opposer. Aussi bien comme les choses imparfaites recherchent naturellement de se joindre avec les plus parfaites, je serois un monstre dans la nature, si étant *creux* (1) comme je suis, je refusois de me joindre & de m'attacher au solide, tandis que ce même solide tâche d'attirer à lui ce même creux,

> Quod quoniam per se nequeat constare, necesse est
> Hærere.

C'est de Lucrece qu'est cette maxime ;

---

(1) Ces plaisanteries sur le mot de *creux* roulent sur ce que M. l'Avocat avoit toujours ce mot à la bouche, pour dire inutile, frivole, &c.

& c'eſt de lui que j'ai appris qu'il falloit me réunir avec M. l'Avocat. Et il faut bien que vous l'ayez lû auſſi, car il me ſemble que la Lettre que vous avez écrite à ce grand partiſan du ſolide, eſt toute pleine des maximes de mon Auteur. Il dit comme vous qu'il ne faut pas que tout ſoit tellement ſolide, qu'il n'y ait un peu de creux parmi nous.

Nec tamen undique corporeâ ſtipata tenentur
Omnia naturâ, namque eſt in rebus inane.

Mais ſortons de cette matiére, qui elle-même eſt trop ſolide, & mêlons-y un peu de notre creux.

Avouez, M. que vous êtes pris, & que vous laiſſerez votre pauvre cœur à Bourbon. Je vois bien que ces eaux ont la même force que ces fameuſes eaux de Bayes: c'eſt un lac célèbre en Italie, quand il ne le ſeroit que par les loüanges d'Horace, & des autres Poëtes Latins. On y alloit en ce tems, & peut-être y va-t'on encore, comme vos ſemblables vont à Bourbon & à Forges. Ces eaux ſont chaudes comme les vôtres, & il y a un Auteur qui en rapporte une plaisante raison. Je voudrois, pour votre satisfaction, que cet Auteur fût, ou Italien, ou Espagnol; mais la destinée a voulu encore que celui-ci fût Latin. Il parle donc du lac de Bayes, & voici ce qu'il en dit à peu près.

>C'est là qu'avec le Dieu d'amour
>Venus se promenoit un jour.
>Enfin se trouvant un peu lasse
>Elle s'assit sur le gazon :
>Mais ce mauvais petit garçon
>Qui ne peut se tenir en place,
>Lui répondit : C'a votre grace,
>Je ne suis point las comme vous,
>Venus se mettant en courroux,
>Lui dit : Fripon, vous aurez sur la joue.
>Il fallut donc qu'il filât doux,
>Et vint s'asseoir à ses genoux.
>Cependant tous ses petits freres,
>Les Amours qu'on nomme vulgaires,
>Peuple qu'on ne sauroit nombrer,
>Passoient le tems à folatrer.

Ce seroit le perdre à crédit que m'amuser à vous faire le détail de tous leurs jeux : vous vous imaginez bien quels peuvent être les passe-tems d'une troupe d'enfans qui sont abandonnés à leur caprice.

Vous jugez bien aussi que les Jeux & les Ris,
Dont Venus fait ses favoris,
Et qui gouvernent son empire,
Ne manquoient pas de jouer & de rire.

A M. DE LA FONTAINE.

A Usez le 11. Novembre 1661. (1)

J'Ai bien vû du pays & j'ai bien voyagé
Depuis que de vos yeux les miens prirent congé.

Mais tout cela ne m'a pas empêché de songer toûjours autant à vous, que je faisois lorsque nous nous voyions tous les jours.

---

(1) Le voici arrivé en Languedoc, d'où sa premiere Lettre est adressée à la Fontaine. Il lui en avoit sans doute écrit plusieurs autres, mais on ne les a pas trouvées. L'Editeur des Oeuvres posthumes de la Fontaine, qui y a inseré celle-ci, dit qu'on voit bien qu'elle est de sa jeunesse ; mais que de lui tout est précieux pour le public. J'en retranche cependant quelques endroits qui sont inutiles.

Avant qu'une fievre importune
Nous fît courir même fortune,
Et nous mit chacun en danger
De ne plus jamais voyager.

Je ne sais pas sous quelle constellation je vous écris présentement, mais je vous assûre que je n'ai point encore fait tant de Vers depuis ma maladie. Je croyois même en avoir tout-à-fait oublié le métier. Seroit-il possible que les Muses eussent plus d'empire en ce pays, que sur les rives de la Seine ? Nous le reconnoîtrons dans la suite. Cependant je commencerai à vous dire en prose, que mon voyage a été plus heureux que je ne pensois. Notre compagnie étoit gaïe : nous étions au nombre de neuf ou dix. Je ne manquois pas tous les soirs de prendre le galop devant les autres pour aller retenir mon lit, ainsi j'ai toujours été bien couché; & quand je suis arrivé à Lyon, je ne me suis senti non plus fatigué, que si du quartier de Sainte Genevieve, j'avois été à celui de la ruë Galande.

A Lyon je ne suis resté que deux jours,

jours, & je m'embarquai sur le Rhône avec deux Mousquetaires. Nous couchâmes à Vienne & à Valence. J'avois commencé dès Lyon à ne plus guère entendre le langage du pays, & à n'être plus intelligible moi-même : ce malheur s'accrut à Valence, & Dieu voulut qu'ayant demandé à une Servante un pot-de-chambre, elle mit un réchaut sous mon lit. Vous pouvez vous imaginer les suites de cette maudite aventure, & ce qui peut arriver à un homme endormi qui se sert d'un réchaut. Mais c'est encore bien pis dans ce pays. Je vous jure que j'ai autant besoin d'un interprette, qu'un Moscovite en auroit besoin dans Paris. Néanmoins je commence à m'apercevoir que c'est un langage mêlé d'Espagnol & d'Italien, & comme j'entens assez bien ces deux langues, j'y ai quelquefois recours pour entendre les autres, & pour me faire entendre. Mais il arrive souvent que je perds toutes mes mesures, comme il arriva hier qu'ayant besoin de petits clous à broquette pour ajuster ma chambre, j'envoyai le valet de mon oncle en ville, & lui dis de m'achetter deux ou trois cens de broquettes, il m'apporta incontinent trois bottes d'alumettes.

Au reste pour la situation d'Usez, vous saurez qu'elle est sur une montagne fort haute, & cette montagne n'est qu'un rocher continuel, si bien qu'en quelque tems qu'il fasse, on peut aller à pied sec tout autour de la ville. Les campagnes qui l'environnent sont toutes couvertes d'oliviers, qui portent les plus belles olives du monde, mais bien trompeuses, car j'y ai été attrapé moi-même. Je voulus en cueillir quelques-unes au premier olivier que je rencontrai, & je les mis dans ma bouche avec le plus grand apetit qu'on puisse avoir; mais Dieu me preserve de sentir jamais une amertume pareille à celle que je sentis; j'en eus la bouche toute perduë plus de quatre heures durant: & l'on m'a apris depuis qu'il falloit bien des lessives & des cérémonies pour rendre les olives douces comme on les mange. L'huile qu'on en tire sert ici de beure, & j'apprehendois bien ce changement; mais j'en ai gouté aujourd'hui dans les sausses, & sans mentir il n'y a rien de meilleur. On fent bien moins l'huile, qu'on ne fentiroit le meilleur beurre de France. Mais c'eft affez vous parler d'huile, & vous pourrez me reprocher plus juftement qu'on ne faifoit à un ancien Orateur, que mes ouvrages fentent trop l'huile.

Je ne faurois m'empêcher de vous dire un mot des Beautés de cette province. Si le pays avoit un peu plus de délicateffe, & que les rochers y fuffent un peu moins fréquens, on le prendroit pour un vrai pays de Cythere. Toutes les femmes y font éclatantes, & s'y ajuftent d'une façon qui leur eft la plus naturelle du monde. Mais comme c'eft la premiere chofe dont on m'a dit de me donner de garde, je ne veux pas en parler davantage; auffi bien ce feroit profaner une maifon de Bénéficier comme celle où je fuis, que d'y faire de longs difcours fur cette matiere. *Domus mea domus orationis.* C'eft pourquoi vous devez vous attendre que je ne vous en parlerai plus du tout. On m'a dit : Soyez aveugle ; fi je ne le puis être tout-à-fait, il faut du moins que je fois muet. Car, voyez-vous, il faut être régulier avec les Réguliers, (1) comme j'ai été loup avec vous, & avec les autres loups vos comperes. Adioufias.

A. M. VITART.

A Ufez le 15 *Novembre* 1661.

IL y a aujourd'hui huit jours que je partis du Pont Saint-Efprit, & que je vins à Ufez, où je fus reçû de mon Oncle avec toute forte d'amitié. Il m'a donné une chambre auprès de lui, & il prétend que je le foulagerai un peu dans le grand nombre de fes affaires ; je vous affûre qu'il en a beaucoup. Non feulement il fait toutes celles du Diocèfe, mais il a même l'adminiftration de tous les revenus du Chapitre, jufqu'à ce qu'il ait payé 80 mille livres de dettes où le Chapitre s'eft engagé. Il s'y entend tout-à-fait, & il n'y a point de D. Côme (2) dans

---

(1) Il étoit chez fon Oncle, Chanoine de Sainte Genevieve.
(2) Moine dont il fe plaint encore dans la fuite, & qui le traverfa dans la pourfuite d'un Bénéfice.

son affaire. Avec tout cet embarras, il a encore celui de faire bâtir. Il est fort fâché de ce que je n'ai point apporté de démissoire : il m'auroit déja mené à Avignon pour y prendre la tonsure, & la raison de cela, est que le Bénéfice qui viendra à vaquer est à sa nomination. Si vous pouviez me faire avoir un démissoire, vous m'obligeriez infiniment ; il faudra l'envoyer demander à Soissons. Au reste nous ne laisserons pas d'aller à Avignon, car mon Oncle veut m'acheter des livres, & il veut que j'étudie. Je ne demande pas mieux, & je vous assûre que je n'ai pas encore eû la curiosité de voir la ville d'Usez, ni quelque personne que ce soit. Il est bien aise que j'apprenne un peu de Théologie dans Saint Thomas, (1) & j'en suis tombé d'accord fort volontiers. Enfin je m'accorde le plus aisément du monde à tout ce qu'il veut : il me témoigne toutes les tendresses possibles. Il me demande tous les jours mon Ode de la Paix, & non-seule-

---

(1) Un jeune Poëte devoit trouver cette lecture bien seche ; mais il n'aimoit que l'étude.

ment lui, mais tous les Chanoines m'en demandent. J'avois négligé d'en apporter des exemplaires : si vous en avez encore, je vous prie d'en faire bien coúper les marges & de me les envoyer.

On me fait ici force caresses, à cause de mon Oncle : il n'y a pas un Curé ni un maître d'école qui ne m'ait fait le compliment gaillard, auquel je ne saurois répondre que par des reverences, car je n'entens pas le François de ce pays-ci, & on n'y entend pas le mien. Ainsi je tire le pied fort humblement, & je dis quand tout est fait, *Adiousias*. Je suis marri pourtant de ne les point entendre; car si je continue à ne leur point répondre, j'aurai bientôt la réputation d'un incivil, ou d'un homme non lettré. Je suis perdu si cela est, car en ce pays les civilités sont encore plus en usage qu'en Italie. Je suis épouvanté tous les jours de voir des villageois pieds-nus, ou ensabotés (ce mot doit bien passer, puisqu'*encapuchoné* a passé) qui font des révérences comme s'ils avoient appris à danser toute leur vie : outre cela ils causent des mieux, &

j'espere que l'air du pays me va raffiner de moitié, car je vous assûre qu'on y est fin & délié. J'ai cru qu'il falloit vous instruire de tout ce qui se passe ici : une autrefois j'abuserai moins de votre loisir.

A M. LE VASSEUR.

A Uſez le 24. Novembre 1661.

JE ne me plains pas encore de vous, car je crois bien que c'est tout-au-plus si vous avez maintenant reçû ma premiere Lettre. Mais je ne vous répons pas que dans huit jours je ne commence à gronder, si je ne reçois point de vos nouvelles. Epargnez-moi donc cette peine, je vous supplie, & épargnez-vous à vous-même de grosses injures, que je pourrois bien vous dire dans ma mauvaise humeur. *Nam contemptus amor vires habet.*

J'ai été à Nîmes, & il faut que je vous en entretienne. Le chemin d'ici à Nîmes est plus diabolique mille fois que celui des diables à Nevers,

& la ruë d'Enfer, & tels autres chemins réprouvés; mais la Ville est assûrément aussi belle, & aussi *polide*, comme on dit ici, qu'il y en ait dans le Royaume. Il n'y a point de divertissemens qui ne s'y trouvent.

Suoni, canti, vestir, givochi, vivande,
Quanto può cor pensar, può chiéder bocca.

J'allai voir le feu de joïe, qu'un homme de ma connoissance avoit entrepris. Les Jésuites avoient fourni les devises, qui ne valoient rien du tout: ôtez cela, tout alloit bien. Mais je n'y ai pas pris assez bien garde, pour vous en faire le détail: j'étois détourné par d'autres spectacles. Il y avoit tout autour de moi des visages qu'on voyoit à la lueur des fusées, & dont vous auriez bien eû autant de peine à vous défendre que j'en avois. Il n'y en avoit pas une à qui vous n'eussiez bien voulu dire ce compliment d'un galand du tems de Neron: *Ne fastidias hominem peregrinum inter cultores tuos admitttere: invenies religiosum, si te adorari permiseris.* Mais pour moi je n'avois garde d'y penser, je ne les regardois pas même en sûreté, (1) j'étois en la compagnie d'un R. Pere de ce Chapitre, qui n'aimoit point fort à rire.

E parea più eh alcun fosse mai stato
Di conscienza scrupulosa è schiva.

Il falloit être sage avec lui, ou du moins le faire. Voilà ce que vous auriez trouvé de beau dans Nîmes ; mais j'y trouvai encore d'autres choses qui me plurent fort, sur tout les Arénes.

C'est un grand Amphithéatre un peu en ovale, tout bâti de prodigieuses pierres longues de deux toises, qui se tiennent là depuis plus de seize cens ans sans mortier, & par leur seule pesanteur. Il est tout ouvert en dehors par de grandes arcades, & en dedans ce ne sont autour que de grands siéges où tout le peuple s'asseyoit pour voir les combats des bêtes, & des gladiateurs ; mais c'est assez vous parler de Nîmes & de ses raretés. Peut-être même trouverez-vous que

---

(1) Plusieurs traits répandus dans ces Lettres font voir qu'il étoit dans sa jeunesse, fort guai ; & toujours fort sage.

j'en ai trop dit ; mais de quoi voulez-vous que je vous entretienne ? De vous dire qu'il fait ici le plus beau tems du monde : vous ne vous en mettez guère en peine. De vous dire qu'on doit cette semaine créer des Consuls : cela vous touche fort peu. Cependant c'est une belle chose de voir le compere Cardeur, & le Menuisier Gaillard avec la robbe rouge, comme un Président, donner des Arrêts, & aller les premiers à l'offrande. Vous ne voyez pas cela à Paris.

A propos de Consuls, il faut que je vous parle d'un Echevin de Lyon, qui doit l'emporter sur les plus fameux diseurs de colibets. Je l'allai voir pour avoir un billet de sortie ; car sans billet les chaînes du Rhône ne se levent point. Il me fit mes dépêches fort gravement ; & après, quittant un peu cette gravité magistrale qu'on doit garder en donnant de telles Ordonnances, il me demanda, *Quid novi ? Que dit-on de l'affaire d'Angleterre ?* Je repondis qu'on ne savoit pas encore à quoi le Roi se résoudroit. *A faire la guerre*, dit-il, *car il n'est pas parent du Pere Souffrant.* Je fis bien paroître que je ne l'étois pas non-plus : je lui fis la révérence, & le regardai avec un froid qui montroit bien la rage où j'étois de voir un grand quolibetier impuni. Je n'ai pas voulu en enrager tout seul, j'ai voulu que vous me tinssiez compagnie, & c'est pourqui je vous fais part de cette marauderie. Enragez-donc, & si vous ne trouvez point de termes assez forts pour faire des imprécations, dites avec l'emphatiste Brebeuf,

A qui, Dieux tout-puissans, qui gouvernez la terre,
A qui reservez-vous les éclats du tonnerre ?

Si vous ne vous hâtez de m'écrire, je vous ferai enrager encore par de semblables nouvelles. Adieu.

A MADEMOISELLE VITART.

A Usez le 26. Decembre 1661.

JE pensois bien me donner l'honneur de vous écrire, il y a huit jours, mais il me fut impossible de le faire ; je ne sais pas même si j'en pourrai venir à bout aujourd'hui. Vous saurez, s'il vous plaît, que ce n'est pas à présent une petite affaire pour moi que de vous écrire. Il a été un tems que je le faisois assez exactement, & il ne me falloit pas beaucoup de tems pour faire une Lettre assez passable ; mais ce tems-là est passé pour moi. Il me faut suer sang & eau pour faire quelque chose qui mérite de vous l'adresser, encore sera-ce un grand hazard si j'y réussis. La raison de cela est que je suis un peu plus éloigné de vous que je n'étois lors. Quand je songeois seulement que je n'étois qu'à quatorze ou quinze lieuës de vous, cela me mettoit en train, & c'étoit bien autre chose quand je vous voyois en personne. C'étoit alors que les paroles ne me coutoient rien, & que je causois d'assez bon cœur ; aulieu qu'aujourd'hui je ne vous vois qu'en idée, & quoique je songe assez fortement à vous, je ne saurois pourtant empêcher qu'il n'y ait 150 lieuës entre vous & votre idée. Ainsi il m'est un peu plus difficile de m'échauffer, & quand mes Lettres seroient assez heureuses pour vous plaire, que me sert cela ? J'aimerois mieux recevoir un soufflet, ou un coup de poing de vous, (1) comme cela m'étoit assez ordinaire, qu'un grand-merci qui viendroit de si loin. Après tout il vous faut écrire, & il en faut revenir là ; mais que vous mander ? Sans mentir, je n'en sais rien pour le présent. Faites-moi une grace, donnez-moi tems jusqu'au premier ordinaire pour y songer, & je vous promets de faire merveille ; j'y travaillerai plutôt jour & nuit. Aussi bien vous avez plusieurs affaires ; vous avez à préparer le logis au Saint Esprit, (2) qui doit venir dans huit jours à l'Hôtel de Luynes ; travaillez-donc à le recevoir comme il mérite, & moi je travaillerai à vous écrire comme vous méritez. Comme ce n'est pas une petite entreprise, vous trouverez bon que je m'y prépare avec un peu plus de loisir. Ne soyez point en colére de ce que j'ai tant tardé à m'acquitter de ce que je vous dois.

---

(1) Mademoiselle Vitart étoit sa cousine.
(2) M. le Duc de Chevreuse.

C'est bien assez que je sois si loin de votre présence, sans me bannir encore de votre esprit.

A M. LE VASSEUR.

A Usez le 28. Décembre 1661.

Dieu merci, voici de vos Lettres. Que vous en êtes devenu grand ménager ! J'ai vû que vous étiez libéral, & il ne se passoit guère de semaines, lorsque vous étiez à Bourbon, que vous ne m'écrivissiez une fois ou deux, & non seulement à moi, mais à des gens même à qui vous n'aviez presque jamais parlé, tant les Lettres vous coutoient peu. Maintenant elles sont plus clair-semées, & c'est beaucoup d'en recevoir une en deux mois. J'étois très en peine de ce changement, & j'enrageois de voir qu'une si belle amitié se fût ainsi évanouie, *ex dextra fidesque* m'écriois-je,

E'l cor pien di sospir parea un Mongibello,

Lors qu'heureusement votre Lettre

m'eſt venu tirer de toutes ces inquiétudes, & m'a apris que la raiſon pourquoi vous ne m'écriviez pas, c'eſt que mes Lettres étoient trop belles. Qu'à cela ne tienne, Monſieur, il me ſera fort aiſé d'y remédier ; & il m'eſt ſi naturel de faire de méchantes Lettres, que j'eſpere, avec la grace de Dieu, venir bientôt à bout de n'en faire pas de trop belles. Vous n'aurez pas ſujet de vous plaindre à l'avenir, & j'attens dès-à-préſent des réponſes par tous les ordinaires. Mais parlons plus ſerieuſement, avouez que tout au contraire, vous croyez les vôtres trop belles, pour être ſi facilement communiquées à de pauvres Provinciaux comme nous. Vous avez raiſon, ſans doute, & c'eſt ce qui me fâche le plus, car il ne vous eſt pas aiſé, comme à moi, de faire de mauvaiſes Lettres, & ainſi je ſuis fort en danger de n'en guère recevoir.

Après tout ſi vous ſaviez la maniere dont je les reçois, vous verriez qu'elles ne ſont pas profanées pour tomber entre mes mains ; car outre que je les reçois avec toute la vénération que méritent les belles choses, c'est qu'elles ne demeurent pas long-tems, & elles ont le vice dont vous accusez les miennes injustement, qui est de courir les ruës : & vous diriez qu'en venant en Languedoc, elles se veulent accommoder à l'air du pays; elles se communiquent à tout le monde, & ne craignent point la médisance : aussi savent-telles bien qu'elles en sont à couvert : chacun les veut voir, & on ne les lit pas tant pour aprendre des nouvelles, que pour voir la façon dont vous les savez débiter.

Continuez-donc, s'il vous plaît, ou plûtôt commencez tout de bon à m'écrire, quand ce ne seroit que par charité. Je suis en danger d'oublier bientôt le peu de françois que je sais; je le désaprens tous les jours, & je ne parle tantôt plus que le langage de ce pays, qui est aussi peu François que le bas Breton. (1)

---

(1) Ces plaintes, l'exactitude de l'ortographe de ces Lettres écrites à la hâte, les coups de crayon qu'on trouve de lui sur les Remarques & le Quinte-Curce de Vaugelas, prouvent combien il avoit à cœur de bien posséder la langue Françoise.

Ipse mihi videor jam dedicisse Latinè,
 Nam didici Geticè Sarmaticèque loqui.

J'ai cru qu'Ovide vous faisoit pitié quand vous songiez qu'un si galant homme que lui étoit obligé à parler Scythe, lorsqu'il étoit relegué parmi ces barbares : cependant il s'en faut beaucoup qu'il fut si à plaindre que moi. Ovide possédoit si bien toute l'élégance Romaine, qu'il ne la pouvoit jamais oublier ; & quand il seroit revenu à Rome après un exil de vingt années, il auroit toûjours fait taire les plus beaux esprits de la Cour d'Auguste : au lieu que n'ayant qu'une petite teinture du bon François, je suis en danger de tout perdre en moins de six mois, & de n'être plus intelligible si je reviens jamais à Paris. Quel plaisir aurez-vous quand je serai devenu le plus grand paysan du monde ? Vous ferez bien mieux de m'entretenir un peu dans le langage qu'on parle à Paris : vos Lettres me tiendront lieu de livres & d'Académie.

Mais à propos d'Académie, que le pauvre Pelisson est à plaindre, & que la Conciergerie est un méchant

place dans les histoires tragiques, dussent-elles être écrites de la main de M. Pelisson lui même.

Je salue M. l'Avocat, & je differe de lui écrire, afin de laisser un peu passer ce reste de mauvaise humeur, que sa maladie lui a laissée, & qui lui feroit peut-être maltraiter les Lettres que je lui enverrois. Il n'y a point de plaisir d'écrire à des gens qui sont encore dans les remedes, & c'est trop exposer des Lettres. Je salue très-humblement toute votre maison, *ipsa ante alias pulcherrima Dido.*

Nous savons la naissance du Dauphin. J'aurois peut-être chanté quelque chose de nouveau sur cette matiere, si j'eusse été à Paris; mais ici je n'ai pû chanter rien que le *Te Deum.* Mandez-moi, s'il vous plaît, qui aura le mieux réussi de tous les Chantres du Parnasse. Je ne doute pas qu'ils n'employent tout le crédit qu'ils ont auprès des Muses, pour en recevoir de belles & magnifiques inspirations. Si elles continuent à vous favoriser, comme elles avoient commencé à Bourbon, faites quelque chose.

Incipe, si quid habes; & te fecere Poëtam Pierides.

A M. VITART.

A Uſez le 17. & 24. Janvier 1662.

Les plus beaux jours que vous donnent le printems, ne valent pas ceux que l'hyver nous laiſſe ici : & jamais le mois de Mai ne vous paroît ſi agréable, que l'eſt pour nous le mois de Janvier.

  Le Soleil eſt toujours riant
  Depuis qu'il part de l'Orient
  Pour venir éclairer le monde,
Juſqu'à ce que ſon char ſoit deſcendu dans
   l'onde.
La vapeur des brouillards ne voile point les
   cieux
  Tous les matins un vent officieux
  En écarte toutes les nues ;
 Ainſi nos jours ne ſont jamais cou-
   verts ;
  Et dans le plus fort des hyvers,
  Nos campagnes ſont revétues
  De fleurs, & d'arbres toujours verds.

Les ruisseaux respectent leurs rives,
Et leurs Nayades fugitives
Sans sortir de leur lit natal
Errent paisiblement, & ne sont point captives
Sous une prison de cristal.

Tous nos oiseaux chantent à l'ordinaire ;
Leurs gosiers n'étant point glacés,
Et n'étant pas forcés
De se cacher ou de se taire,
Ils font l'amour en liberté
L'hyver comme l'été.

Enfin lorsque la nuit a déployé ses voiles ;
La lune au visage changeant
Paroît sur un trône d'argent,
Et tient cercle avec les étoiles.
Le Ciel est toujours clair tant que dure son cours,
Et nous avons des nuits plus belles que vos jours.

J'ai fait une assez longue pose en cet endroit, parce que lorsque j'écrivois ces Vers, il y a huit jours, la chaleur de la Poësie m'emporta si loin, que je ne m'apperçus pas qu'il étoit trop tard pour porter mes Lettres à la poste. Je recommence aujourd'hui 24 Janvier : mais il est arrivé un assez plaisant changement, car en relisant mes Vers, je reconnois qu'il n'y en a pas un de vrai. Il ne cesse de pleuvoir depuis trois jours, & l'on diroit que le tems a juré de me faire mentir. J'aurois autant de sujet de faire un description du mauvais tems, comme j'en ai fait une du beau; mais j'ai peur que je ne m'engage encore si avant, que je ne puissent achever cette Lettre que dans huit jours, auquel tems peut-être, le ciel se sera remis au beau. Je n'aurois jamais fait; cela m'apprend que cette maxime est bien vraie, *la vita al fin, il di loda la sera.*

Cette ville est la plus maudite ville du monde ; ils ne travaillent à autre chose qu'à se tuer tous tant qu'ils sont, ou à se faire pendre : il y a toujours ici des Commissaires ; cela est cause que je n'y veux faire aucune connoissance, puisqu'en faisant un ami, je m'attirerois cent ennemis: ce n'est pas qu'on ne m'ait pressé plusieurs fois, &

qu'on ne me soit venu solliciter, moi indigne, de venir dans les compagnies; car on a trouvé mon Ode (1) chez une Dame de la ville, & on est venu me saluer comme Auteur: mais tout cela ne sert de rien, *mens immota manet*. Je n'aurois jamais cru être capable d'une si grande solitude: & vous même n'aviez jamais tant esperé de ma vertu.

Je passe tout le tems avec mon Oncle, avec saint Thomas & Virgile; je fais force extraits de Théologie, & quelques-uns de Poësie. Voilà comme je passe le tems, & je ne m'ennuie pas, sur-tout quand j'ai reçû quelques Lettres de vous; elle me sert de compagnie pendant deux jours.

Mon Oncle a toute sorte de bons desseins pour moi; mais il n'en a point encore d'assûré, parce que les affaires du Chapitre sont encore incertaines. J'attens toûjours un démissoire. Cependant il m'a fait habiller de noir depuis les pieds jusqu'à la tête. La mode de ce pays est de porter un drap d'Espagne qui est fort beau, & qui

---

(1) *La Nimphe de la Seine.*

coute 23 livres ; il m'en a fait faire un habit. J'ai maintenant la mine d'un des meilleurs bourgeois de la ville. Il attend toujours l'occasion de me pourvoir de quelque chose, & ce sera alors que je tâcherai de payer une partie de mes dettes, si je puis, car je ne puis rien faire avant ce tems. Je me remets devant les yeux toutes les importunités que vous avez reçûes de moi : j'en rougis à l'heure que je vous parle, *erubuit puer, salva res est*. Mais mes affaires n'en vont pas mieux, & cette sentence est bien fausse, si ce n'est que vous vouliez prendre cette rougeur pour reconnoissance de tout ce que je vous dois, dont je me souviendrai toute ma vie.

A MADEMOISELLE VITART.

A Uſez le 24. Janvier 1662.

CE billet n'est qu'une continuation de promesses, & une nouvelle obligation. Je m'étois engagé de vous écrire une Lettre raisonable, &

après

après quinze jours d'intervale, je suis si malheureux que de n'y pouvoir satisfaire encore aujourd'hui, & je suis obligé de remettre à un autre jour. Toutes ses remises ne font pour moi qu'un surcroit de dettes dont il me sera fort difficile de m'acquitter : car vous attendez peut-être de recevoir quelque chose de beau, puisque je prens tant de tems pour m'y préparer. Ayez la charité de perdre cette opinion, & de vous attendre plûtôt à être fort mal payée, car je vous ai déja avertie que je suis un très-mauvais payeur. Quand je n'étois pas si loin de vous, je vous payois assez bien, ou du moins je le pouvois faire, car vous me fournissiez assez libéralement de quoi m'acquitter envers vous: j'entens de paroles ; vous êtes trop riche, & moi trop pauvre pour vous pouvoir payer d'autre chose. Cela veut dire

<blockquote>
Que j'ai perdu tout mon caquet,
Moi qui savoit fort bien écrire,
Et jaser comme un perroquet.
</blockquote>

Mais quand je saurois encore jaser

des mieux, il faut que je me taise à présent : le messager va partir, & il ne faut pas faire attendre le messager d'une grande ville comme est Usez. Pardonnez-donc, & attendez encore huit jours.

A LA MESME.

A Usés le 31. Janvier.

Que votre colère est charmante,
Belle & généreuse Amarante !
Qu'il vous sied bien d'être en couroux !
Si les Graces jamais se mettoient en colère,
Le pourroient-elles faire
De meilleure grace que vous ?

Je confesse sincerement
Que je vous avois offensée,
Et cette cruelle pensée
M'étoit un horrible tourment.
Mais depuis que vous-même en avez pris vengeance,
Un si glorieux châtiment
Me paroît une récompense.
Les reproches même sont doux

Venant d'une bouche si chere,
Mais si je méritois d'être loué de vous,
Et que je fusse un jour capable de vous plaire,
Combien ferois-je de jaloux!

Je m'en vais donc faire tout mon possible pour venir à bout d'un si grand dessein. Je serai heureux si vous pouvez vous louer de moi avec autant de justice que vous vous en plaignez: & je ferois de mon côté un fort bel ouvrage, si je savois dire vos vertus avec autant d'esprit, que vous dites les miennes. Je ne vous accuserai point de me flatter, vous les dites au naïf. Je me figure que vous parlez de même à M. le Vasseur, & que vous savez également peindre cet amoureux, admirant le portrait de sa Belle.

Je me l'imagine en effet,
Tout languissant & tout défait,
Qui gémit & soupire aux pieds de cette image.
Il contemple son beau visage,
Il admire ses mains, il adore ses yeux,
Il idolâtre tout l'ouvrage.

Puis comme si l'Amour le rendoit furieux;
Je l'entens s'écrier: Que cette image est belle!
Mais que la Belle même est bien plus belle
  qu'elle!
  Le peintre n'a bien imité
  Que son insensibilité.

J'ai peine à croire que vous ayez assez de puissance pour rompre ce charme, vous qui étiez accoutumée à le charmer lui-même autrefois, aussi-bien que beaucoup d'autres. Possedé comme il l'est de cette idée, il ne faut pas s'étonner s'il a voulu marier M. d'Houy à une fille hydropique: il n'y pensoit pas, à moins qu'il n'ait voulu marier l'eau avec le vin.

On m'a mandé que ma tante Vitart étoit allée à Chevreuse; je crois qu'elle ne se reposera pas de longtems, si elle attend que vous vous reposiez toutes. Peut-être qu'autrefois je n'en aurois pas tant dit impunément; mais je suis à couvert des coups: vous pouvez néantmoins vous adresser à mon Lieutenant M. d'Houy; il ne tiendra pas cette qualité à deshonneur.

Vous m'avez mis en train, comme

vous voyez, & vos Lettres ont sur moi la force qu'avoit autrefois votre vûe: mais je suis obligé de finir plutôt que je ne voudrois, parce que j'ai encore cinq Lettres à écrire. J'espere que vous me donnerez, en vertu de ces cinq Lettres, la permission de finir, & en vertu de la soumission & du respect que j'ai pour vous, la permission de me dire votre passionné serviteur.

Vous m'excuserez si j'ai plus brouillé de papier à dire de méchantes choses, que vous n'en aviez employé à écrire les plus belles choses du monde.

A M. LE VASSEUR.

A Uzés le 3 Février 1662.

J'Avouë que ma réponse ne vient que huit jours après votre Lettre: mais à quoi bon m'excuser pour un délai de huit jours ? Vous ne faites point tant de cérémonies quand vous avez été deux mois sans songer seulement si je suis au monde. C'est assez pour vous de dire froidement que vous avez perdu la moitié de votre esprit depuis que je ne suis plus en votre compagnie. Mais à d'autres, il faudroit que j'eusse perdu tout le mien, si je recevois de telles galanteries en payement. Je sais ce qui vous occupe si fort, & ce qui vous fait oublier de pauvres étrangers comme nous. *Amor non talia curat*: oüi c'est cela même qui vous occupe.

Amor che solo, i cor leggiadri invesce.

Et je ne m'étonne pas qu'un cœur si tendre que le vôtre, & si disposé à recevoir les douces impressions de l'amour, soit enchanté d'une si belle personne.

  Socrate s'y trouveroit pris,
  Et malgré sa philosophie
  Il feroit ce qu'a fait Paris,
  Et le feroit toute sa vie.

Je n'ai pas peur que vous vous lassiez de voir tant de Vers dans une seule Lettre. *Te amor nostri, Poëtarum amantem reddidit.*

 Loin de trouver à redire à votre

amour, je vous louë d'un si beau choix, & d'aimer avec tant de discernement, s'il peut y avoir du discernement en amour. Vous êtes bien éloigné de vous ennuyer comme moi : l'Amour vous tient bonne compagnie. Il ne me fait pas tant d'honneur, quoique j'aie assez besoin de compagnie en ce pays ; mais j'aime mieux être seul que d'avoir un hôte si dangereux.

Je suis confiné dans un pays qui a quelque chose de moins sociable que le Pont-Euxin : le sens commun y est rare, & la fidélité n'y est point du tout : il ne faut qu'un quart d'heure de conversation pour vous faire haïr un homme : aussi quoiqu'on m'ait souvent pressé d'aller en compagnie, je ne me suis point encore produit ; il n'y a ici personne pour moi. *Non homo, sed littus, atque aer, & solitudo mera.* Jugez si vos lettres seront bien reçûes : mais vous êtes attaché ailleurs.

Il cor preso ivi come pesce à l'hamo.

AU MESME.

Le 28 *Mars* 1662.

ON ne parle ici que de la merveilleuse conduite du Roi, du grand ménage de M. Colbert, & du procès de M. Fouquet: cependant vous ne m'en mandez rien du tout; mais pour vous dire le vrai, j'aime encore mieux que vous me mandiez de vos nouvelles particulieres.

J'ai eu tout le loisir de lire l'Ode de M. Perraut: aussi l'ai-je relûë plusieurs fois, & néantmoins j'ai eu bien de la peine à y reconnoître son style, & je ne croirois pas encore qu'elle fût de lui, si vous ne m'en assuriez. Il m'a semblé que je n'y trouvois point cette facilité naturelle qu'il avoit à s'exprimer; je n'y ai point vû, ce me semble, aucune trace d'un esprit aussi net que le sien m'a toujours paru, & j'eusse gagé que cette Ode avoit été taillée comme à coups de marteau, par un homme qui n'avoit jamais fait que de méchants Vers. Mais je crois que l'esprit de M. Perraut est toujours le même, & que le sujet seulement lui a manqué, car en effet il y a longtems que Ciceron a dit, que c'étoit une matiere bien sterile que l'éloge d'un enfant, en qui l'on ne pouvoit louer que l'espérance, & toutes ces espérances sont tellement vagues, qu'elles ne peuvent fournir des pensées solides. Mais je m'oublie ici, & je ne songe pas que je dis cela à un homme qui s'y entend mieux que moi. Si je juge mal, & que mes pensées soient éloignées des vôtres, remettez cela sur la barbarie de ce pays, & sur ma longue absence de Paris, qui m'ayant séparé de vous, m'a peut-être entierement privé de la bonne connoissance des choses.

Je vous dirai pourtant encore qu'il y a un endroit où j'ai reconnu M. Perraut; c'est lorsqu'il parle de Josué, & qu'il amène là l'Ecriture sainte. Je lui ai dit une fois qu'il mettoit trop la Bible en jeu dans ses Poësies; mais il me dit qu'il la lisoit fort, & qu'il ne pouvoit s'empêcher d'en inserer quelque passage. Pour moi je crois que la lecture en est fort bonne, mais que la citation convient mieux à un Prédicateur qu'à un Poëte.

Je vous envoye ma piece, (1) dont on approuve le dessein & la conduite. Je n'ose dire qu'elle est bien, que vous ne me l'ayez mandé: écrivez-moi en détail ce que vous jugerez des Graces, des Amours, & de toute la Cour de Venus qui y est dépeinte. Si vous la montrez, ne m'en dites point l'auteur: mon nom fait tort à tout ce que je fais; mais montrez-moi ce que c'est qu'un ami, (2) en me découvrant tout votre cœur.

---

(1) C'est la piece dont il est parlé dans la Lettre suivante, & qu'il avoit intitulée *les bains de Venus*, piece très-inconnue, & qu'il a sans doute suprimée dans la suite.

(2) On voit avec quelle ardeur il souhaite un Critique sincere de ses ouvrages: il le trouva bien-tôt, en faisant connoissance avec Boileau.

AU MESME.

Le 30. Avril.

JE ne vous demandois pas des louanges quand je vous ai envoyé le petit ouvrage des *bains de Venus*, mais je vous demandois votre sentiment; cependant vous vous êtes contenté de dire comme ce flatteur d'Horace, *Pulchrè, benè, rectè*: & Horace dit fort bien qu'on loue ainsi les méchants ouvrages, parce qu'il y a tant de choses à reprendre, qu'on aime mieux tout louer que d'examiner. Vous m'avez traité de la sorte, & vous me louez comme un vrai demi-auteur, qui a plus de mauvais endroits que de bons: soyez un peu plus équitable, ou plutôt ne soyez pas si paresseux; vous avez peur de tirer une Lettre en longueur.

Vous me soupçonnez d'amour: croyez que si j'avois reçû quelque blessure en ce pays, je vous la découvrirois naïvement, & je ne pourrois pas même m'en empêcher. Vous savez que les blessures du cœur demandent toujours quelque confident, à qui on puisse s'en plaindre, & si j'en avois une de cette nature, je ne m'en plaindrois jamais qu'à vous; mais Dieu merci je suis libre encore, (1) & si je quittois ce pays, je reporterois mon cœur aussi sain & aussi entier que je l'ai apporté: je vous dirai pourtant une assez plaisante rencontre à ce sujet.

Il y a ici une Demoisélle fort bien faite, & d'une taille fort avantageuse; elle passe pour une des plus sages, & je connois beaucoup de jeunes gens qui soupirent pour elle du fonds de leur cœur. Je ne l'avois jamais vûe que de 5 ou 6 pas, & je l'avois toujours trouvé fort belle; son teint me paroissoit vif & éclatant, les yeux grands & d'un beau noir. J'en avois toujours quelque idée assez tendre & assez approchante d'une inclination; mais je ne la voyois qu'à l'Eglise, car je suis très-solitaire. Enfin je voulus voir si je n'étois point trompé dans l'idée que j'avois

---

(1) C'est ce qu'il a pû toujours dire, malgré la vivacité de son caractère: l'amour de l'étude l'a sauvé des dangers.

d'elle, & j'en trouvai une occasion fort honnête. Je m'approchai d'elle & lui parlai : je n'avois d'autre dessein que de voir quelle réponse elle me feroit ; elle me répondit d'un air fort doux & fort obligeant : mais en l'envisageant je fus fort interdit, je remarquai sur son visage des taches, comme si elle relevoit de maladie, & cela changea bien mes idées ; je fus bien aise de cette rencontre, qui servit du moins à me délivrer de quelque commencement d'inquiétude : car je m'étudie maintenant à vivre un peu plus raisonnablement, (1) & à ne me pas laisser emporter à toutes sortes d'objets. Je commence mon noviciat, cependant je vois que je n'ai plus à prétendre ici que quelque chapelle de 20 ou 25 écus ; voyez si cela vaut la peine que je prens : néantmoins je suis résolu de mener toujours le même train de vie, & d'y demeurer jusqu'à ce qu'on me retire pour quelque meilleure espérance. Je gagnerai cela du

―――――――――――――

(1) Ce qu'il dit ici, & ce qui suit, fait voir que quoique fort jeune, il pensoit solidement, connoissoit le danger des passions, l'avantage de l'étude, & la nécessité d'apprendre à se contraindre.

moins, que j'étudierai davantage, & que j'apprendrai à me contraindre, ce que je ne savois point du tout.

Je ne sais si mon malheur nuira encore à la négociation qu'on entreprend pour le Bénéfice d'Ouchies: il semble que je gâte toutes les affaires où je suis intéressé. Quoiqu'il en soit, croyez que si l'on me procure quelque chose. *Urbem quam statuo vestra est.*

A MADEMOISELLE VITART.

Le 15. Mai 1662.

JE suis donc tout-à-fait disgracié auprès de vous: depuis plus de trois mois, vous n'avez pas donné la moindre marque que vous me connoissiez seulement. Pour quelle raison votre bonne volonté s'est-elle sitôt éteinte? Je fondois ma plus grande consolation sur les Lettres que je pourrois recevoir quelquefois de vous, & une seule par mois auroit suffi pour me tenir dans la meilleure humeur du monde, & dans cette belle humeur, je vous aurois écrit mille belles choses: les vers ne m'auroient rien coûté, & vos Lettres m'auroient inspiré un génie extraordinaire ; c'est pourquoi si je ne fais rien qui vaille, prenez-vous-en à vous-même. On dit que vous allez passer les fêtes à la campagne avec bonne compagnie : je ne m'attens pas à les passer si à mon aise.

J'irai parmi les oliviers,
Les chênes verds & les figuiers,
Chercher quelque remède à mon inquiétude:
Je chercherai la solitude,
Et ne pouvant être avec vous,
Les lieux les plus affreux me seront les plus doux.

Excusez si je ne vous écris pas davantage : en l'état où je suis je ne saurois vous écrire que pour me plaindre, & c'est un sujet qui ne vous plairoit pas; donnez-moi lieu de vous remercier, & je m'étendrai plus volontiers sur cette matiere, aussi bien je ne vous demande pas des choses trop déraisonnables, ce me semble, en vous priant d'écrire une ou deux lignes par charité. Vous écrivez si bien & si facilement, quand vous voulez,

Tout iroit bien pour moi, si vous me vouliez autant de bien que vous m'en pourriez faire, comme au contraire je ne puis vous témoigner le respect que j'ai pour vous, autant que je le voudrois bien.

A M. LE VASSEUR.

A Uzés le 16. Mai 1662.

Quoique je me plaise beaucoup à causer avec vous, je ne le puis faire néantmoins fort au long, car j'ai eu cette après-dînée une visite d'un jeune homme de cette ville fort bien fait, mais passionément amoureux. Vous saurez qu'en ce pays-ci on ne voit guère d'amours médiocres : toutes les passions y sont demesurées, & les esprits de cette ville, (1) qui sont assez legers en d'autres choses, s'engagent plus fortement dans leurs inclinations

---

(1) On ne doit attribuer la maniere peu avantageuse dont il parle dans ces Lettres de la ville d'Uzés, qu'à la vivacité d'un jeune homme qui s'ennuyoit dans un lieu si éloigné de Paris.

qu'en aucun autre pays du monde. Cependant, excepté trois ou quatre personnes qui font belles, on n'y voit presque que des beautés fort communes. La sienne est des premieres ; il m'en est venu parler fort au long, & m'a montré des lettres, des discours, & même des vers, sans quoi ils croyent que l'amour ne sauroit aller. Cependant j'aimerois mieux faire l'amour en bonne prose, que de la faire en méchans vers ; mais ils ne peuvent s'y résoudre, & ils veulent être Poëtes, à quelque prix que ce soit. Pour mon malheur ils croyent que j'en suis un, & ils me font juge de tous leurs ouvrages. Vous pouvez croire que je n'ai pas peu à souffrir, car le moyen d'avoir les oreilles battuës de tant de mauvaises choses, & d'être obligé de dire qu'elles sont bonnes ? J'ai un peu appris à me contraindre, & à faire beaucoup de révérences & de complimens à la mode de ce pays-ci. Adieu, mon cher ami, & comme dit l'Espagnol, *antes muerto que mudado.*

A M. VITART.

A Uzés le 16. Mai 1662.

JE ne vous renouvelle point les protestations d'être honnête-homme & très-reconnoissant; vous avez assez de bonté pour n'en point douter; je vous remercie de la peine que vous avez prise de m'envoyer un démissoire; je ne l'aurois jamais eu, si je ne l'eusse reçû que de D. Côme: ses misérables Lettres font perdre toute espérance à mon oncle.

J'écrirai à ma tante la Religieuse, puisque vous le voulez : si je ne l'ai point encore fait, vous devez m'excuser, & elle aussi : car que puis-je lui mander ? C'est bien assez de faire ici l'hypocrite, sans le faire encore par Lettres, où il ne faut parler que de dévotion, & ne faire autre chose que de se recommander aux prieres. Ce n'est pas que je n'en aye bon besoin, (1) mais je voudrois qu'on en fit pour

---

(1) On voit un jeune homme un peu éloigné de la démoi sans être obligé d'en tant demander. Si Dieu veut que je sois Prieur, j'en ferai pour les autres autant qu'on en aura fait pour moi.

On tâche ici de me débaucher pour me mener en compagnie. Quoique je n'aime pas à refuser, je me tiens pourtant sur la négative, & je ne sors point; je m'en console avec mes livres: comme on sait que je m'y plais, on m'en apporte tous les jours, de Grecs, d'Espagnols, & de toutes les langues. Pour la composition, je ne puis m'y mettre. *Aut libris me delecto, quorum habeo festivam copiam ; aut te cogito. A scribendo prorsus abhorret animus.* Cicéron mandoit cela à Atticus ; mais j'ai une raison particuliere de ne point composer; je suis trop embarrassé du mauvais succès de mes affaires, & cette inquiétude seche toutes les pensées de Vers.

---

votion, mais dont le cœur n'est pas gâté. Il sent bien qu'il a tort, & c'est pour cela qu'il a de la répugnance à écrire à sa tante de Port Royal.

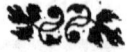

AU MESME.

Le 30. *Mai.*

MOn oncle, qui veut traiter son Evêque dans un grand appareil, est allé à Avignon pour acheter ce qu'on ne pourroit trouver ici, & il m'a laissé la charge de pourvoir cependant à toutes choses. J'ai de fort beaux emplois, comme vous voyez, & je sais quelque chose de plus que manger ma soupe, puisque je la fais faire apprêter. J'ai apris ce qu'il faut donner au premier, au second, & au troisiéme service, les entremêts qu'il y faut mêler, & encore quelque chose de plus, car nous prétendons faire un festin à quatre services, sans compter le dessert. J'ai la tête si remplie de toutes ces belles choses, que je vous en pourrois faire un long entretien ; mais c'est une matiere trop creuse sur le papier, outre que n'étant pas bien confirmé dans cette science, je pourrois bien faire quelque pas de clerc, si j'en parlois encore longtems.

Je vous prie de m'envoyer les Lettres Provinciales. Nos Moines font de fots ignorans, qui n'étudient point du tout; aussi je ne les vois jamais, & j'ai conçû une certaine horreur pour cette vie fainéante de Moines, que je ne pourrai pas bien dissimuler. Pour mon oncle il est fort sage, fort habile homme, peu Moine, & grand Théologien. On parle beaucoup d'un Evêque qui est adoré dans cette province. M. le Prince de Conti (1) va faire ses Pâques chez lui.

Je vous dirai une petite histoire assez étrange. Une jeune fille d'Uzés, qui logeoit assez près de chez nous, s'empoisonna hier elle-même, avec de l'arsenic, pour se vanger de son pere, qui l'avoit querellée trop rudement : du reste elle étoit très-sage. Telle est l'humeur des gens de ce pays-ci ; ils portent les passions au dernier excès.

Je suis fort serviteur de la belle Manon,
  Et de la petite Nanon,

---

(1) Il étoit Gouverneur du Languedoc.

> Car je crois que c'est là le nom
> Dont on nomma votre seconde :
> Et je salue aussi ce beau petit mignon
> Qui doit bientôt venir au monde.

AU MESME.

Le 6. Juin.

MOn oncle est encore malade, ce qui me touche sensiblement ; car je vois que ses maladies ne viennent que d'inquiétude & d'accablement : il a mille affaires toutes embarrassantes ; il a payé plus de trente mille livres de dettes, & il en découvre tous les jours de nouvelles : vous diriez que nos Moines avoient pris plaisir à se ruiner. Quoique mon oncle se tuë pour eux, il reconnoît de plus en plus leur mauvaise volonté ; & avec cela, il faut qu'il dissimule tout. M. d'Uzés témoigne toute sorte de confiance en lui, mais il n'en attend rien : cet Evèque a des gens affamés à qui il donne tout. Mon oncle est si lassé de tant d'embarras, qu'il me pressa hier de recevoir son Bénéfice par résignation. Cela me fit trembler, voyant l'état où sont les affaires, & je sus si bien lui représenter ce que c'étoit que de s'engager dans des procès, & au bout du conte demeurer Moine sans titre & sans liberté, que lui-même est le premier à m'en détourner; outre que je n'ai pas l'âge, parce qu'il faut être Prêtre : car quoiqu'une dispense soit aisée, ce seroit nouvelle matiere de procès. Enfin il en vient jusques-là, qu'il voudroit trouver un Bénéficier séculier qui voulût de son Bénéfice, à condition de me résigner celui qu'il auroit. Il est résolu de me mener à Avignon, pour me faire tonsurer, afin qu'en tout cas, s'il vient quelque Chapelle, il la puisse impétrer. S'il venoit à vacquer quelque chose dans votre district, souvenez-vous de moi. Je crois qu'on n'en murmurera pas à Port-Royal, puisqu'on voit bien que je suis ici dévoué à l'Eglise. Excusez si je vous importune, mais vous y êtes accoutumé.

AU MESME.

Le 13. *Juin.*

J'Ecrivis la semaine passée à D. Côme, pour le disposer à nous abandonner le Bénéfice; il répond qu'il est à sa bienséance: il seroit à ma bienséance autant qu'à la sienne. La méchante condition que d'avoir affaire à D. Côme! je crois que cet homme-là est né pour ruiner toutes mes affaires.

On fait ici la moisson: on voit un tas de moissonneurs rôtis du soleil, qui travaillent comme des démons, & quand ils sont hors d'haleine, ils se jettent à terre au soleil même, dorment un moment, & se relevent aussitôt. Je ne vois cela que de mes fenêtres: je ne pourrois être un moment dehors sans mourir, l'air est aussi chaud que dans un four allumé. Pour m'achever, je suis tout le jour étourdi d'une infinité de Cigales, qui ne font que chanter de tous côtés, mais d'un chant

chant le plus perçant & le plus importun du monde. Si j'avois autant d'autorité sur elle qu'en avoit le bon Saint François, je ne leur dirois pas comme lui, *Chantez, ma sœur la Cigale*; mais je les prierois bien fort de s'en aller faire un tour jusqu'à la Ferté-Milon, si vous y êtes encore, pour vous faire part d'une si belle harmonie.

Notre Evêque a toujours son projet de Réforme; mais il appréhende d'aliéner les esprits de la Province: il se voit déja désert, ce qui le fâche; il reconnoît bien qu'on ne fait la cour dans ce pays-ci, qu'à ceux dont on attend du bien: s'il établit une fois la Réforme, il sera abandonné même de ses valets. On lui impute qu'il aime à dominer, & qu'il aime mieux avoir dans son Eglise des Moines, dont il prétend disposer, quoique peut-être il se trompe, que des Chanoines séculiers, qui le portent un peu plus haut. Les politiques en ces sortes d'affaires disent que les particuliers sont plus maniables qu'une Communauté, & que les Moines n'ont pas toute déférence pour les Evêques.

Tome I.   D

A M. VASSEUR.

A Uzés le 4. Juillet 1662.

QUe vous tenez bien votre gravité Espagnole ! Il paroît bien qu'en apprenant cette langue, vous avez pris un peu de l'humeur de la nation. Vous n'allez plus qu'à pas contés, & vous écrivez une Lettre en trois mois. Je ne vous ferai pas davantage de reproches, quoique j'eusse bien résolu ce matin de vous en faire. J'avois étudié tout ce qu'il y a de plus rude & de plus injurieux dans les cinq langues que vous aimez ; mais votre Lettre est arrivée à midi, & m'a fait perdre la moitié de ma colère. N'êtes-vous pas fort plaisant avec vos cinq langues? Vous voudriez justement que mes Lettres fussent des Calepins, & encore des Lettres galantes, pour amuser vos Dames. Ne croyez pas que ma Bibliothéque soit fort grosse ; le nombre de mes livres est très-borné, encore ne sont-ce pas des livres à conter fleurettes : ce sont des Sommes de Théologie Latine, Méditations Espagnoles, Histoires Italiennes, Peres Grecs, & pas un François : voyez où je trouverois quelque chose d'agréable à vos Belles.

Entretenez toujours Mademoiselle Vitart dans l'humeur de recevoir de mes Lettres ; je crains bien qu'elle ne s'en ennuie, *Porque mi razones no deven ser manjar par tan subtil entendimiento como el suyo.*

M. de la Fontaine m'a écrit, & me mande force nouvelles de Poësie, & sur-tout de pieces de théâtre. Je m'étonne que vous ne m'en disiez pas un mot : il m'exhorte à faire des Vers, je lui en envoie aujourd'hui ; mandez-moi ce que vous en penserez, & ne me payez pas d'exclamations, autrement je n'enverrai jamais rien. Faites des Vers vous-même, & vous verrez si je ne vous manderai pas au long tout ce que j'en pourrai dire. Envoyez mes bains de Venus à M. de la Fontaine.

Mes affaires n'avancent point, ce qui me désespere. Je cherche quelque sujet de théâtre, & je serois assez disposé

D 2

à y travailler; mais j'ai trop de sujet d'être mélancolique, & il faut avoir l'esprit plus libre que je ne l'ai: aussi-bien je n'aurois pas ici une personne comme vous pour me secourir. Et s'il faut un passage Latin pour vous mieux exprimer cela, je n'en saurois trouver un plus propre que celui-ci: *Nihil mihi nunc scito tam deesse quàm hominem eum, quicum omnia quæ me ad aliqua afficiunt, una communicem, qui me amet, qui sapiat, quicum ego colloquar, nihil fingam, nihil dissimulem; nihil obtegam, &c.* Quand Ciceron eût été à Uzés, & que vous eussiez été à la place d'Atticus, eût-il pû parler autrement?

Je vous dirai, pour finir par l'endroit de votre Lettre, qui m'a le plus satisfait, que j'ai pris une part véritable à la paix de votre famille, & je vous assûre que quand je serois réconcilié avec mon propre pere, si j'en avois encore un, je n'aurois pas été plus aise qu'en apprenant que vous étiez remis parfaitement avec le vôtre, parce que je suis persuadé que vous vous en estimez parfaitement heureux. Adieu.

A M. VITART.

A Uzés le 9 Juillet 1662.

VOtre Lettre m'a fait un grand bien, & je passerois assez doucement mon tems, si j'en recevois souvent de pareilles. Je ne sçache rien qui me puisse mieux consoler de mon éloignement de Paris; je m'imagine même être au milieu du Parnasse, tant vous me décrivez agréablement tout ce qui s'y passe de plus mémorable, mais je m'en trouve fort éloigné, & c'est se mocquer de moi, que de me porter, comme vous faites, à y retourner; je n'y ai pas fait assez de voyages pour en retenir le chemin, & ne m'en souvenant plus, qui pourroit m'y remettre en ce pays-ci? J'aurois beau invoquer les Muses, elles sont trop loin pour m'entendre; elles sont toûjours occupées auprès de vous autres Messieurs de Paris: il arrive rarement qu'elles viennent dans les Provinces: on dit même qu'elles ont fait serment de n'y plus revenir, depuis l'insolence de Pyrenée. Vous vous souvenez de cette histoire.

    C'étoit un fameux homicide,
    Il avoit conquis la Phocide,
    Et faisoit des courses, dit-on,
    Jusques au pied de l'Hélicon.

    Un jour les neuf sçavantes Sœurs,
    Assez près de cette montagne,
    S'amusant à cuëillir des fleurs,
    Se promenoient dans la campagne.

    Tout d'un coup le Ciel se couvrit,
    Un épais nuage s'ouvrit,
    Il plut à grands flots, & l'orage
    Les mit en mauvais équipage.

    Le barbare assez près de-là
    Avoit établi sa demeure,
    Il le vit, & les apella.

Vous sçavez la suite, vous sçavez que ce malheureux Pyrenée voulut faire violence aux Muses, & que pour les en garantir, les Dieux leur donnérent des aîles, & elles revôlérent aussi-tôt vers le Parnasse.

Lorsqu'elles furent de retour,
Confidérant le mauvais tour
Que leur avoit joué cet infidèle Prince,
Elles firent ferment que jamais en Province
Elles ne feroient leur féjour.

En effet fe trouvant des aîles fur le dos,
Elles jugerent à propos
De s'en aller à la même heure
Où Pallas faifoit fa demeure.

Elles y demeurerent long-tems;
Mais lorfque les Romains devinrent éclatans,
Et qu'ils eurent conquis Athénes,
Les Mufes fe firent Romaines.

Enfin par l'ordre du deftin,
Quand Rome alloit en décadence,
Les Mufes au Pays Latin
Ne firent plus leur réfidence.

Paris le fiége des Amours,
Devint auffi celui des filles de mémoire,
Et l'on a grand fujet de croire
Qu'elles y refteront toûjours.

Quand je parle de Paris, j'y comprens les beaux pays d'alentour; car elles en fortent de tems en tems pour prendre l'air de la Campagne.

>Tantôt Fontainebleau les voit
>Le long de ses belles cascades:
>Tantôt Vincennes les reçoit
>Au milieu de ses palissades.

>Elles vont souvent sur les eaux,
>Ou de la Marne ou de la Seine:
>Elles étoient toûjours à Vaux,
>Et ne l'ont pas quitté sans peine.

Ne croyez pas pour cela que les Provinces manquent de Poëtes, elles en ont en abondance: mais que ces Muses sont différentes des autres ! Il est vrai qu'elles leur sont égales en nombre, & se vantent d'être presque aussi anciennes, au moins sont-elles depuis long-tems en possession des Provinces. Vous êtes en peine de sçavoir qui elles sont : souvenez-vous des neuf filles de Pierus ; leur histoire est connuë au Parnasse, d'autant que les Muses prirent leurs noms après les avoir vaincuës, comme les Romains prenoient les noms des pays qu'ils avoient conquis. Les filles de Pierus furent changées en Pies.

Ces oiseaux plus importuns
Mille fois que les Chouettes,
Sont cause que les Poëtes
Sont devenus si communs.

Vous sçavez que toutes Pies
Dérobent fort volontiers :
Celles-ci comme Harpies
Pillent les livres entiers.

On dit même qu'à Paris
Ces fausses Muses font rage,
Et que force beaux esprits
Se font à leur badinage.

Lorsqu'elles sont attrapées
Les aîles leurs sont coupées,
Et leurs larcins confisqués :
Et pour finir cette histoire,
Tels oiseaux sont relegués
De-là les rives de Loire.

C'est où Furetiere relegue leur général Galimathias, & il est bien juste qu'elles lui tiennent compagnie ; mais je ne songe pas que vous me condamnerez peut-être à y demeurer comme elles. En effet j'ai bien peur que ceci n'aproche fort de leur ſtyle, & que vous n'y reconnoiſſiez plûtôt le caquet importun des Pies, que l'agréable facilité des Muſes. Renvoyez-moi cette bagatelle des bains de Venus; & me mandez ce qu'en penſe votre Académie de Château-Thiery, ſur-tout Mademoiſelle de la Fontaine. Je ne lui demande aucune grace pour mes Vers. Qu'elle les traite rigoureuſement; mais qu'elle me faſſe au moins la grace d'agréer mes reſpects.

AU MESME.

A Uſez le 25 Juillet 1662.

Votre derniere Lettre m'a extrêmement conſolé, voyant que vous preniez quelque part à l'affliction ou j'étois de la trahiſon de D. Côme. Je ne lui écrirai plus de ma vie, & je ne parlerai plus à mon oncle de réſignation, parce que j'ai peur qu'il ne me croïe intereſſé. Cependant il doit bien s'imaginer que je ne ſuis pas venu de ſi loin pour ne rien gagner.

Je lui ai jusqu'ici tant témoigné de soumission & d'ouverture de cœur, qu'il a crû que je voudrois vivre avec lui long-tems de la sorte, sans aucune intention sur son Bénéfice : (1) je voudrois bien qu'il eut toûjours cette bonne opinion de moi. Il n'y a rien à faire auprès de M. l'Evêque : il donne à ses gens le peu de Bénéfices qui vacquent ici.

 Je suis fort allarmé de votre refroidissement avec le pauvre Abbé le Vasseur; cela m'affligeroit au dernier point si je ne sçavois que votre amitié est trop forte pour être si long-tems refroidie, & que vous êtes trop généreux l'un & l'autre pour ne pas passer par-dessus de petites choses, qui peuvent avoir causé cette mésintelligence. Je souhaite que cet accord se fasse au plûtôt : ayez la bonté de m'en mander aussi-tôt la nouvelle ; car je mourrois de déplaisir, si vous rompiez tout-à-fait, je pourrois bien dire comme Chiméne,

---

(1) Il avouë ingénument ses sentimens ; il avoit grande envie du Bénéfice ; la nécessité de se faire Régulier l'effrayoit. Cependant une plus grande nécessité l'eut fait consentir à tout ; mais l'oncle étoit irrésolu.

La moitié de ma vie a mis l'autre au tombeau.

Mais vous n'en viendrez pas jusqu'à cette extrêmité; vous êtes trop pacifiques tous deux.

J'ai peine à croire que Mademoiselle Vitart ait la moindre curiosité de voir quelque chose de moi, puisqu'elle ne m'en a rien témoigné: vous sçavez bien vous-même que les meilleurs esprits se trouveroient embarrassés, s'il leur falloit toûjours écrire, sans recevoir de réponse. Ecrivez-moi souvent, vos Lettres me donnent courage, & m'aident à pousser le tems par l'épaule, comme on dit dans ce pays-ci.

M. le Prince de Conti est à trois lieuës de cette ville, & se fait furieusement craindre dans la Province; il fait rechercher les vieux crimes, qui sont en fort grand nombre: il a fait emprisonner plusieurs Gentilhommes, & en a écarté beaucoup d'autres. Une troupe de Comédiens s'étoit venu établir dans une petite ville proche d'ici, il les a chassés, & ils ont repassé le Rhône. Les gens du Languedoc ne sont pas accoûtumés à pareille réforme. Il faut pourtant plier.

Je ne sçaurois écrire à d'autres qu'à vous aujourd'hui, j'ai l'esprit embarrassé ; je ne suis en état que de parler procès, ce qui scandaliseroit ceux à qui j'ai coutume d'écrire : tout le monde n'a pas la patience que vous avez pour souffrir mes folies : outre que mon oncle est au lit, & que je suis fort assidu auprès de lui, il est tout-à-fait bon, & je crois que c'est le seul de sa Communauté qui ait l'ame tendre & généreuse. Je souhaite qu'il fasse quelque chose pour moi ; je puis cependant vous protester que je ne suis pas ardent pour les Bénéfices ; je n'en souhaite que pour vous payer au moins quelque méchante partie de tout ce que je vous dois. Je meurs d'envie de voir vos deux Infantes.

Un Gentilhomme voisin de cette ville annonçoit avec tant de confiance, que l'enfant dont sa femme devoit accoucher seroit quelque chose de grand, que je m'attendois à voir naître dans le château quelque géant ; & il n'est venu qu'une fille. Ce n'est pas qu'une fille soit peu de chose, mais le pere parloit bien plus haut ; cela lui apprend à s'humilier. J'ai oüi-dire à un Prédicateur, que Dieu changeroit plûtôt un garçon en fille avant qu'il fut né, que de ne point humilier un homme qui s'en fait accroire. Ce n'est pas qu'il y ait du miracle dans l'affaire de ce Gentilhomme, & je crois fort bonnement qu'il n'a eu que ce qu'il a fait. Adieu.

A M. LE VASSEUR.

A Paris.

LA *renommée* a été assez heureuse. (1) M. le Comte de Saint Aignan la trouve fort belle ; il a demandé mes autres ouvrages, & m'a demandé moi-même : je le dois aller saluer demain. Je ne l'ai pas trouvé aujourd'hui au lever

---

(1) Dans ce billet écrit de Paris, il parle de son Ode intitulée *la Renommée aux Muses* ; il paroît qu'il avoit déja des Protecteurs, & qu'il étoit connu à la Cour. Il se préparoit à faire joüer *les Freres ennemis*, qu'il avoit composés en Languedoc.

du Roi : mais j'y ai trouvé Moliére, à qui le Roi a donné assez de loüanges ; & j'en ai été bien aise pour lui : il a été bien aise aussi que j'y fusse present.

Les Suisses iront Dimanche à Notre-Dame ; & le Roi a demandé la Comédie pour eux à Moliére, sur quoi M. le Duc a dit qu'il suffisoit de leur donner *gros Réné* bien enfariné, parce qu'ils n'entendoient point le François.

Adieu : vous voyez que je suis à demi courtisan, mais c'est à mon gré un métier assez ennuyeux.

Pour ce qui regarde les *Freres*, ils sons avancés : (1) le quatriéme acte étoit fait, mais je ne goûtois point toutes ses épées tirées ; ainsi il a fallu les faire rengainer, & pour cela ôter plus de deux cens vers, ce qui n'est pas aisé.

---

(1) Il parle de la Tragédie des Freres ennemis.

AU MESME.

De Paris.

NE vous attendez pas à aprendre de moi aucune nouvelle: car quoique j'aie vû tout ce qui s'est passé à Notre-Dame avec Messieurs les Suisses, je n'ose pas usurper sur le Gazetier l'honneur de vous en faire le recit.

J'ai tantôt achevé ce que vous sçavez, & j'espére que j'aurai fait Dimanche ou Lundy : j'y ai mis des Stances qui me satisfont assez (1) ; en voici la première : je n'ai point de meilleure chose à vous écrire.

Cruelle Ambition dont la noire malice
    Conduit tant de monde au trépas,
Et qui feignant d'ouvrir le trône sous nos pas
    Ne nous ouvres qu'un précipice,
    Que tu causes d'égaremens !
Qu'en d'étranges malheurs tu plonges tes amans !

---

(1) Peu après il n'en fut pas satisfait, avec raison.

Que leurs chûtes sont déplorables !
Mais que tu fais périr d'innocens avec eux,
Et que tu fais de misérables
En faisant un ambitieux !

C'est un lieu commun qui vient bien à mon sujet, ne le montrez pas. Adieu, je souhaite que ma Stance vous tienne lieu d'une bonne Lettre. Montfleury a fait une Requête contre Moliére, & l'a presentée au Roi, il accuse Moliére d'avoir épousé sa propre fille ; mais Mont-fleury n'est point écouté à la Cour.

AU MESME.

De Paris.

JE n'ai pas grandes nouvelles à vous mander : je n'ai fait que retoucher continuellement au cinquiéme Acte ; il est achevé : j'en ai changé toutes les Stances avec quelque regret. On m'a dit que ma Princesse n'étoit pas en situation de s'étendre sur des lieux communs : j'ai donc tout réduit à trois Stances, & j'ai ôté celle de l'Ambition, qui me servira peut-être ailleurs.

On annonça hier la Thébaïde à l'Hôtel ; mais on ne la promet qu'après trois autres piéces.

Je viens de parcourir votre belle & grande Lettre, où j'ai trouvé des difficultés qui m'ont arrêté. Je suis pourtant fort obligé à l'Auteur des Remarques, (1) & je l'estime infiniment. Je ne sais s'il ne me fera point permis quelque jour de le connoître. Adieu, Monsieur.

---

(1) Cet endroit est remarquable, il parle des critiques sur son Ode de la Renommée, faites par Boileau, à qui M. le Vasseur avoit montré cette Ode. Ces critiques lui inspirérent de l'estime pour Boileau, & une grande envie de le connoître. M. le Vasseur le mena chez Boileau, & dans cette premiere visite commença leur fameuse & constante amitié.

AVERTISSEMENT.

ON verra dans les Lettres suivantes, tout commun entre les deux hommes qui s'écrivent, amis, intérêts, sentimens, & ouvrages. On verra aussi mon Pere plus occupé à la Cour, de Boileau que de lui-même. Cette union, qui a duré près de quarante ans, n'a jamais été un seul jour refroidie.

Les premieres Lettres furent écrites dans le tems que Boileau étoit allé à Bourbon, où les Médecins l'avoient envoyé prendre les eaux : reméde assez bisarre pour une extinction de voix. Il l'avoit perduë entierement, & tout-à-coup, à la fin d'un violent rhume : & se regardant comme un homme inutile au monde, il s'abandonnoit à son affliction.

Mon Pere le consoloit, en l'assurant qu'il retrouveroit la voix comme il l'avoit perduë, & qu'au moment qu'il s'y attendoit le moins, elle reviendroit. La prédiction fût véritable: les remédes ne firent rien, & la voix six mois après, revint tout-à-coup.

Les autres Lettres sont presque toutes écrites dans le tems que mon Pere suivoit le Roi dans ses Campagnes. Boileau ne pouvant à cause de la foiblesse de sa santé, avoir le même honneur, son Collégue dans l'emploi d'écrire cette Histoire, avoit attention de l'instruire de tout ce qui se passoit. Il lui écrivoit à la hâte, & Boileau lui répondoit de même. Ces Lettres dans lesquelles ils ne cherchent point l'esprit, font connoître leur cœur.

SECOND RECUEIL.

✶✶✶✶✶✶ ✶✶✶✶✶✶
✶✶✶✶✶ ✶ ✶✶✶✶✶✶✶

LETTRES A BOILEAU,

Et les Réponses de Boileau.

DE BOILEAU.

A Bourbon le 21. Juillet.

J'Ai été saigné, purgé, &c. & il ne me manque plus aucune des formamalités prétenduës nécessaires pour prendre les eaux. La médecine que j'ai prise aujourd'hui, m'a fait, à ce qu'on dit, tous les biens du monde ; car elle m'a fait tomber quatre ou cinq fois en foiblesse, & m'a mis en tel état qu'à peine je puis me soûtenir. C'est demain que je dois commencer le grand chef-d'œuvre ; je veux dire que demain je dois commencer à prendre des eaux. M. Bourdier, mon Médecin, me remplit toûjours de grandes espérances ; il n'est pas de l'avis de M. Fagon pour le bain, & cite même des exemples de gens qui loin de recouvrer la voix par ce reméde, l'ont perduë pour s'être baignés : du reste on ne peut pas faire plus d'estime de M. Fagon qu'il en fait, & il le regarde comme l'Esculape de ce tems. J'ai fait connoissance avec deux ou trois malades, qui valent bien des gens en santé. Ce ne sera pas une petite affaire pour moi que la prise des eaux, qui sont, dit-on, fort endormantes, & avec lesquelles néanmoins il faut absolument s'empêcher de dormir : ce sera un noviciat terrible : mais que ne fait-on point pour contredire M. Charpentier ? (1)

Je n'ai point encore eu de tems pour me remettre à l'étude, parce que j'ai été assez occupé des remédes, pendant lesquels on m'a défendu, sur-tout, l'application ; les eaux, dit-

---

(1) Il disputoit souvent à l'Académie contre M. Charpentier.

on, me donneront plus de loisir, &
pourvû que je ne m'endorme point,
on me laisse toute liberté de lire, &
même de composer. Il y a ici un Trésorier de la Sainte Chapelle, qui me
vient voir fort souvent; il est homme de beaucoup d'esprit, & s'il n'a
pas la main si prompte à répandre les
bénédictions que le fameux M. Cou-
tances, il a en récompense beaucoup
plus de Lettres & de solidité. Je suis
toûjours fort affligé de ne vous point
voir; mais franchement le séjour de
Bourbon ne m'a point paru, jusqu'à
présent, si horrible que je me l'étois
imaginé: je m'étois préparé à une si
grande inquiétude, que je n'en ai pas
la moitié de ce que j'en croiois avoir.
Je n'ai jamais mieux conçû combien
je vous aime, que depuis notre triste
séparation. Mes recommandations au
cher M. Félix, & je vous suplie,
quand même je l'aurois oublié dans
quelqu'une de mes Lettres, de sup-
poser toujours que je vous ai parlé de
lui, parce que mon cœur l'a fait, si
ma main ne l'a pas écrit.

A BOILEAU.

A Paris le 25. Juillet.

JE commençois à m'ennuyer beaucoup de ne point recevoir de vos nouvelles, & je ne savois même que répondre à quantité de gens qui m'en demandoient. Le Roi, il y a trois jours, me demanda à son dîner, comment alloit votre extinction de voix: je lui dis que vous étiez à Bourbon. Monsieur prit aussi-tôt la parole, & me fit là-dessus force questions, aussi-bien que Madame; & vous fites l'entretien de plus de la moitié du dîner. Je me trouvai le lendemain sur le chemin de M. de Louvois, qui me parla aussi de vous; mais avec beaucoup de bonté, & me disant en propres mots, qu'il étoit très-faché que cela durât si long-tems. Je ne vous dis rien de mille autres qui me parlent tous les jours de vous; & quoique j'espere que vous retrouverez bien-tôt votre voix toute entiere,

vous

vous n'en aurez jamais assez pour suffire à tous les remercimens que vous aurez à faire.

Je me suis laissé débaucher par M. Felix pour suivre le Roi à Maintenon : c'est un voyage de quatre jours. M. de Termes nous méne dans son carosse : & j'ai aussi débauché M. Hessein pour faire le quatriéme : il se plaint toujours beaucoup de ses vapeurs, & je vois bien qu'il espere se soulager par quelque dispute de longue haleine ; (1) mais je ne suis guére en état de lui donner contentement, me trouvant assez incommodé de ma gorge, dès que j'ai parlé un peu de suite. Ce qui m'embarrasse, c'est que M. Fagon, & plusieurs autres Médecins très-habiles, m'avoient ordonné de boire beaucoup d'eau de Sainte Reine, & des ptisannes de chicorée. Et j'ai trouvé chez M. Nicole un Médecin qui me paroît fort sensé, qui m'a dit qu'il connoissoit mon mal à fond ; qu'il en avoit déja

---

(1) M. Hessein, leur ami commun, & Frere de Mademoiselle de la Sabliere, avoit beaucoup d'esprit & de Lettres : mais il aimoit à disputer & à contredire.

guéri plusieurs ; & que je ne guérirois jamais, tant que je boirois ni eau ni ptisanne ; que le seul moyen de sortir d'affaire, étoit de ne boire que pour la seule nécessité, & tout-au-plus pour détremper les alimens dans l'estomach. Il a appuyé cela de quelques raisonnemens qui m'ont paru assez solides. Ce qui est arrivé de-là, c'est que je n'exécute, ni son ordonnance, ni celle de M. Fagon : je ne me noye plus d'eau comme je faisois, je bois à ma soif ; & vous jugez bien que par le tems qu'il fait, on a toujours soif ; c'est-à-dire franchement, que je me suis remis dans mon train de vie ordinaire, & je m'en trouve assez bien. Le même Médecin m'a assuré que si les eaux de Bourbon ne vous guérissoient pas, il vous guériroit infailliblement. Il m'a cité l'exemple d'un Chantre de Notre-Dame, à qui un rhume avoit fait perdre entierement la voix depuis six mois, & il étoit prêt de se retirer ; ce Médecin l'entreprit, & avec une ptisanne d'une herbe qu'on apelle, je crois, *Erisimum*, le tira d'affaire, en telle sorte que non-seulement il parle, mais il chante, & a la voix auſſi forte qu'il l'ait jamais euë. J'ai conté la choſe aux Médecins de la Cour: ils avoüent que cette plante d'*Eriſimum* eſt très-bonne pour la poitrine; mais ils diſent qu'ils ne croyoient pas qu'elle eût la vertu que dit mon Médécin. C'eſt le même qui a deviné le mal de M. Nicole: (1) il s'apelle M. Morin, & il eſt à Mademoiſelle de Guiſe. M. Fagon en fait un fort grand cas. J'eſpere que vous n'aurez pas beſoin de lui; mais toujours cela eſt bon à ſavoir: & ſi le malheur vouloit que vos eaux ne fiſſent pas tout l'effet que vous ſouhaitez, voilà encore une aſſez bonne conſolation que je vous donne. Je ne vous manderai pour cette fois d'autres nouvelles que celles qui regardent votre ſanté & la mienne.

---

(1) Il étoit de l'Académie des Sciences, & ſon éloge eſt un des premiers de ceux qu'a fait M. de Fontenelle.

DE BOILEAU.

A Bourbon le 29. Juillet.

SI la perte de ma voix ne m'avoit fort guéri de la vanité, j'aurois été très-senfible à tout ce que vous m'avez mandé de l'honneur que m'a fait le plus grand Prince de la terre, en vous demandant des nouvelles de ma fanté. Mais l'impuiffance où ma maladie me met de répondre par mon travail à toutes les bontés qu'il me témoigne, me fait un fujet de chagrin, de ce qui devroit faire toute ma joye. Les eaux jufqu'ici m'ont fait un fort grand bien, fuivant toutes les régles, puifque je les rends de refte, & qu'elles m'ont, pour ainfi dire, tout fait fortir du corps, excepté la maladie pour laquelle je les prens. M. Bourdier, mon Médecin, foutient pourtant que j'ai la voix plus forte que quand je fuis arrivé: & M. Baudierre, mon Apoticaire, qui eft encore meilleur juge que lui, puisqu'il est sourd, prétend aussi la même chose ; mais pour moi je suis persuadé qu'ils me flattent, ou plûtôt qu'ils se flattent eux-mêmes. Quoi qu'il en soit, j'irai jusqu'au bout, & je ne donnerai point occasion à M. Fagon & à M. Felix de dire que je me suis impatienté. Au pis aller nous essaierons cet hyver l'*Erisimum* : mon Médecin & mon Apoticaire, à qui j'ai montré l'endroit de votre Lettre, où vous parlez de cette plante, ont témoigné tous deux en faire grand cas ; mais M. Bourdier prétend qu'elle ne peut rendre la voix qu'à des gens qui ont le gosier attaqué, & non pas à un homme comme moi, qui a tous les muscles embarrassés. Peut-être que si j'avois le gozier malade, prétendroit-il que l'*Erisimum* ne sauroit guérir que ceux qui ont la poitrine attaquée. Le bon de l'affaire est qu'il persiste toujours dans la pensée que les eaux de Bourbon me rendront bientôt la voix ; si cela arrive, ce sera à moi, mon cher Monsieur, à vous consoler, puisque de la maniere dont vous me parlez de votre mal de gorge, je doute qu'il puisse être guéri sitôt, sur-tout si vous vous engagez en de longs voyages avec M. Hessein. Mais laissez-moi faire, si la voix me revient, j'espére de vous soulager dans les disputes que vous aurez avec lui, sauf à la perdre encore une seconde fois pour vous rendre cet office. Je vous prie pourtant de lui faire bien des amitiés de ma part, & de lui faire entendre que ses contradictions me seront toûjours beaucoup plus agréables que les complaisances & les aplaudissemens fades des amateurs du bel Esprit. Il s'est trouvé ici parmi les Capucins un de ces amateurs qui a fait des Vers à ma loüange. J'admire ce que c'est que des hommes. *Vanitas & omnia vanitas.* Cette sentence ne m'a jamais paru si vraïe qu'en fréquentant ces bons & crasseux Peres. Je suis bien fâché que vous ne soyez point encore établi à Auteuil, où, *Ipsi te fontes, ipsa hæc arbusta vocabant*; c'est-à-dire, où mes des deux puits (1) & mes abricotiers vous apellent.

---

(1) Il n'avoit pas d'autres eaux dans cette petite maison dont il faisoit ses délices.

Vous faites très-bien d'aller à Maintenon avec une compagnie aussi agréable que celle dont vous me parlez, puisque vous y trouverez votre utilité & votre plaisir. *Omne tulit punctum*, &c.

Je n'ai pû deviner la Critique que vous peut faire M. l'Abbé Tallemant sur l'Epitaphe. N'est-ce point qu'il prétend que ces termes, *il fut nommé*, semblent dire que le Roy Loüis XIII. a tenu M. le Tellier sur les fonts de Baptême ; ou bien que c'est mal dit, que le Roy le choisit pour remplir la charge, &c. parce que c'est la charge qui a rempli M. le Tellier, & non pas M. le Tellier qui a rempli la charge : par la même raison que c'est la ville qui entoure les fossés, & non pas les fossés qui entourent la ville. C'est à vous à m'expliquer cette énigme.

Faites bien, je vous prie, mes baisemains au P. Bouhours, & à tous nos amis ; mais sur-tout témoignez bien à M. Nicole la profonde vénération que j'ai pour son mérite, & pour la simplicité de ses mœurs, encore plus admirable que son mérite. Voilà, ce me semble, une assez longue Lettre pour un homme à qui on défend les longues aplications. J'ai appris par la Gazette que M. l'Abbé de Choisy étoit agréé à l'Académie. Voici encore une voïe que je vous envoye pour lui, si les trente-neuf ne suffisent pas. Adieu, aimez-moi toujours, & croyez que je n'aime rien plus que vous. Je passe ici le tems, *Sic ut quîmus, quando ut volumus non possum.*

A BOILEAU.

A Paris ce 4. Août.

JE n'ai point encore vû M. Fagon depuis que j'ai reçû de vos nouvelles : oüi bien M. Daquin, qui trouve fort étrange que vous ne vous soyez pas mis entre les mains de M. des Trapieres : il est même bien en peine qui peut vous avoir adressé à M. Bourdier. Je jugeai à propos, tant il étoit en colére, de ne lui pas dire un mot de M. Fagon.

J'ai fait le voyage de Maintenon,

& fuis fort content des ouvrages que j'y ai vûs; ils sont prodigieux, & dignes en vérité de la magnificence du Roi. Les arcades qui doivent joindre les deux montagnes vis-à-vis Maintenon, sont presque faites, il y en a quarante-huit ; elles sont bâties pour l'éternité : je voudrois qu'on eût autant d'eau à faire passer dessus, qu'elles sont capables d'en porter. Il y a là près de trente mille hommes qui travaillent, tous gens bien faits, & qui, si la guerre recommence, remueront plus volontiers la terre devant quelque place sur la frontiere, que dans les plaines de Beausse.

J'eus l'honneur de voir Madame de Maintenon, avec qui je fus une bonne partie d'une après-dînée; & elle me témoigna même que ce tems-là ne lui avoit point duré. Elle est toujours la même que vous l'avez vûë, pleine d'esprit, de raison, de piété, & de beaucoup de bonté pour nous. Elle me demanda des nouvelles de notre travail : je lui dis que votre indisposition & la mienne, mon voyage à Luxembourg, & votre voyage à Bourbon, nous avoient un peu reculés ; mais que nous ne perdions pas cependant notre tems. (1)

A propos de Luxembourg, je viens de recevoir un plan, & de la place, & des attaques, & cela dans la derniere exactitude. Je viens de recevoir en même-tems une Lettre, où l'on me mande une nouvelle fort surprenante & fort affligeante pour vous & pour moi : c'est la mort de notre ami M. de Saint Laurent, (2) qui a été emporté d'un seul accès de colique néphrétique, à quoi il n'avoit jamais été sujet en sa vie. Je ne crois pas, qu'excepté Madame, on en soit fort affligé au Palais Royal. Les voilà débarrassés d'un homme de bien.

Je laisse volontiers à la Gazette à vous parler de M. l'Abbé de Choisy. Il fut reçû sans opposition ; il avoit pris tous les devants qu'il falloit auprès des gens qui auroient pû lui fai-

_____

(1) Ils ne le perdroient pas ; mais les grands morceaux qu'ils avoient faits, ont été brûlés dans l'incendie arrivée chez M. de Valincour.

(2) Homme d'une grande piété, Précepteur du jeune Duc de Chartres, depuis Monsieur le Duc d'Orléans Régent. Une Lettre suivante fera connoître les regrets du jeune Prince, & sa douleur de cette mort.

re de la peine. Il fera le jour de Saint Loüis sa harangue, qu'il m'a montrée: il y a quelques endroits d'esprit ; je lui ai fait ôter quelques fautes de jugement. M. Bergeret fera la réponse ; je crois qu'il y aura plus de jugement.

Je suis bien aise que vous n'ayez pas connu la Critique de M. l'Abbé Tallemant ; c'est signe qu'elle ne vaut rien. Sa Critique tomboit sur ces mots: *Il en commença les fonctions :* il prétendoit qu'il falloit dire nécessairement : *Il commença à en faire les fonctions.* Le P. Bouhours ne le devina point, non-plus que vous; & quand je lui dis la difficulté, il s'en mocqua.

M. Heffein n'a point changé : nous fumes cinq jours ensemble. Il fut fort doux dans les quatre premiers jours, & eût beaucoup de complaisance pour M. de Termes, qui ne l'avoit jamais vû, & qui étoit charmé de sa douceur. Le dernier jour M. Heffein ne lui laissa pas passer un mot sans le contredire ; & même quand il nous voyoit fatigués & endormis, il avançoit malicieusement quelque paradoxe, qu'il savoit bien qu'on ne lui laifseroit point passer. En un mot, il eut contentement : non-seulement on disputa, mais on querella, & on se sépara sans avoir trop d'envie de se revoir de plus de huit jours. Il me sembla que M. de Termes avoit toujours raison ; il lui sembla aussi la même chose de moi. M. Felix témoigna un peu plus de bonté pour M. Hessein, & aima mieux nous gronder tous, que de se résoudre à le condamner. Voilà comment s'est passé le voyage. Mon mal de gorge n'est point encore fini ; mais je n'y fais plus rien. Adieu, mon cher Monsieur, mandez-moi au plûtôt que vous parlez : c'est la meilleure nouvelle que je puisse recevoir en ma vie.

DE BOILEAU.

A Bourbon le 9. Août.

JE vous demande pardon du gros pacquet que je vous envoye : mais M. Bourdier, mon Médecin, a crû qu'il étoit de son devoir d'écrire à M.

Fagon sur ma maladie. Je lui ai dit qu'il falloit que M. Dodart vît auſſi la choſe ; ainſi nous ſommes convenus de vous adreſſer ſa relation. Je vous envoye un compliment pour M. de la Bruyere.

J'ai été ſenſiblement affligé de la mort de M. de Saint Laurent. Franchement notre ſiécle ſe dégarnit fort de gens de mérite & de vertu : & ſans ceux qu'on écarte ſous un faux prétexte, en voilà un grand nombre que la mort a enlevés depuis peu.

Ma maladie eſt de ces ſortes de choſes, *quæ non recipiunt magis & minus*, puiſque je ſuis environ au même état que j'étois lorſque je ſuis arrivé. On me dit cependant toûjours, comme à Paris, que cela reviendra, & c'eſt ce qui me déſeſpére, cela ne revenant point. Si je ſavois que je dûſſe être ſans voix toute ma vie, je m'affligerois, ſans doute ; mais je prendrois ma réſolution, & je ſerois peut-être moins malheureux que dans un état d'incertitude, qui ne me permet pas de me fixer, & qui me laiſſe toûjours comme un coupable qui attend le jugement de ſon procès. Je m'efforce cependant de traîner ici ma misérable vie du mieux que je puis, avec un Abbé, très-honnête homme, mon Médecin, & mon Apoticaire. Je passe le tems avec eux, à peu près comme D. Quixotte le passoit *en un lugar de la Mancha* avec son Curé, son Barbier, & le Bachelier Sanson Carasco. J'ai aussi une servante : il me manque une niéce ; mais de tous ces gens-là, celui qui joue le mieux son personnage, c'est moi qui suis presque aussi fou que D. Quixotte, & qui ne dirois guére moins de sottises, si je pouvois me faire entendre.

Je n'ai point été surpris de ce que vous m'avez mandé de M. Hessein : *naturam expellas furcâ, tamen usque recurret.* Il a d'ailleurs de très-bonnes qualités : mais à mon avis, puisque je suis sur la citation de D. Quixotte, il n'est pas mauvais de garder avec lui les mêmes mesures qu'avec Cardenio. Comme il veut toûjours contredire, il ne seroit pas mauvais de le mettre avec cet homme que vous savez de notre assemblée, qui ne dit jamais rien, qu'on ne doive contredire : ils seroient merveilleux ensemble.

J'ai déja formé mon plan pour l'année 1667. (1) où je vois de quoi ouvrir un beau champ à l'esprit : mais à ne vous rien déguiser, il ne faut pas que vous fassiez un grand fonds sur moi, tant que j'aurai tous les matins à prendre douze verres d'eau, qu'il coûte encore plus à rendre qu'à avaler, & qui vous laissent tout étourdi le reste du jour, sans qu'il vous soit permis de sommeiller un moment. Je ferai pourtant du mieux que je pourrai, & j'espére que Dieu m'aidera.

Vous faites bien de cultiver Madame de Maintenon : jamais personne ne fût si digne qu'elle du poste qu'elle occupe, & c'est la seule vertu où je n'ai point encore remarqué de défaut. L'estime qu'elle a pour vous, est une marque de son bon goût. Pour moi je ne me compte pas au rang des choses vivantes.

   Vox quoque Mœrim
Jam fugit ipsa : lupi Mœrim videre priores.

---

(1) Il parle de l'Histoire du Roi, dont ils étoient tous deux continuellement occupés.

A BOILEAU.

A Paris ce 8. Août.

Madame, votre sœur vint avant hier me chercher, fort allarmée d'une Lettre que vous lui avez écrite, & qui est en effet bien différente de celle que j'ai reçûë de vous. J'aurois déja été à Versailles pour entretenir M. Fagon : mais le Roy est à Marli depuis quatre jours, & n'en reviendra que demain au soir ; ainsi je n'irai qu'après demain matin, & je vous manderai exactement tout ce qu'il m'aura dit. Cependant je me flatte que ce dégoût & cette lassitude dont vous vous plaignez, n'auront point de suite, & que c'est seulement un effet que les eaux doivent produire quand l'estomach n'y est pas encore accoûtumé : que si elles continuent à vous faire mal, vous savez ce que tout le monde vous dit en partant, qu'il falloit les quitter en ce cas, ou tout du moins les interrompre. Si par malheur elles ne vous guériffent pas, il n'y a point lieu encore de vous décourager, & vous ne seriez pas le premier qui n'ayant pas été guéri sur les lieux, s'est trouvé guéri étant de retour chez lui. En tout cas le sirop d'*Erisimum* n'est point assurément une vision. M. Dodart, à qui j'en parlai, il y a trois jours, me dit & m'assura en conscience, que ce M. Morin, qui m'a parlé de ce remède, est sans doute le plus habile Médecin qui soit dans Paris, & le moins Charlatan. Il est constant que pour moi je me trouve infiniment mieux, depuis que par son conseil j'ai renoncé à tout ce lavage d'eaux qu'on m'avoit ordonnées, & qui m'avoient presque gâté entièrement l'estomach, sans me guérir mon mal de gorge.

M. de Saint Laurent est mort d'une colique de *miserere*, & non point d'un accès de néphrétique, comme je vous avois mandé. Sa mort a été fort chrétienne, & même aussi singulière que le reste de sa vie. Il ne confia qu'à M. de Chartres qu'il se trouvoit mal, & qu'il alloit s'enfermer dans une chambre pour se reposer, conjurant instamment ce jeune Prince de ne point dire où il étoit, parce qu'il ne vouloit voir personne. En le quittant il alla faire ses dévotions, c'étoit un Dimanche, & on dit qu'il les faisoit tous les Dimanches; puis il s'enferma dans une chambre jusqu'à trois heures après midi, que M. de Chartres, étant en inquiétude de sa santé, déclara où il étoit. Tancret y fut, qui le trouva tout habillé sur un lit, souffrant aparemment beaucoup, & néanmoins fort tranquille. Tancret ne lui trouva point de pouls: mais M. de Saint Laurent lui dit que cela ne l'étonnât point, qu'il étoit vieux, & qu'il n'avoit pas naturellement le pouls fort élevé. Il voulut être saigné, & il ne vint point de sang. Peu de tems après il se mit sur son séant, puis dit à son valet de le pancher un peu sur son chevet, & aussitôt ses pieds se mirent à trépigner contre le plancher, & il expira dans le moment même. On trouva dans sa bourse un billet parlequel il déclaroit où l'on trouveroit son testament. Je crois qu'il donne tout son bien aux pauvres. Voilà comme il est mort: & voici ce qui fait, ce me semble, assez bien son éloge. Vous savez qu'il n'avoit presque d'autre soin auprès de M. de Chartres que de l'empêcher de manger des friandises; qu'il l'empêchoit le plus qu'il pouvoit d'aller aux Comédies & aux Opéra : & il vous a conté lui-même toutes les rebuffades qu'il lui a fallu essuyer pour cela, & comment toute la maison de Monsieur étoit déchaînée contre lui, Gouverneur, Sous-Précepteur, (1) Valets-de-chambre, Cependant on a été plus de deux jours sans oser aprendre sa mort à ce même M. de Chartres; & quand Monsieur enfin la lui a annoncée, il a jetté des cris effroyables, se jettant, non-point sur son lit, mais sur le lit de M. de Saint Laurent, qui étoit encore dans sa chambre, & l'apellant à haute voix comme s'il eût encore été en vie : tant la Vertu, quand elle est vraie, a de force pour se faire aimer. Je suis assuré que cela vous fera plaisir, non-seulement pour la

_____

(1) Le Sous-Précepteur étoit alors M. l'Abbé du Bois, depuis Cardinal, premier Ministre.

mémoire de M. de Saint Laurent, mais même pour M. de Chartres. Dieu veüille qu'il perſiſte long-tems dans de pareils ſentimens. Il me ſemble que je n'ai point d'autres nouvelles à vous mander.

M. le Duc de Roannez eſt venu ce matin pour me parler de ſa riviere, & pour me prier d'en parler. Je lui ai demandé s'il ne ſçavoit rien de nouveau: il m'a dit que non, & il faut bien, puiſqu'il ne ſçait point de nouvelles, qu'il n'y en ait point; car il en ſçait toûjours plus qu'il n'y en a. On dit ſeulement que M. de Lorraine a paſſé la Drave & les Turcs la Save: ainſi il n'y a point de riviere qui les ſépare. Tant-pis apparemment pour les Turcs; je les trouve merveilleuſement accoûtumés à être battus. La nouvelle qui fait ici le plus de bruit, c'eſt l'embarras des Comédiens, qui ſont obligés de déloger de la rüe de Guenegaud, à cauſe que Meſſieurs de Sorbonne, en acceptant le Collége des quatre Nations, ont demandé pour premiere condition qu'on les éloignât de ce Collége. Ils ont déja marchandé des places dans cinq ou ſix endroits ; mais par-tout où ils vont, c'est merveilles d'entendre comme les Curés crient. Le Curé de Saint Germain de l'Auxerois a déja obtenu qu'ils ne feroient point à l'Hôtel de Sourdis, parce que de leur théâtre on auroit entendu tout à plein les orgues; & de l'Eglise on auroit parfaitement bien entendu les violons. Enfin ils en sont à la ruë de Savoie dans la paroisse de Saint André. Le Curé a été aussi au Roi, lui représenter qu'il n'y a tantôt plus dans sa Paroisse, que des Auberges & des Coquetiers, si les Comédiens y viennent, que son Eglise sera deserte. Les grands Augustins ont aussi été au Roi, & le Pere Lembrochons Provincial, a porté la parole; mais on prétend que les Comédiens ont dit à Sa Majesté, que ces mêmes Augustins, qui ne veulent point les avoir pour voisins, sont fort assidus spectateurs de la Comédie, & qu'ils ont même voulu vendre à la troupe des maisons qui leur appartiennent dans la ruë d'Anjou, pour y bâtir un théâtre, & que le marché seroit déja conclu si le lieu eût été plus commode. M. de Louvois a ordonné à M. de la Chapelle de lui envoyer le plan du lieu où ils veulent bâtir dans la ruë de Savoie. Ainsi on attend ce que M. de Louvois décidera. Cependant l'allarme est grande dans le quartier ; tous les Bourgeois, qui sont gens de Palais, trouvant fort étrange qu'on vienne leur embarrasser leurs ruës. M. Billard sur-tout qui se trouvera vis-à-vis de la porte du parterre, crie fort haut ; & quand on lui a voulu dire qu'il en auroit plus de commodité pour s'aller divertir quelquefois, il a répondu fort tragiquement, *Je ne veux point me divertir.* Adieu, Monsieur, je fais moi-même ce que je puis pour vous divertir, quoique j'aie le cœur fort triste depuis la Lettre que vous avez écrite à Madame votre sœur. Si vous croiez que je puisse vous être bon à quelque chose à Bourbon, n'en faites point de façon, mandez-le moi, je vôlerai pour vous aller voir.

DE BOILEAU.

A Moulins le 13 Août.

MOn Médecin a jugé à propos de me laisser reposer deux jours: & j'ai pris ce tems pour venir voir Moulins, où j'arrivai hier au matin, & d'où je m'en dois retourner aujourd'hui au soir. C'est une Ville très-marchande & très-peuplée, & qui n'est pas indigne d'avoir un Trésorier de France comme vous. Un M. de Chamblain, ami de M. l'Abbé de Sales, qui y est venu avec moi, m'y donna hier à souper fort magnifiquement. Il se dit grand ami de M. de Poignant, & connoît fort votre nom, aussi bien que tout le monde de cette Ville, qui s'honore fort d'avoir un Magistrat de vôtre force, & qui est si peu à charge (1) Je vous ai envoyé par le dernier ordinaire une très-longue déduction de ma maladie, que M. Bourdier mon

___

(1) Parce qu'il n'y alloit jamais.

Médecin écrit à M. Fagon ; ainſi vous en devez être inſtruit à l'heure qu'il eſt parfaitement. Je vous dirai pourtant que dans cette relation il ne parle point de la laſſitude de jambes, & du peu d'apétit, ſi bien que tout le profit que j'ai fait juſqu'ici à boire des eaux, ſelon lui, conſiſte à un éclairciſſement de teint, que le hâle du voyage m'avoit jauni plûtôt que la maladie : car vous ſçavez bien qu'en partant de Paris, je n'avois pas le viſage trop mauvais, & je ne vois pas qu'à Moulins, où je ſuis, on me félicite fort préſentement de mon embonpoint. Si j'ai écrit une Lettre ſi triſte à ma ſœur, cela ne vient point de ce que je me ſente beaucoup plus mal qu'à Paris, puiſqu'à vous dire le vrai, tout le bien & tout le mal mis enſemble, je ſuis environ au même état que quand je partis; mais dans le chagrin de ne point guérir, on a quelquefois des momens où la mélancolie redouble, & je lui ai écrit dans un de ces momens. Peut-être dans une autre Lettre verra-t'elle que je ris. Le chagrin eſt comme une fiévre, qui a ſes redoublemens & ſes ſuſpenſions.

La

La mort de M. de Saint Laurent est tout-à-fait édifiante: il me paroît qu'il a fini avec toute l'audace d'un Philosophe, & toute l'humilité d'un Chrétien. Je suis persuadé qu'il y a des Saints canonisés, qui n'étoient pas plus saints que lui : on le verra un jour, selon toutes les apparences, dans les Litanies. Mon embarras est seulement comment on l'appellera, & si on lui dira simplement Saint Laurent, ou Saint Saint Laurent. Je n'admire pas seulement M. de Chartres, mais je l'aime, j'en suis fou. Je ne sçais pas ce qu'il sera dans la suite; mais je sçais bien que l'enfance d'Alexandre, ni de Constantin, n'ont jamais promis de si grandes choses que la sienne, & on pourroit beaucoup plus justement faire de lui les prophéties que Virgile, à mon avis, a fait assez à la legére du fils de Pollion.

Dans le tems que je vous écris ceci, M. Amiot vient d'entrer dans ma chambre: il a précipité, dit-il, son retour à Bourbon pour me venir rendre service. Il m'a dit qu'il avoit vû, avant que de partir, M. Fagon, & qu'ils persistoient l'un & l'autre dans la pensée du demi-bain, quoiqu'en puissent dire Mrs Bourdier & Baudiere : c'est une affaire qui se décidera demain à Bourbon. A vous dire le vrai, mon cher Monsieur, c'est quelque chose d'assez fâcheux que de se voir ainsi le jouet d'une science très-conjecturale, & où l'un dit blanc, & l'autre noir : car les deux derniers ne soutiennent pas seulement que le bain n'est pas bon à mon mal; mais ils prétendent qu'il y va de la vie, & citent sur cela des exemples funestes. Mais enfin me voilà livré à la Médecine, & il n'est plus tems de reculer. Ainsi ce que je demande à Dieu, ce n'est pas qu'il me rende la voix, mais qu'il me donne la vertu & la piété de M. de Saint Laurent, ou de M. Nicole, ou même la vôtre, puisqu'avec cela on se mocque des périls. S'il y a quelque malheur dont on se puisse réjoüir, c'est à mon avis, de celui des Comédiens : si on continuë à les traiter comme on fait, il faudra qu'ils s'aillent établir entre la Villette & la porte Saint Martin : encore ne sçais-je s'ils n'auront point sur les bras le Curé de Saint Laurent. Je vous ai une obligation infinie du soin que vous prenez d'entretenir un misérable comme moi. L'offre que vous me faites de venir à Bourbon est tout-à-fait héroïque & obligeante; mais il n'est pas nécessaire que vous veniez vous enterrer inutilement dans le plus vilain lieu du monde; & le chagrin que vous auriez infailliblement de vous y voir, ne feroit qu'augmenter celui que j'ai d'y être. Vous m'êtes plus nécessaire à Paris qu'ici, & j'aime mieux ne vous point voir, que de vous voir triste & affligé. Adieu, mon cher Monsieur. Mes recommandations à M. Felix, à M. de Termes, & à tous nos autres amis.

A BOILEAU.

A Paris le 13 Août.

JE ne vous écrirai aujourd'hui que deux mots : car outre qu'il est extrêmement tard, je reviens chez moi pénétré de frayeur & de déplaisir. Je sors de chez le pauvre M. Hessein, que j'ai laiſſé à l'extrêmité. Je doute qu'à moins d'un miracle je le retrouve demain en vie. Je vous conterai ſa maladie une autrefois, & je ne vous parlerai maintenant que de ce qui vous regarde. Vous êtes un peu cruel à mon égard, de me laiſſer ſi long-tems dans l'horrible inquiétude où vous avez bien dû juger que votre Lettre à Madame votre ſœur me pouvoit jetter. J'ai vû M. Fagon, qui ſur le recit que je lui ai fait de ce qui eſt dans cette Lettre, a jugé qu'il falloit quitter ſur le champ vos eaux. Il dit que leur effet naturel eſt d'ouvrir l'apetit bien loin de l'ôter. Il croît même qu'à l'heure qu'il eſt vous les aurez interrompuës, parce qu'on n'en prend jamais plus de vingt jours de ſuite. Si vous vous en êtes trouvé conſidérablement bien, il eſt d'avis qu'après les avoir laiſſées pour quelque tems vous les recommenciez : ſi elles ne vous ont fait aucun bien, il croit qu'il les faut quitter entiérement. Le Roi me demanda avant hier au ſoir ſi vous étiez revenu : je lui répondis que non, & que les eaux juſqu'ici ne vous avoient pas fort ſoulagé. Il me dit ces propres mots : *Il fera mieux de se remettre à son train de vie ordinaire, la voix lui reviendra lorsqu'il y pensera le moins.* Tout le monde a été charmé de la bonté que Sa Majesté a témoignée pour vous en parlant ainsi. Et tout le monde est d'avis que pour votre santé, vous ferez bien de revenir. M. Felix est de cet avis. Le premier Médecin, & M. Moreau en sont entiérement. M. du Tartre croit qu'absolument les eaux de Bourbon ne sont pas bonnes pour votre poitrine, & que vos lassitudes en sont une marque. Tout cela, mon cher Monsieur, m'a donné une furieuse envie de vous voir de retour. On dit que vous trouverez de petits remédes innocens qui vous rendront infailliblement la voix, & qu'elle reviendra d'elle-même quand vous ne feriez rien. M. le Maréchal de Bellefont m'enseigna hier un reméde dont il dit qu'il a vû plusieurs gens guéris d'une extinction de voix : c'est de laisser fondre dans sa bouche un peu de myrthe, la plus transparente qu'on puisse trouver. D'autres se sont guéris avec la simple eau de poulets, sans conter l'*Erisimum*. Enfin tout d'une voix tout le monde vous conseille de revenir. Je n'ai jamais vû une santé plus généralement souhaitée que la vôtre. Venez donc, je vous en conjure. Et à moins que vous n'ayez déja un commencement de voix qui vous donne des assûrances que vous acheverez de guérir à Bourbon, ne perdez pas un moment de tems pour vous redonner à vos amis, & à moi sur-tout, qui suis inconsolable de vous voir si loin de de moi, & d'être des semaines entiéres sans savoir si vous êtes en santé ou non. Plus je vois décroître le nombre de mes amis, plus je deviens sensible au peu qui m'en reste; & il me semble, à vous parler franchement, qu'il ne me reste presque plus que vous. Adieu, je crains de m'attendrir follement en m'arrêtant trop sur cette réflexion.

DU MESME.

A Paris ce 17 *Août.*

J'Allai hier au soir à Versailles, & j'y allai tout exprès pour voir M. Fagon, & lui donner la consultation de M. Bourdier. Je la lûs auparavant avec M. Felix, & je la trouvai très-savante, dépeignant votre tempérament & votre mal en termes très énergiques: j'y croyois trouver en quelque page, *Numero Deus impare gaudet.* M. Fagon me dit que du moment qu'il s'agissoit de la vie, & qu'elle pouvoit être en compromis, il s'étonnoit qu'on mit en question si vous prendriez le demi-bain. Il en écrira à M. Bourdier : & cependant il m'a chargé de vous écrire au plus vîte de ne point vous baigner, & même si les eaux vous ont incommodé, de les quitter entiérement, & de vous en revenir. Je vous avois déja mandé son avis là-dessus, & il y persiste toûjours. Tout le monde crie que vous devriez revenir, Médecins, Chirurgiens, hommes, femmes. Je vous avois mandé qu'il falloit un miracle pour sauver M. Hessein; il est sauvé, & c'est votre bon ami le Quinquina qui a fait ce miracle. L'émétique l'avoit mis à la mort. M. Fagon arriva fort à propos, qui le croyant à demi-mort, ordonna au plus vîte le Quinquina. Il est presentement sans fiévre : je l'ai même tantôt fait rire jusqu'à la convulsion, en lui montrant l'endroit de votre Lettre, où vous parlez du Bachelier, du Curé, & du Barbier. Vous dites qu'il vous manque une niéce : voudriez-vous qu'on vous envoyât Mademoiselle Despreaux (1) ? Je m'en vais ce soir à Marly. M. Felix a demandé permission au Roi pour moi, & j'y demeurerai jusqu'à Mercredi prochain.

M. le Duc de Charost m'a tantôt demandé de vos nouvelles d'un ton de voix que je vous souhaiterois de tout mon cœur. Quantité de gens de nos amis sont malades, entre autres M.

---

(1) Petit trait de raillerie. Il n'aimoit pas beaucoup cette niéce.

le Duc de Chévreuſe, & M. de Chanlay : tous deux ont la fiévre double-tierce. M. de Chanlay a déja pris le Quinquina. M. de Chévreuſe le prendra au premier jour. On ne voit à la Cour que des gens qui ont le ventre plein de Quinquina. Si cela ne vous excite pas à y revenir, je ne ſçai plus ce qui vous peut en donner envie. M. Heſſein ne l'a point voulu prendre des Apoticaires, mais de la propre main de Chmith. J'ai vû ce Chmith chez lui ; il a le viſage vermeil & boutonné, & a bien plus l'air d'un maître Cabaretier que d'un Médecin. M. Heſſein dit qu'il n'a jamais rien bû de plus agréable, & qu'à chaque fois qu'il en prend, il ſent la vie deſcendre dans ſon eſtomach. Adieu, mon cher Monſieur, je commencerai & finirai toutes mes Lettres, en vous diſant de vous hâter de revenir.

DE BOILEAU.

A Bourbon ce 19 *Août.*

VOus pouvez juger, Monsieur, combien j'ai été frapé de la funeste nouvelle que vous m'avez mandée de notre pauvre ami. En quelque état pitoyable néantmoins que vous l'ayez laissé, je ne saurois m'empêcher d'avoir toujours quelque rayon d'espérance, tant que vous ne m'aurez point écrit, *il est mort*; & je me flatte même qu'au premier ordinaire, j'apprendrai qu'il est hors de danger. A dire le vrai, j'ai bon besoin de me flatter ainsi, sur-tout aujourd'hui que j'ai pris une médecine, qui m'a fait tomber quatre fois en foiblesse, & qui m'a jetté dans un abattement, dont même les plus agréables nouvelles ne seroient pas capables de me relever. Je vous avouë pourtant que si quelque chose pouvoit me rendre la santé & la joïe, ce seroit la bonté qu'a Sa Majesté de s'enquérir de moi toutes les fois que vous vous presentez devant lui. Il ne sauroit guère rien arriver de plus glorieux, je ne dis pas à un misérable comme moi, mais à tout ce qu'il y a de gens plus confidérables à la Cour; & je gage qu'il y en a plus de vingt d'entr'eux, qui, à l'heure qu'il est, envient ma bonne fortune, & qui voudroient avoir perdu la voix, & même la parole, à ce prix. Je ne manquerai pas, avant qu'il soit peu, de profiter du bon avis qu'un si grand Prince me donne, sauf à défobliger M. Bourdier mon Médecin, & M. Baudiere mon Apoticaire, qui prétendent maintenir contre lui, que les eaux de Bourbon sont admirables pour rendre la voix. Mais je m'imagine qu'ils réuffiront dans cette entreprise, à peu près comme toutes les Puissances de l'Europe ont réuffi à lui empêcher de prendre Luxembourg, & tant d'autres villes. Pour moi je suis persuadé qu'il fait bon suivre ses ordonnances, en fait même de médecine. J'accepte l'augure qu'il m'a donné, en vous difant que la voix me reviendroit lorsque j'y penferois le moins. Un Prince qui a exécuté tant de choses miraculeuses, est vraisemblablement inspiré du Ciel, & toutes les choses qu'il dit sont des oracles. D'ailleurs j'ai encore un remède à essayer, où j'ai grande espérance, qui est de me présenter à son passage dès que je serai de retour; car je crois que l'envie que j'aurai de lui témoigner ma joïe & ma reconnoissance, me fera trouver de la voix, & peut-être même des paroles éloquentes. Cependant je vous dirai que je suis aussi muet que jamais, quoiqu'inondé d'eaux & de remèdes. Nous attendons la réponse de M. Fagon sur la relation que M. Bourdier lui a envoyée. Jusques-là je ne puis rien vous dire sur mon départ. On me fait toujours espérer ici une guérison prochaine, & nous devons tenter le demi-bain, supposé que M. Fagon persiste toujours dans l'opinion qu'il me peut être utile. Après cela je prendrai mon parti.

Vous ne sauriez croire combien je vous suis obligé de la tendresse que vous m'avez témoignée dans votre dernière Lettre; les larmes m'en sont presque venues aux yeux, & quelque résolution que j'eusse faite de quitter le monde, supposé que la voix ne me revînt point, cela m'a entierement fait changer d'avis; c'est-à-dire en un mot, que je me sens capable de quitter toutes choses, hormis vous. Adieu, mon cher Monsieur, excusez si je ne vous écris pas une plus longue Lettre; franchement je suis fort abattu. Je n'ai point d'appétit: je traîne les jambes plutôt que je ne marche. Je n'oserois dormir, & je suis toujours accablé de de sommeil. Je me flatte pourtant encore de l'espérance que les eaux de Bourbon me guériront. M. Amiot est homme d'esprit, & me rassûre fort. Il se fait une affaire très-sérieuse de me guérir, aussi-bien que les autres Médecins. Je n'ai jamais vû de gens si affectionnés à leur malade, & je crois qu'il n'y en a pas un d'entre eux qui ne donnât quelque chose de sa santé pour me rendre la mienne. Outre leur affection, il y va de leur intérêt, parce que ma maladie fait grand bruit dans Bourbon. Cependant ils ne sont point d'accord, & M. Bourdier lève toujours des yeux très-tristes au Ciel, quand on parle de bain. Quoi qu'il en soit, je leur suis obligé de leurs soins

& de leur bonne volonté ; & quand vous m'écrirez, je vous prie de me dire quelque chose qui marque que je parle bien d'eux.

M. de la Chapelle m'a écrit une Lettre fort obligeante, & m'envoie plusieurs Inscriptions sur lesquelles il me prie de dire mon avis. Elles me paroissent toutes fort spirituelles ; mais je ne saurois pas lui mander, pour cette fois, ce que j'y trouve à redire, ce sera pour le premier ordinaire. M. Boursault, (1) que je croyois mort, me vint voir il y a cinq ou six jours, & m'apparut le soir assez subitement. Il me dit qu'il s'étoit détourné de trois grandes lieues du chemin de Mont-Luçon, où il alloit, & où il est habitué, pour avoir le bonheur de me saluer. Il me fit offre de toutes choses, d'argent, de commo-

---

[1] Boursault étoit alors Receveur des Fermes à Mont-Luçon, d'où, à l'occasion de son emploi, il écrivit une Lettre assez connue. Boileau l'avoit attaqué dans ses Satyres. Boursault, pour s'en venger, fit imprimer contre lui une Comédie intitulée, *Satyre des Satyres*. Cependant, quand il fut Boileau malade à Bourbon, il alla le voir, & lui offrit sa bourse. Boileau, sensible à ce trait de générosité, ôta dans la suite de ses Satyres le nom de Boursault.

dités, de chevaux. Je lui répondis avec les mêmes honnêtetés, & voulus le retenir pour le lendemain à dîner; mais il me dit qu'il étoit obligé de s'en aller dès le grand matin. Ainsi nous nous séparâmes amis à outrance. A propos d'amis, mes baise-mains, je vous prie, à tous nos amis communs. Dites bien à M. Quinaut que je lui suis infiniment obligé de son souvenir, & des choses obligeantes qu'il a écrites de moi à M. l'Abbé de Salles. Vous pouvez l'assûrer que je le compte présentement au rang de mes meilleurs amis, (1) & de ceux dont j'estime le plus le cœur & l'esprit. Ne vous étonnez pas si vous recevez quelquefois mes Lettres un peu tard, parce que la poste n'est point à Bourbon, & que souvent, faute de gens pour envoyer à Moulins, on perd un ordinaire. Au nom de Dieu, mandez-moi avant toutes choses des nouvelles de M. Hessein.

―――――――――――

[1] Cet endroit doit détromper ceux qui croyent que Boileau a toujours été l'ennemi de Quinaut.

DU MESME.

A Bourbon le 23 Août.

ON me vient avertir que la poste est de ce soir à Bourbon. C'est ce qui fait que je prens la plume à l'heure qu'il est, c'est-à-dire, à dix heures du soir, qui est une heure fort extraordinaire aux malades de Bourbon, pour vous dire que malgré les tragiques remontrances de M. Bourdier, je me suis mis aujourd'hui dans le demi-bain, par le conseil de M. Amiot, & même de M. des Trapieres, que j'ai appellé au conseil. Je n'y ai été qu'une heure. Cependant j'en suis sorti beaucoup en meilleur état que je n'y étois entré, c'est-à-dire, la poitrine beaucoup plus dégagée, les jambes plus légeres, l'esprit plus gai : & même mon laquais m'ayant demandé quelque chose, je lui ai répondu un *non* à pleine voix, qui l'a surpris lui-même, aussi-bien qu'une servante qui étoit dans la chambre ; & pour moi j'ai crû l'avoir prononcé par enchantement. Il est vrai que je n'ai pû depuis ratraper ce ton-là : mais comme vous voyez, Monsieur, c'en est assez pour me remettre le cœur au ventre, puisque c'est une preuve que ma voix n'est pas entierement perdue, & que le bain m'est très-bon. Je m'en vais piquer de ce côté-là, & je vous manderai le succès. Je ne sais pas pourquoi M. Fagon a molli si aisément sur les objections très-superstitieuses de M. Bourdier. Il y a tantôt six mois que je n'ai eu de véritable joïe que ce soir. Adieu, mon cher Monsieur. Je dors en vous écrivant. Conservez-moi votre amitié, & croyez que si je recouvre la voix, je l'emploierai à publier à toute la terre la reconnoissance que j'ai des bontés que vous avez pour moi, & qui ont encore accrû de beaucoup la véritable estime, & la sincère amitié que j'avois pour vous. J'ai été ravi, charmé, enchanté du succès du Quinquina, & ce qu'il a fait sur notre ami Hessein m'engage encore plus dans ses intérêts, que la guérison de ma fiévre double-tierce.

DE RACINE.

A Paris ce 24 Août.

JE vous dirai avant toutes choses, que M. Heſſein, excepté quelque petit reſte de foibleſſe, eſt entierement hors d'affaire, & ne prendra plus que huit jours du Quinquina, à moins qu'il n'en prenne pour ſon plaiſir. Car la choſe devient à la mode, & on commencera bien-tôt, à la fin des repas, à le ſervir comme le caffé & le chocolat. L'autre jour à Marly, Monſeigneur, après un fort grand déjeuner avec Madame la Princeſſe de Conti, & d'autres Dames, en envoya querir deux bouteilles chez les Apoticaires du Roi, & en bût le premier un grand verre, ce qui fut ſuivi par toute la compagnie, qui trois heures après n'en dîna que mieux. Il me ſemble même que cela leur avoit donné un plus grand air de gaieté ce jour-là; & à ce même dîner, je contai au Roi votre embarras entre vos deux Médecins, & la consultation très-savante de M. Bourdier. Le Roi eut la bonté de me demander ce qu'on vous répondoit là-dessus, & s'il y avoit à délibérer. *Oh pour moi*, s'écria naturellement Madame la Princesse de Conti, qui étoit à table à côté de Sa Majesté, *j'aimerois mieux ne parler de trente ans, que d'exposer ainsi ma vie pour recouvrer la parole.* Le Roi, qui venoit de faire la guerre à Monseigneur sur sa débauche de Quinquina, lui demanda s'il ne voudroit point aussi tâter des eaux de Bourbon. Vous ne sauriez croire combien cette Maison de Marli est agréable. La Cour y est, ce me semble, toute autre qu'à Versailles. Il y a peu de gens, & le Roi nomme tous ceux qui l'y doivent suivre. Ainsi tous ceux qui y sont se trouvant fort honorés d'y être, y sont aussi de fort bonne humeur. Le Roi même y est fort libre, & fort caressant. On diroit qu'à Versailles il est tout entier aux affaires, & qu'à Marli il est tout à lui, & à son plaisir. Il m'a fait l'honneur plusieurs fois de me parler, & j'en suis sorti à mon ordinaire, c'est-à-dire, fort charmé de lui, & au désespoir contre moi: car je ne me trouve jamais si peu d'esprit, que dans ces momens où j'aurois le plus d'envie d'en avoir.

Du reste, je suis revenu riche de bons Mémoires (1). J'y ai entretenu tout à mon aise les gens qui pouvoient me dire le plus de choses de la campagne de Lille. J'eus même l'honneur de demander cinq ou six éclaircissemens à M. de Louvois, qui me parla avec beaucoup de bonté. Vous savez sa manière, & comme toutes ses paroles sont pleines de droit sens, & vont au fait. En un mot j'en sortis très-savant & très-content. Il me dit que tout autant de difficultés que nous aurions, il nous écouteroit avec plaisir. Les questions que je lui fis, regardoient Charleroi & Douai. J'étois en peine pourquoi on alla d'abord à Charleroi, & si on avoit déja nouvelles que les Espagnols l'eussent rasé : car en voulant écrire, je me suis trouvé arrêté tout-à-coup, & par cette difficulté, & par beaucoup d'autres que

---

[1] Il ne perdoit aucune occasion de rassembler des Mémoires pour l'Histoire du Roi.

je vous dirai. Vous ne me trouverez peut-être, à cause de cela, guère plus avancé que vous ; c'est-à-dire, beaucoup d'idées, & peu d'écriture. Franchement je vous trouve fort à dire, & dans mon travail, & dans mes plaisirs. Une heure de conversation m'étoit d'un grand secours pour l'un, & d'un grand accroissement pour les autres.

Je viens de recevoir une Lettre de vous. Je ne doute pas que vous n'ayez présentement reçû celle où je vous mandois l'avis de M. Fagon, & que M. Bourdier n'ait reçû des nouvelles de M. Fagon même, qui ne serviront pas peu à le confirmer dans son avis. Tout ce que vous m'écrivez de votre peu d'appétit, & de votre abattement est très considérable, & marque toujours de plus en plus que les eaux ne vous conviennent point. M. Fagon ne manquera pas de me répéter encore qu'il les faut quitter, & les quitter au plus vîte : car je vous l'ai mandé. Il prétend que leur effet naturel est d'ouvrir l'appétit, & de rendre les forces. Quand elles font le contraire, il y faut renoncer. Je ne doute donc pas qu vous ne vous remettiez bientôt en chemin pour revenir. Je suis persuadé comme vous, que la joye de revoir un Prince qui témoigne tant de bonté pour vous, vous fera plus de bien que tous les remèdes. M. Roze m'avoit déja dit de vous mander de sa part, qu'après Dieu le Roi étoit le plus grand Médecin du monde, & je fus même fort édifié que M. Roze voulût bien mettre Dieu avant le Roi. Je commence à soupçonner qu'il pourroit bien être en effet dans la dévotion. M. Nicole a donné depuis deux jours au public, deux Tomes de Réfléxions sur les Epîtres & sur les Evangiles, qui me semblent encore plus forts & plus édifiants que tout ce qu'il a fait. Je ne vous les envoie pas, parce que j'espere que vous serez bientôt de retour, & vous les trouverez infailliblement chez vous. Il n'a encore travaillé que sur la moitié des Epîtres & des Evangiles de l'année ; j'espere qu'il achevera le reste, pourvû qu'il plaise à Dieu... de lui laisser encore un an de vie.

Il n'y a point de nouvelles de Hongrie, que celles qui sont dans la Gazette. M. de Lorraine en paſſant la Drave, a fait, ce me ſemble, une entrepriſe de fort grand éclat, & fort inutile. Cette expédition a bien de l'air de celle qu'on fit pour ſecourir Philisbourg. Il a trouvé au-delà de la riviere un bois, & au-delà de ce bois les ennemis rétranchés juſqu'aux dents. M. de Termes eſt du nombre de ceux que je vous ai mandé, qui avoient l'eſtomach farci de Quinquina. Croyez-vous que le Quinquina, qui vous a ſauvé la vie, ne vous rendroit point la voix ? Il devroit du moins vous être plus favorable qu'à un autre, vous qui vous êtes enroué tant de fois à le louer. Les Comédiens, qui vous font ſi peu de pitié, ſont pourtant toujours ſur le pavé ; & je crains, comme vous, qu'ils ne ſoient obligés de s'aller établir auprès des vignes de feu M. votre Pere. Ce ſeroit un digne théatre pour les œuvres de M. Pradon. J'allois ajoûter de M. Bourſault ; mais je ſuis trop touché des honnêtetés que vous avez tout nouvellement reçûes de lui. Je ferai tantôt à M. Quinaut celles que vous me mandez de lui faire. Il me ſemble que vous avancez furieusement dans le chemin de perfection. Voilà bien des gens à qui vous avez pardonné.

On ma dit chez M. votre Sœur, que M. Marchand partoit Lundi prochain pour Bourbon. *Hui vereor ne quid Andria apportet mali*! Franchement j'apprehende un peu qu'il ne vous retienne. il aime fort son plaisir. Cependant je suis assûré que M. Bourdier même vous dira de vous en aller. Le bien que les eaux vous pourroient faire est peut-être fait. Elles auront mis votre poitrine en bon train. Les remèdes ne font pas toujours sur le champ leur plein effet, & mille gens qui étoient allés à Bourbon pour des foiblesses de jambes, n'ont commencé à bien marcher que lorsqu'ils ont été de retour chez eux. Adieu, mon cher Monsieur, vous me demandez pardon de m'avoir écrit une Lettre trop courte, & vous avez raison de me le demander : & moi je vous le demande d'en avoir écrit une trop longue, & j'ai peut-être aussi raison.

DE BOILEAU.

A Bourbon le 28. *Août.*

JE ne m'étonne point, Monsieur, que Madame la Princesse de Conti soit dans le sentiment où elle est. Quand elle auroit perdu la voix, il lui resteroit encore un million de charmes pour se consoler de cette perte; & elle seroit encore la plus parfaite chose que la nature ait produite depuis longtems. Il n'en est pas ainsi d'un misérable qui a besoin de sa voix pour être souffert des hommes, & qui a quelquefois à disputer contre M. Charpentier. Quand ce ne seroit que cette derniere raison, il doit risquer quelque chose, & la vie n'est pas d'un si grand prix qu'il ne la puisse hazarder, pour se mettre en état d'interrompre un tel Parleur. J'ai donc tenté l'aventure du demi-bain avec toute l'audace imaginable: mes valets faisant lire leur frayeur sur leurs visages, & M. Bourdier s'étant retiré pour n'être point témoin d'une entreprise si témé‑ raire. A vous dire vrai, cette aven‑ ture a été un peu semblable à celle des Maillotins dans D. Quixotte, je veux dire, qu'après bien des allarmes, il s'est trouvé qu'il n'y avoit qu'à rire, puisque non‑seulement le bain ne m'a point augmenté la fluxion sur la poi‑ trine, mais qui me l'a même fort sou‑ lagée, & que s'il ne m'a rendu la voix, il m'a du moins en partie rendu la san‑ té. Je ne l'ai encore essayé que quatre fois, & M. Amyot prétend le pousser jusqu'à dix. Après quoi si la voix ne me revient, il me donnera mon congé. Je conçois un fort grand plaisir à à vous revoir, & à vous embrasser; mais vous ne sauriez croire pourtant tout ce qui se présente d'affreux à mon esprit, quand je songe qu'il me faudra peut‑être repasser muet par ces hôtelleries, & revenir sans voix dans ces mêmes lieux, où l'on m'a‑ voit tant de fois assûré que les eaux de Bourbon me guériroient infailli‑ blement. Il n'y a que Dieu & vos consolations qui me puissent soutenir dans une si juste occasion de déses‑ poir.

J'ai été fort frappé de l'agréable débauche de Monseigneur chez Madame la Princesse de Conti. Mais ne songe-t'il point à l'insulte qu'il a faite par-là à tous Messieurs de la Faculté ? Passe pour avaler le Quinquina sans avoir la fiévre : mais de le prendre sans s'être préablement fait saigner & purger, c'est une chose qui crie vengeance, & il y a une espece d'effronterie à ne se point trouver mal après un tel attentat contre toutes les régles de la Médecine. Si Monseigneur, & toute sa compagnie, avoient avant tout, pris une doze de sené dans quelque syrop convenable, cela lui auroit à la vérité couté quelques tranchées, & l'auroit mis, lui & tous les autres, hors d'état de dîner ; mais il y auroit eu au moins quelques formes gardées, & M. Bachot auroit trouvé le trait galant. Au lieu que de la maniere dont la chose s'est faite, cela ne sauroit jamais être approuvé que des gens de Cour & du monde, & non point des véritables disciples d'Hipocrate, gens à barbe vénérable, & qui ne verront point assûrément ce qu'il peut y avoir eu de plaisant à tout cela. Que si personne n'en a été malade, ils vous répondront qu'il y a eu du sortilège ; & en effet, Monsieur, de la maniere dont vous me peignez Marli, c'est un véritable lieu d'enchantement. Je ne doute point que les Féés n'y habitent. En un mot, tout ce qui s'y dit & ce qui s'y fait, me paroît enchanté ; mais sur-tout les discours du Maître du Château ont quelque chose de fort ensorcelant, & ont un charme qui se fait sentir jusqu'à Bourbon. De quelque pitoyable maniere que vous m'ayez conté la disgrace des Comédiens, je n'ai pû m'empêcher d'en rire. Mais dites-moi, Monsieur, supposé qu'ils aillent habiter où je vous ai dit, croyez-vous qu'ils boivent du vin du cru. Ce ne seroit pas une mauvaise pénitence à proposer à M. de Chammeslé, (1) pour tant de bouteilles de vin de Champagne qu'il a bûes : vous savez au dépens de qui. Vous avez raison de dire qu'ils auront là un merveilleux théatre pour jouer les pièces de

(1) Le Mari de la Chammeslé, grand yvrogne.

M. Pradon : & d'ailleurs ils y auront une commodité, c'est que quand le Souffleur aura oublié d'apporter la copie de ces ouvrages, il en retrouvera infailliblement une bonne partie dans les précieux dépôts qu'on apporte tous les matins en cet endroit. M. Fagon n'a point écrit à M. Bourdier. Faites bien des complimens pour moi à M. Roze. Les gens de son tempérament sont de fort dangereux ennemis; mais il n'y a point aussi de plus chauds amis, & je sai qu'il a de l'amitié pour moi. Je vous félicite des conversations fructueuses que vous avez eues avec M. de Louvois, d'autant plus que j'aurai part à votre récolte. Ne craignez point que M. Marchand m'arrête à Bourbon. Quelque amitié que j'aie pour lui, il n'entre point en balance avec vous, & l'Andrienne n'apportera aucun mal. Je meurs d'envie de voir les Réflexions de M. Nicole; & je m'imagine que c'est Dieu qui me prépare ce livre à Paris, pour me consoler de mon infortune. J'ai fort ri de la raillerie que vous me faites sur les gens à qui j'ai pardonné. Cependant savez-vous bien qu'il y a à cela plus de mérite que vous ne croyez, ſi le proverbe Italien eſt véritable, que, *Chi offende non perdona* ? (1)

L'action de M. de Lorraine ne me paroît point ſi inutile qu'on ſe veut imaginer, puiſque rien ne peut mieux confirmer l'aſſurance de ſes troupes, que de voir que les Turcs n'ont oſé ſortir de leurs retranchemens, ni même donner ſur ſon arriere-garde dans ſa retraite : & il faut en effet que ce ſoient de grands coquins pour l'avoir ainſi laiſſé repaſſer la Drave. Croyez-moi ils ſeront battus ; & la retraite de M. de Lorraine a plus de rapport à la retraite de Céſar, quand il décampa devant Pompée, qu'à l'affaire de Philisbourg. Quand vous verrez M. Heſſein, faites-le reſſouvenir que nous ſommes freres en Quinquina, puiſqu'il nous a ſauvé la vie à l'un & à l'autre. Vous penſez vous mocquer, mais je ne ſai pas ſi je n'en eſſayerai point pour le recouvrement de ma voix. Adieu, mon cher Monſieur, aimez-moi toujours, & croyez qu'il n'y a rien au monde que j'aime plus que vous. Je ne ſai

---

[1] Il avoue qu'il les a offenſés.

où vous vous êtes mis en tête que vous m'aviez écrit une longue Lettre, car je n'en ai jamais trouvé une si courte.

DU MESME.

A Bourbon le 2. Septembre.

NE vous étonnez pas, Monsieur, si vous ne recevez pas des réponses à vos Lettres, aussi promptement que peut-être vous souhaitez, parce que la poste est fort irréguliere à Bourbon, & qu'on ne sait pas trop bien quand il faut écrire. Je commence à songer à ma retraite. Voilà tantôt la dixiéme fois que je me baigne; & à ne vous rien celer, ma voix est tout au même état que quand je suis arrivé. Le monosyllabe que j'ai prononcé n'a été qu'un effet de ces petits tons que vous savez qui m'échappent quelquefois quand j'ai beaucoup parlé, & mes valets ont été un peu trop prompts à crier miracle. La vérité est pourtant que le bain m'a renforcé les jambes, & fortifié la poitrine. Mais pour ma voix, ni le bain, ni la boisson des eaux, ne m'y ont de rien servi. Il faut donc s'en aller de Bourbon aussi muet que j'y suis arrivé. Je ne saurois vous dire quand je partirai; je prendrai brusquement mon parti, & Dieu veuille que le déplaisir ne me tuë pas en chemin. Tout ce que je vous puis dire, c'est que jamais exilé n'a quitté son pays avec tant d'affliction que je retournerai au mien. Je vous dirai encore plus, c'est que sans votre considération, je ne crois pas que j'eusse jamais revû Paris, ou je ne conçois aucun autre plaisir que celui de vous revoir. Je suis bien fâché de la juste inquiétude que vous donne la fiévre de M. votre jeune fils. J'espere que cela ne sera rien. Mais si quelque chose me fait craindre pour lui, c'est le nombre de bonnes qualités qu'il a, (1) puisque je n'ai jamais vû d'enfant de son âge si accompli en toutes choses. M. Marchand est arrivé ici Samedi. J'ai été fort aise de le voir; mais je ne tarderai guère à le quitter. Nous faisons notre ménage ensemble. Il est toujours aussi bon &

---

(1) Il parle de mon frere aîné.

aussi méchant homme que jamais. J'ai sû par lui tout ce qu'il y a de mal à Bourbon, dont je ne savois pas un mot à son arrivée. Votre relation de l'affaire de Hongrie m'a fait un très-grand plaisir, & m'a fait comprendre en très-peu de mots, ce que les plus longues relations ne m'auroient peut-être pas appris. Je l'ai débitée à tout Bourbon, où il n'y avoit qu'une relation d'un Commis de M. Jacques, où après avoir parlé du Grand-Visir, on ajoûtoit entre autres choses, que *ledit Visir voulant réparer le grief qui lui avoit été fait*, &c. Tout le reste étoit de ce style. Adieu, mon cher Monsieur, aimez-moi toujours, & croyez que vous seul êtes ma consolation.

Je vous écrirai en partant de Bourbon, & vous aurez de mes nouvelles en chemin. Je ne sai pas trop le parti que je prendrai à Paris. Tous mes livres sont à Auteuil, où je ne puis plus désormais aller les hivers. J'ai résolu de prendre un logement pour moi seul. (1) Je suis las franchement d'enten-

_____

(1) Il demeutoit alors chez M. Dongois, & avoit envie de vivre seul.

dre le tintamare des nourrices & des servantes. Je n'ai qu'une chambre & point de meubles au Cloître. Tout ceci soit dit entre nous ; mais cependant je vous prie de me mander votre avis. N'ayant point de voix, il me faut du moins de la tranquillité. Je suis las de me sacrifier au plaisir & à la commodité d'autrui. Il n'est pas vrai que je ne puisse bien vivre & tenir seul mon ménage. Ceux qui le croyent se trompent grossierement. D'ailleurs je prétens désormais mener un genre de vie dont tout le monde ne s'accommodera pas. J'avois pris des mesures que j'aurois exécutées, si ma voix ne s'étoit point éteinte. Dieu ne l'a pas voulu. J'ai honte de moi-même, & je rougis des larmes que je répans en vous écrivant ces derniers mots.

DE RACINE.

A Paris ce 5. Septembre.

J'Avois destiné cette après-dînée à vous écrire fort au long, mais *un Cousin abusant d'un fâcheux parentage,* est venu malheureusement me voir, & il ne fait que de sortir de chez moi. Je ne vous écris donc que pour vous dire que je reçûs avant hier une Lettre de vous. Le P. Bouhours & le P. Rapin étoient dans mon cabinet quand je la reçûs. Je leur en fis la lecture en la décachetant, & je leur fis un fort grand plaisir. Je regardai pourtant de loin, à mesure que je la lisois, s'il n'y avoit rien dedans qui fût trop Janséniste. Je vis vers la fin le nom de M. Nicole, & je sautai bravement, ou, pour mieux dire, lâchement, par dessus. Je n'osai m'exposer à troubler la grande joie, & même les éclats de rire, que leur causerent plusieurs choses fort plaisantes que vous me mandiez. Nous aurions été tous trois les plus contens du monde, si nous eussions trouvé à la fin de votre Lettre, que vous parliez à votre ordinaire, comme nous trouvions que vous écriviez avec le même esprit que vous avez toujours eu. Ils sont, je vous assûre, tous deux fort de vos amis, & même fort bonnes gens (1). Nous avions été le matin

---

(1) Ces quatre personnes s'estimoient & s'aimoient sincérement.

entendre le P. de Villiers, qui faifoit l'Oraifon funèbre de M. le Prince, Grand-Pere de M. le Prince d'aujourd'hui. Il y a joint les louanges du dernier mort, & il s'eft enfoncé jufqu'au cou dans le combat de Saint Antoine : Dieu fait combien judicieufement. En vérité il a beaucoup d'efprit ; mais il auroit bien befoin de fe laiffer conduire. J'annonçai au P. Bouhours un nouveau livre, qui excita fort fa curiofité. Ce font les Remarques de M. de Vaugelas, avec les Notes de Thomas Corneille. Cela eft ainfi affiché dans Paris depuis quatre jours. Auriez-vous jamais crû voir enfemble M. Vaugelas & M. de Corneille le jeune, donnant des régles fur la Langue ?

J'euffe bien voulu vous pouvoir mander que M. de Louvois eft guéri, en vous mandant qu'il a été malade. Mais ma Femme, qui revient de voir Madame de la Chapelle, m'apprend qu'il a encore de la fiévre. Elle étoit d'abord comme continue, & même affez grande. Elle n'eft préfentement qu'intermittente, & c'eft encore une des obligations que nous avons au Quinquina. J'efpere que je vous manderai Lundi qu'il est absolument guéri. Outre l'intérêt du Roi, & celui du Public, nous avons, vous & moi, un intérêt très-particulier à lui souhaiter une bonne santé. On ne peut pas nous témoigner plus de bonté qu'il nous en témoigne; & vous ne sauriez croire avec quelle amitié il m'a toujours demandé de vos nouvelles. Bon soir, mon cher Monsieur. Je salue de tout mon cœur M. Marchand. Je vous écrirai plus au long Lundi. Mon fils est guéri.

DE RACINE.

A Luxembourg ce 24 May.

VOtre Lettre m'auroit fait beaucoup plus de plaisir, si les nouvelles de votre santé eussent été un peu meilleures. Je vis M. Dodart comme je venois de la recevoir, & la lui montrai. Il m'assûra que vous n'aviez aucun lieu de vous mettre dans l'esprit, que votre voix ne reviendra point, & me cita même quantité de gens qui sont sortis fort heureusement d'un semblable accident. Mais sur toutes choses, il vous recommande de ne point faire d'effort pour parler, &, s'il se peut, de n'avoir commerce qu'avec des gens d'une oreille fort subtile, ou qui vous entendent à demi-mot. Il croit que le syrop d'abricot vous est fort bon, & qu'il en faut prendre quelquefois de pur, & très-souvent de mêlé avec de l'eau, en l'avalant lentement, & goute à goute. Ne point boire trop frais, ni de vin que fort trempé ; du reste vous tenir l'esprit toujours gai. Voilà à peu près le conseil (1) que M. Menjot me donnoit autrefois. M. Dodart approuve beaucoup votre lait d'anesse, mais beaucoup plus encore ce que vous dites de la vertu M... Il ne la croit nullement propre à votre mal, & assure même qu'elle y seroit très-nuisible. Il m'ordonne presque toujours les mêmes choses pour mon mal de gorge, qui va toujours son même train ; & il me conseille un régime qui

―――――――――――――――――――――
(1) Il racontoit quand il vouloit rire, qu'un Médecin lui ayant défendu de boire du vin, de manger de la viande, de lire, & de s'appliquer à la moindre chose, ajouta, du reste, réjouissez-vous.

peut-être me pourra guérir dans deux ans, mais qui infailliblement me rendra dans deux mois de la taille dont vous voyez qu'est M. Dodart lui-même (1). M. Felix étoit préfent à toutes ces ordonnances, qu'il a fort approuvées; & il a auffi demandé des remèdes pour fa fanté, fe croyant le plus malade de nous trois. Je vous ai mandé qu'il avoit vifité la boucherie de Châlons. Il eft à l'heure que je vous parle au marché, où il m'a dit qu'il avoit rencontré ce matin des écreviffes de fort bonne mine. Le voyage eft prolongé de trois jours, & on demeurera ici jufqu'à Lundi prochain. Le prétexte eft la rougeole de M. le Comte de Touloufe; mais le vrai eft apparemment que le Roi a pris goût à fa conquête, & qu'il n'eft pas fâché de l'examiner tout à loifir. Il a déja confidéré toutes les fortifications l'une après l'autre, eft entré jufques dans les contremines du chemin couvert, qui font fort belles, & fur-tout a été fort aife de voir ces fameufes redoutes entre

---

(1) Le pere du premier Médecin du Roi. Il étoit extrêmement maigre.

les deux chemins couverts, lesquelles ont tant donné de peine à M. de Vauban. Aujourd'hui le Roi va examiner la circonvallation ; c'est-à-dire, faire un tour de sept ou huit lieues. Je ne vous fais point le détail de tout ce qui m'a paru ici de merveilleux. Qu'il vous suffise que je vous en rendrai bon compte quand nous nous verrons, & que je vous ferai peut-être concevoir les choses comme si vous y aviez été. M. de Vauban a été ravi de me voir, & ne pouvant pas venir avec moi, m'a donné un Ingénieur qui m'a mené partout. Il m'a aussi abouché avec M. d'Espagne, gouverneur de Thionville, qui se signala tant à Saint Godard, & qui m'a fait souvenir qu'il avoit souvent bû avec moi à l'auberge de M. Poignant, & que nous étions, Poignant & moi, fort agréables avec feu M. de Bernage, Evêque de Grasse. Sérieusement ce M. d'Espagne est un fort galant homme, & il m'a paru un grand air de vérité dans tout ce qu'il m'a dit de ce combat de Saint Godard. Mais, mon cher Monsieur, cela ne s'accorde, ni avec M. de Montecuculli, ni avec M. de Bissy, ni avec M. de la Feuillade, & je vois bien que la vérité qu'on nous demande tant, est bien plus difficile à trouver qu'à écrire (1). J'ai vû aussi M. de Charüel, qui étoit Intendant à Gigeri. Celui-ci sait apparemment la vérité, mais il se serre les lévres tant qu'il peut, de peur de la dire; & j'ai eu à peu près la même peine, à lui tirer quelques mots de la bouche, que Trivelin en avoit à en tirer de Scaramouche, Musicien bégue. M. de Gourville arriva hier, & tout en arrivant me demanda de vos nouvelles. Je ne finirois point si je vous nommois tous les gens qui m'en demandent tous les jours avec amitié. M. de Chevreuse entre autres, M. de Noailles, Monseigneur le Prince, que je devrois nommer le premier ; sur-tout M. Moreau notre ami, & M. Roze; ce dernier, avec des expressions fortes, vigoureuses, & qu'on voit bien, en vérité, qui

---

[1] Sur quelle Histoire peut-on compter ? Tel Ecrivain a cherché la vérité, sans la trouver. Tel autre ne s'est point donné la peine de la chercher ; d'autres n'ont point songé à la dire. Qui ne croiroit qu'un homme comme M. de Valincourt n'a rien écrit que d'exact sur un ami qu'il avoit toujours fréquenté ? J'ai cependant fait voir qu'il n'y avoit point d'exactitude dans sa Lettre historique sur mon Pere.

partent du cœur. Je fis hier grand plaisir à M. de Termes, de lui dire le souvenir que vous aviez de lui. M. de Rheims, M. le Président de Mesmes, & M. le Cardinal de Furstemberg sont toujours ici, & mettent le Roi en bonne humeur.

DU MESME.

Au Camp devant Mons le 3. Avril.

ON nous avoit trop tôt mandé la prise de l'ouvrage à cornes. Il ne fut attaqué pour la premiere fois qu'avant-hier. Encore fut-il abandonné un moment après par les Grenadiers du Régiment des Gardes, qui s'épouvanterent mal-à propos, & que leurs Officiers ne purent retenir, même en leur présentant l'épée nue comme pour les percer. Le lendemain, qui étoit hier, sur les neuf heures du matin, on recommença une autre attaque avec beaucoup de plus de précaution que la précédente. On choisit pour cela huit compagnies de Grenadiers, tant du Régiment du Roi, que d'autres Régimens, qui tous méprisent fort les soldats des Gardes, qu'ils appellent des Pierrots. On commanda aussi 150 Mousquetaires des deux compagnies pour soutenir les Grenadiers. L'attaque se fit avec une vigueur extraordinaire, & dura trois bons quarts d'heure. Car les ennemis se défendirent en fort braves gens, & quelques-uns d'entre eux se colleterent même avec quelques-uns de nos Officiers. Mais comment auroient-ils pû faire ? Pendant qu'ils étoient aux mains, tout notre canon tiroit sans discontinuer sur les deux demi-lunes qui devoient les couvrir, & d'où malgré cette tempête de canon, on ne laissa pourtant pas de faire un feu épouvantable. Nos bombes tomboient aussi à tous momens sur ces demi-lunes, & sembloient les renverser sans-dessus-dessous. Enfin nos gens demeurerent les maîtres, & s'établirent de maniere qu'on n'a pas même osé depuis les inquiéter. Nous y avons bien perdu deux cens hommes, entre autre huit ou dix Mousquetaires, du nombre desquels étoit le fils de M. le Prince de

Courtenai, qui a été trouvé mort dans la palissade de la demi-lune. Car quelques Mousquetaires poussèrent jusques dans cette demi-lune, malgré la défense expresse de Vauban & de M. de Maupertuis, croyant faire, sans doute, la même chose qu'à Valenciennes. Ils furent obligés de revenir fort vîte sur leurs pas: & c'est-là que la plûpart furent tués ou blessés. Les Grenadiers, à ce que dit M. de Maupertuis lui-même, ont été aussi braves que les Mousquetaires. De huit Capitaines, il y en a eu sept tués ou blessés. J'ai retenu cinq ou six actions ou paroles de simples Grenadiers, dignes d'avoir place dans l'Histoire, & je vous les dirai quand nous nous reverrons. M. de Chasteavillain, fils de M. le Grand Trésorier de Pologne, étoit à tout, & est un des hommes de l'armée le plus estimé. La Chesnaye a aussi fort bien fait. Je vous les nomme tous deux, parce que vous les connoissez particulierement. Mais je ne vous puis dire assez de bien du premier, qui joint beaucoup d'esprit à une fort grande valeur. Je voyois toute l'attaque fort à mon aise, d'un peu loin à la vérité, mais j'avois de fort bonnes lunettes, que je ne pouvois presque tenir fermes, tant le cœur me battoit à voir tant de braves gens dans le péril. On fit une suspension pour retirer les morts de part & d'autre. On trouva de nos Mousquetaires morts dans le chemin couvert de la demi-lune. Deux Mousquetaires blessés s'étoient couchés parmi ces morts, de peur d'être achevés. Ils se leverent tout-à-coup sur leurs pieds, pour s'en revenir avec les morts qu'on remportoit. Mais les ennemis prétendirent qu'ayant été trouvés sur leur terrain, ils devoient demeurer prisonniers. Notre Officier ne put pas en disconvenir; mais il voulut au moins donner de l'argent aux Espagnols, afin de faire traiter ces deux Mousquetaires. Les Espagnols répondirent: *Ils seront mieux traités parmi nous que parmi vous, & nous avons de l'argent plus qu'il n'en faut pour nous & pour eux.* Le Gouverneur fut un peu plus incivil; car M. de Luxembourg lui ayant envoyé une lettre par un Tambour, pour s'informer si le Chevalier d'Estrade, qui s'est trouvé perdu, n'étoit point du nombre des prisonniers qui ont été faits dans ces deux actions, le Gouverneur ne voulut ni lire la lettre, ni voir le tambour.

On a pris aujourd'hui deux manieres de paysans, qui étoient sortis de la ville avec des Lettres pour M. de Castanaga. Ces lettres portoient que la Place ne pouvoit plus tenir que cinq ou six jours. En récompense, comme le Roi regardoit de la tranchée tirer nos batteries, un homme, qui apparemment étoit quelque Officier ennemi, déguisé en soldat avec un simple habit gris, est sorti à la vûe du Roi de notre tranchée, & traversant jusqu'à une demi-lune des ennemis, s'est jetté dedans, & on a vû deux des ennemis venir au devant de lui pour le recevoir. J'étois aussi dans la tranchée dans ce tems-là, & je l'ai conduit de l'œil jusques dans la demi-lune. Tout le monde a été surpris au dernier point de son impudence. Mais vraisemblablement il n'empêchera pas la Place d'être prise dans cinq ou six jours. Toute la demi-lune est presque éboulée, & les remparts de ce côté-là ne tiennent plus à rien. On n'a jamais vû un tel feu d'artillerie. Quoique je vous dife que j'ai été dans la tranchée, n'allez pas croire que j'aïe été dans aucun péril: les ennemis ne tiroient plus de ce côté-là, & nous étions tous, ou apuyés fur le parapet, ou debout fur le revers de la tranchée. Mais j'ai couru d'autres périls, que je vous conterai en riant quand nous ferons de retour.

Je fuis, comme vous, tout confolé de la réception de F...... M. Roze partit fâché de voir, dit-il, l'Académie *in pejus ruere*. Il vous fait fes baifemains avec des expreffions très-fortes, à fon ordinaire. M. de Cavoie, & quantité de nos communs amis, m'ont chargé auffi de vous en faire. Voilà, ce me femble, une affez longue Lettre; mais j'ai les pieds chauds, & je n'ai guère de plus grand plaifir que de caufer avec vous. Je crois que le nez a faigné au Prince d'Orange, & il n'eft tantôt plus fait mention de lui. Vous me ferez un extrême plaifir de m'écrire, quand cela vous fera auffi quelque plaifir. Je vous prie de faire mes baifemains à M. de la Chapelle. Ayez la bonté de mander à ma femme que vous avez reçû de mes nouvelles.

J'ai oublié de vous dire, que pendant que j'étois sur le mont Pagnotte, à regarder l'attaque, le R. P. de la Chaise étoit dans la tranchée, & même fort près de l'attaque, pour la voir plus distinctement. J'en parlois hier le soir à son Frere, qui me dit tout naturellement : *Il se fera tuer un de ces jours.* Ne dites rien de cela à personne, car on croiroit la chose inventée, & elle est très-vraie, & très-sérieuse.

DU MESME.

Au Camp de Gévries le 21. Mai.

IL faut que j'aime M. Vigan autant que je fais, pour ne lui pas vouloir beaucoup de mal du contretems dont dont il a été cause. Si je n'avois pas eu des embarras tels que vous pouvez vous imaginer, je vous aurois été chercher à Auteuil. Je ne vous ai pas écrit pendant le chemin, parce que j'étois chagrin au dernier point

point d'un vilain clou qui m'est venu au menton, qui m'a fait de fort grandes douleurs, jusqu'à me donner la fiévre deux jours & deux nuits. Il est percé, Dieu merci, & il ne me reste plus qu'une emplâtre, qui me défigure, & dont je me consolerois volontiers, sans toutes les questions importunes que cela m'attire à tout moment.

Le Roi fit hier la revûe de son armée, & de celle de M. de Luxembourg. C'étoit assûrément le plus grand spectacle qu'on ait vû depuis plusieurs siécles. Je ne me souviens point que les Romains en aient vû un tel. Car leurs armées n'ont guère passé, ce me semble, quarante, ou tout-au-plus cinquante mille hommes; & il y avoit hier six-vingts mille hommes ensemble sur quatre lignes. Comptez qu'à la rigueur il n'y avoit pas là dessus trois mille hommes à rabattre. Je commençai à onze heures du matin à marcher. J'allai toûjours au grand pas de mon cheval, & je ne finis qu'à huit heures du soir. Enfin on étoit deux heures à aller du bout d'une ligne à l'autre. Mais si on n'a jamais vû tant de troupes ensemble, assûrez-vous qu'on n'en a jamais vû de si belles. Je vous rendrois un fort bon compte des deux lignes de l'armée du Roi, & de la premiere de l'armée de M. de Luxembourg. Mais quant à la seconde ligne, je ne vous en puis parler que sur la foi d'autrui. J'étois si las, si ébloüi de voir briller des épées & des mousquets, si étourdi d'entendre des tambours, des trompettes, des timbales, qu'en vérité je me laissois conduire par mon cheval, sans plus avoir d'attention à rien ; & j'eusse voulu de tout mon cœur que tous les gens que je voiois eussent été chacun dans leur chaumiere, ou dans leur maison, avec leurs femmes & leurs enfans, & moi dans la ruë des Maçons avec ma famille. Vous avez peut-être trouvé dans les Poëmes épiques les revûes d'armées fort longues & fort ennuyeuses ; mais celle-ci m'a paru tout autrement longue, & même, pardonnez-moi cette espéce de blasphéme, plus lassante que celle de la Pucelle. J'étois au retour à peu près dans le même état que nous étions vous & moi dans la cour de l'Abbaye de Saint

Amand. A cela près je ne fus jamais si charmé & si étonné, que je le fus de voir une puissance si formidable. Vous jugez bien que tout cela nous prépare de belles matieres. On m'a donné un ordre de bataille des deux armées. Je vous l'aurois volontiers envoyé; mais il y en a ici mille copies, & je ne doute pas qu'il n'y en ait bientôt autant à Paris. Nous sommes ici campés le long de la Trouille, à deux lieues de Mons. M. de Luxembourg est campé près de Binche, partie sur le ruisseau qui passe aux Estives, & partie sur la Haisne, où ce ruisseau tombe. Son armée est de 66 bataillons, & de 209 escadrons. Celle du Roi de 46 bataillons, & de 90 escadrons. Vous voyez par-là que celle de M. de Luxembourg occupoit bien plus de terrain que celle du Roi. Son quartier général, j'entens celui de M. de Luxembourg, est à Thieusies. Vous trouverez tous ces villages dans la carte. L'une & l'autre se mettent en marche demain. Je pourrai bien n'être pas en état de vous écrire de cinq ou six jours; c'est pourquoi je vous écris aujourd'hui une si longue Lettre. Ne trouvez point étrange le peu d'ordre que vous y trouverez : je vous écris au bout d'une table environnée de gens qui raisonnent de nouvelles, & qui veulent à tous momens que j'entre dans la conversation. Il vint hier de Bruxelles un Rendu, qui dit que M. le Prince d'Orange assembloit quelques troupes à Auderleck, qui en est à trois quarts de lieues. On demanda au Rendu ce qu'on disoit à Bruxelles. Il répondit qu'on y étoit fort en repos, parce qu'on étoit persuadé qu'il n'y avoit à Mons qu'un camp volant ; que le Roi n'étoit point en Flandres ; & que M. de Luxembourg étoit en Italie.

Je ne vous dis rien de la Marine. Vous êtes à la source, & nous ne savons qu'après vous. Vraisemblablement j'aurai bientôt de plus grandes choses à vous mander qu'une revûe, quelque grande & quelque magnifique qu'elle ait été. M. de Cavoie vous baise les mains. Je ne sai ce que je ferois sans lui. Il faudroit en vérité que je renonçasse aux voyages & au plaisir de voir tout ce que je vois. M. de Luxembourg, dès le premier jour que nous arrivâmes, envoya dans notre écurie un des plus commodes chevaux de la sienne, pour m'en servir pendant la campagne. Vous n'avez jamais vû un homme de cette bonté, & de cette magnificence. Il est encore plus à ses amis, & plus aimable à la tête de sa formidable armée, qu'il n'est à Paris & à Versailles. Je vous nommerois au contraire certaines gens qui ne sont pas reconnoissables en ce pays-ci, & qui tout embarrassés de la figure qu'ils y font, sont à peu près comme vous dépeigniez le pauvre M. Jannart, quand il commençoit une courante. Adieu, mon cher Monsieur, voilà bien du verbiage; mais je vous écris au courant de ma plume, & me laisse entraîner au plaisir que j'ai de causer avec vous, comme si j'étois dans vos allées d'Auteuil. Je vous prie de vous souvenir de moi dans la petite Académie, & d'assûrer M. de Pontchartrain de mes très-humbles respects. Faites aussi mille complimens pour moi à M. de la Chapelle. Je prévois qu'il aura bien-tôt matiere à des types plus magnifiques qu'il n'en a encore imaginés. Ecrivez-moi le plus souvent que vous pourrez, & forcez votre paresse. Pendant que j'essuie de longues marches, & des campemens fort incommodes, serez-vous fort à plaindre quand vous n'aurez que la fatigue d'écrire des Lettres bien à votre aise dans votre cabinet ?

DU MESME.

Du Camp de Gévries le 22. Mai.

COmme j'étois fort interrompu hier en vous écrivant, je fis une grande faute dans ma Lettre, dont je ne m'apperçûs que lorsqu'on l'eût portée à la poste. Au lieu de vous dire que le quartier principal de M. de Luxembourg étoit aux hautes Estives, je vous marquai qu'il étoit à Thieusies, qui est un Village à plus de trois ou quatre lieues de-là, & où il devoit aller camper en partant des Estives à ce qu'on m'avoit dit. On parloit même de cela autour de moi peudant que j'écrivois. J'ai donc crû que je vous ferois plaisir de vous détromper, & qu'il valoit mieux qu'il vous en coutât un petit port de Lettre, que quelque grosse gajûre où vous pourriez vous engager mal-à-propos, ou contre M. de la Chapelle, ou contre M. Hessein. J'ai sur-tout pâli quand j'ai songé au terrible inconvenient qui arriveroit si ce dernier avoit quelque avantage sur vous. Car je me souviens du bois qu'il mettoit à la droite opiniâtrément, malgré tous les sermens & toute la raison de M. de Guilleragues, qui en pensa devenir fou. Dieu vous garde d'avoir jamais tort contre un tel homme.

Je monte en carrosse pour aller à Mons, où M. de Vauban m'a promis de me faire voir les nouveaux ouvrages qu'il y a faits. J'y allai l'autre jour dans ce même dessein; mais je souffrois alors tant de mal, que je ne songeai qu'à m'en revenir au plus vîte.

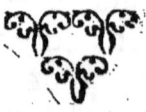

DU MESME.

Au Camp devant Namur le 3. Juin.

J'Ai été si troublé depuis huit jours de la petite-vérole de mon fils, que j'appréhendois qui ne fut fort dangereuse, que je n'ai pas eu le courage de vous mander aucunes nouvelles. Le siége a bien avancé durant ce tems-là, & nous sommes à l'heure qu'il est au corps de la Place. Il n'a point fallu pour cela détourner la Meuse, comme vous m'écrivez qu'on le disoit à Paris, ce qui seroit une étrange entreprise. On n'a pas même eu besoin d'appeller les Mousquetaires, ni d'exposer beaucoup de braves gens. M. de Vauban, avec son canon & ses bombes, a fait lui seul toute l'expédition. Il a trouvé des hauteurs au deça & au-delà de la Meuse, où il a placé ses batteries. Il a conduit sa principale tranchée dans un terrain assez resserré, entre des hauteurs, & une espèce d'étang d'un côté, & la

Meuſe de l'autre. En trois jours il a pouſſé ſon travail juſqu'à un petit ruiſſeau qui coule au pied de la contreſcarpe, & s'eſt rendu maître d'une petite contre-garde revêtue, qui étoit en-deça de la contreſcarpe, & de-là, en moins de ſeize heures, a emporté tout le chemin couvert qui étoit garni de pluſieurs rangs de paliſſades, a comblé un foſſé large de dix toiſes, & profond de huit pieds, & s'eſt logé dans une demi-lune, qui étoit au devant de la courtine, entre un demi-baſtion qui eſt ſur le bord de la Meuſe, à la gauche des aſſiégeans, & un baſtion qui eſt à leur droite. En telle ſorte, que cette Place ſi terrible, en un mot Namur, a vû tous ſes dehors emportés dans le peu de tems que je vous ai dit, ſans qu'il en ait couté au Roi plus de trente hommes. Ne croyez pas pour cela qu'on ait eu affaire à des poltrons. Tous ceux de nos gens qui ont été à ces attaques, ſont étonnés du courage des aſſiégés. Mais vous jugerez de l'effet terrible du canon & des bombes, quand je vous dirai, ſur le ſeul rapport d'un Officier Eſpagnol, qui fut pris hier dans les dehors, que notre artillerie leur a tué en deux jours douze cens hommes. Imaginez-vous trois batteries qui qui se croisent, & qui tirent continuellement sur de pauvres gens qui sont vûs d'enhaut, & de revers, & qui ne peuvent pas trouver un seul coin où ils soient en sûreté. On dit qu'on a trouvé les dehors tout pleins de corps dont le canon a emporté les têtes, comme si on les avoit coupées avec des sabres. Cela n'empêche pas que plusieurs de nos gens n'ayent fait des actions de grande valeur. Les Grenadiers du Régiment des Gardes Françoises, & ceux des Gardes Suisses, se sont entr'autres extrémement distingués. On raconte plusieurs actions particulieres, que je vous redirai quelque jour, & que vous entendrez avec plaisir. Mais en voici une que je ne puis différer de vous dire, & que j'ai oüi conter au Roi même. Un soldat du Régiment des Fuziliers, qui travailloit à la tranchée, y avoit porté un gabion; un coup de canon vint qui emporta son gabion : aussitôt il en alla poser à la même place un autre, qui fut sur le champ emporté par un autre coup de canon. Le soldat, sans rien dire, en prit un troisiéme, & l'alla poser; un troisiéme coup de canon emporta ce troisiéme gabion. Alors le soldat rebuté se tint en repos; mais son Officier lui commanda de ne point laisser cet endroit sans gabion. Le soldat dit: *J'irai, mais j'y serai tué.* Il y alla, & en posant son quatriéme gabion, eut le bras fracassé d'un coup de canon. Il revint, soutenant son bras pendant avec l'autre bras, & se contenta de dire à son Officier: *Je l'avois bien dit.* Il fallut lui couper le bras, qui ne tenoit presque à rien. Il souffrit cela sans desserrer les dents, & après l'opération, dit froidement: *Je suis donc hors d'état de travailler, c'est maintenant au Roi à me nourrir.* Je crois que vous me pardonnerez le peu d'ordre de cette narration, mais assûrez vous qu'elle est fort vraie. M. de Cavoie me presse d'achever ma Lettre. Je vous dirai donc en deux mots, pour l'achever, qu'apparemment la ville sera prise en deux jours. Il y a déja une grande bréche au bastion, & même un Officier vient, dit-on, d'y monter avec deux ou trois soldats, & s'en est revenu, parce qu'il n'étoit point suivi, & qu'il n'y avoit encore aucun ordre pour cela. Vous jugez bien que ce bastion ne tiendra guère. Après quoi il n'y a plus que la vieille enceinte de la ville, où les assiégés ne nous attendront pas. Mais vraisemblablement la garnison laissera faire la capitulation aux bourgeois, & se retirera dans le Château, qui ne fait pas plus de peur à M. de Vauban, que la ville. M. le Prince d'Orange n'a point encore marché, & pourra bien marcher trop tard. Nous attendons avec impatience des nouvelles de la mer. Je ne suis point surpris de tout ce que vous me mandez du Gouverneur, qui a fait déserter votre assemblée à son pupille. J'ai ri de bon cœur de l'embarras où vous êtes sur le rang où vous devez placer M. de Richesource. Ce que vous dites des esprits médiocres est fort vrai, & m'a frapé, il y a long-tems, dans votre Poëtique. M. de Cavoie vous fait mille baisemains, & M. Roze aussi, qui m'a confié les grands dégoûts qu'il avoit de l'Académie, jusqu'à méditer même d'y faire retrancher les jettons, s'il n'étoit, dit-il, retenu par la charité. Croyez-vous que les jettons durent beaucoup, s'il ne tient qu'à la charité de M. Roze qu'ils ne soient retranchés ? Adieu, Monsieur, je vous conseille d'écrire un mot à M. le Controlleur Général lui même, pour le prier de vous faire mettre sur l'état de distribution ; & cela sera fait aussitôt. Vous êtes pourtant en fort bonnes mains, puisque M. de Bie a promis de vous faire payer. C'est le plus honnête-homme qui se soit jamais mêlé de finance. Mes complimens à M. de la Chapelle.

DU MESME.

Au Camp près de Namur le 15. Juin.

JE ne vous ai point écrit sur l'attaque d'avant hier. Je suis accablé des Lettres, qu'il me faut écrire à des gens beaucoup moins raisonnables que vous, & à qui il faut faire des réponses bien malgré moi. Je crois que vous n'aurez pas manqué de relations. Ainsi, sans entrer dans des détails ennuyeux, je vous manderai succinctement ce qui m'a le plus frapé dans cette action. Comme la garnison est au moins de 6 mille hommes, le Roi avoit pris de fort grandes précautions pour ne pas manquer son entreprise. Il s'agissoit de leur enlever une redoute & un retranchement de plus de 400 toises de long, d'où il sera fort facile de foudroyer le reste de leurs ouvrages, cette redoute étant au plus haut de la montagne, & par conséquent pouvant commander aux ouvrages à corne qui couvrent le Château de ce côté-là. Ainsi le Roi, outre les sept bataillons de tranchée, avoit commandé deux cens de ses Mousquetaires, 150 Grenadiers à cheval, & quatorze compagnies d'autres Grenadiers, avec mille ou douze cens travailleurs, pour le logement qu'on vouloit faire, & pour mieux intimider les ennemis, il fit paroître tout-à-coup, sur la hauteur, la brigade de son Régiment, qui est encore composée de six bataillons, il étoit là en personne à la tête de son Régiment, & donnoit ses ordres à la demie portée du mousquet. Il avoit seulement devant lui trois gabions, que le Comte de Fiesque, qui étoit son Aide-de-Camp de jour, avoit fait poser pour le couvrir. Mais ces gabions, presque tous pleins de pierres, étoient la plus dangereuse défense du monde. Car un coup de canon, qui eût donné dedans, auroit fait un beau massacre de tous ceux qui étoient derriere. Néantmoins un de ces gabions sauva peut-être la vie au Roi, ou à Monseigneur, ou à Monsieur, qui tous deux étoient à ses côtés : car il rompit le coup d'une bale de mousquet, qui venoit droit au Roi, & qui en se détournant un peu, ne fit qu'une contusion au bras de M. le Comte de Toulouze, qui étoit, pour ainsi dire, dans les jambes du Roi. Mais pour revenir à l'attaque, elle se fit dans un ordre merveilleux. Il n'y eut pas jusqu'aux Mousquetaires, qui ne firent pas un pas plus qu'on ne leur avoit commandé. A la vérité M. de Maupertuis, qui marchoit à leur tête, leur avoit déclaré que si quelqu'un osoit passer devant lui, il le tueroit. Il n'y en eût qu'un seul, qui ayant osé désobéir, & passer devant lui, il le porta par terre de deux coups de sa pertuisane, qui ne le blesserent pourtant point. On a fort loué la sagesse de M. de Maupertuis. Mais il faut vous dire aussi deux traits de M. de Vauban, que je suis assuré qui vous plairont. Comme il connoît la chaleur du soldat dans ces sortes d'occasions, il leur avoit dit: *Mes enfans, on ne vous défend pas de poursuivre les ennemis quand ils s'enfuiront, mais je ne veux pas que vous alliez vous faire échigner mal-à-propos sur la contrescarpe de leurs autres ouvrages. Je retiens donc à mes côtés cinq tambours, pour vous rapeller quand il sera tems. Dès que vous les entendrez, ne manquez pas de revenir chacun à vos postes.* Cela fut fait comme il l'avoit concerté. Voilà pour la premiére précaution. Voici la seconde. Comme le retranchement qu'on attaquoit avoit un fort grand front, il fit mettre sur notre tranchée des espéces de jallons, vis-à-vis desquels chaque corps devoit attaquer, & se loger, pour éviter la confusion. Et la chose réüssit à merveilles. Les ennemis ne soutinrent point, & n'attendirent pas même nos gens. Ils s'enfuirent après qu'ils eurent fait une seule décharge, & ne tirèrent plus que de leurs ouvrages à cornes. On en tua bien quatre ou cinq cens, entr'autres un Capitaine Espagnol, fils d'un Grand d'Espagne, qu'on nomme le Comte de Lemos. Celui qui le tua étoit un des Grenadiers à cheval, nommé *Sans raison*. Voilà un vrai nom de Grenadier. L'Espagnol lui demanda quartier, & lui promit cent pistoles, lui montrant même sa bourse, où il y en avoit 35. Le Grenadier qui venoit de voir tuer le Lieutenant de sa compagnie, qui étoit un fort brave homme, ne voulut point faire de quartier, & tua son Espagnol. Les ennemis envoyerent demander le Corps, qui leur fut rendu, & le Grenadier *Sans raison* rendit aussi les 35 pistoles qu'il avoit prises au mort, en disant: *Tenez, voilà son argent, dont je ne veux point, les Grenadiers ne mettent la main sur les gens que pour les tuer.* Vous ne trouverez point, peut-être, ces détails dans les relations que vous lirez; & je m'assure que vous les aimerez bien autant qu'une suputation exacte du nom des bataillons, & de chaque compagnie des gens détachés, ce que M. l'Abbé Dangeau ne manqueroit pas de rechercher très-curieusement. Je vous ai parlé du Lieutenant de la compagnie des Grenadiers qui fut tué, & dont *Sans-raison* vengea la mort. Vous ne serez peut-être pas fâché de savoir qu'on lui trouva un cilice sur le corps. Il étoit d'une piété singuliére, & avoit même fait ses dévotions le jour d'auparavant, respecté de toute l'Armée pour sa valeur, accompagnée d'une douceur & d'une sagesse merveilleuse. Le Roi l'estimoit beaucoup, & a dit après sa mort, que c'étoit un homme qui pouvoit prétendre à tout. Il s'apelloit Roquevert. Croyez-vous que Frere Roquevert ne valoit pas bien Frere Muce ? Et si M. de la Trape l'avoit connu, auroit-il mis dans la vie de Frere Muce, que les Grenadiers font profession d'être les plus grands scélérats du monde ? Effectivement, on dit que dans cette Compagnie il y a des gens fort réglés. Pour moi je n'entends guére de Messe dans le Camp, qui ne soit servie par quelque Mousquetaire, & où il n'y en ait quelqu'un qui communie, & cela de la maniere du monde la plus édifiante.

Je ne vous dis rien de la quantité de gens qui reçûrent des coups de mousquet, ou des contusions tout auprès du Roi. Tout le monde le sait, & je crois que tout le monde en frémit. M. le Duc étoit Lieutenant-Général de jour, & y fit à la Condé, c'est tout dire. M. le Prince, dès qu'il vit que l'action alloit commencer, ne put s'empêcher de courir à la tranchée, & de se mettre à la tête de tout. En voilà bien assez pour un jour. Je ne puis pourtant finir sans vous dire un mot de M. de Luxembourg. Il est toujours vis-à-vis des ennemis, la Méhaigne entre deux, qu'on ne croit pas qu'ils osent passer. On lui amena avant hier un Officier Espagnol, qu'un de nos partis avoit pris, & qui s'étoit fort bien battu. M. de Luxembourg lui trouvant de l'esprit, lui dit: *Vous autres Espagnols, je sais que vous faites la guerre en honnêtes gens, & je la veux faire avec vous de même.* Ensuite il le fit dîner avec lui, puis lui fit voir toute son armée. Après quoi il le congédia, en lui disant : *Je vous rends votre liberté : allez trouver M. le Prince d'Orange, & dites-lui ce que vous avez vû.* On a sû aussi par un Rendu, qu'un de nos soldats s'étant allé rendre aux ennemis, le Prince d'Orange lui demanda pourquoi il avoit quitté l'Armée de M. de Luxembourg : *C'est*, dit le soldat, *qu'on y meurt de faim ; mais avec tout cela, ne passez pas la riviére, car assurément ils vous battront.* Le Roi envoya hier six mille sacs d'avoine, & cinq cens bœufs à l'Armée de M. de Luxembourg : & quoi qu'ait dit le déserteur, je vous puis assurer qu'on y est fort guai, & qu'il s'en faut bien qu'on y meure de faim. Le Général a été trois jours sans monter à cheval, passant le jour à joüer dans sa tente. Le Roi a eu nouvelle aujourd'hui, que le Baron de Serclas, avec cinq ou six mille chevaux de l'Armée du Prince d'Orange, avoit passé la Meuse à Huy, comme pour venir inquiéter le quartier de M. de Boufflers. Le Roi prend ses mesures pour le bien recevoir.

Adieu, Monsieur, je vous manderai une autrefois des nouvelles de la vie que je mene, puisque vous en voulez savoir. Faites, je vous prie, part de cette Lettre à M. de la Chapelle, si vous trouvez qu'elle en vaille la peine. Vous me ferez même beaucoup de plaisir de l'envoyer à ma Femme, quand vous l'aurez lûë. Car je n'ai pas le tems de lui écrire, & cela pour réjoüir elle & mon fils. On est fort content de M. de Bonrepaux. J'ai écrit à M. de Pontchartrain le fils par le conseil de M. de la Chapelle. Une page de complimens m'a plus coûté cinq cens fois, que les huit pages que je vous viens d'écrire. Adieu, Monsieur, je vous envie bien votre beau tems d'Auteuil; car il fait ici le plus horrible tems du monde.

Je vous ai vû rire assez volontiers de ce que le vin fait quelquefois faire aux yvrognes. Hier un boulet de canon emporta la tête d'un de nos Suisses dans la tranchée. Un autre Suisse, son camarade, qui étoit auprès, se mit à rire de toute sa force, en disant : *Hô, hô, cela est plaisant : il reviendra sans tête dans le camp.*

On a fait aujourd'hui trente prisonniers de l'Armée du Prince d'Orange, & ils ont été pris par un Parti de M. de Luxembourg. Voici la disposition de l'Armée des Ennemis. M. de Baviere a la droite avec des Brandebourgs, & autres Allemands. M. de Valdeck est au Corps de Bataille avec les Hollandois ; & le Prince d'Orange, avec les Anglois, est à la gauche. J'oubliois de vous dire, que quand M. le Comte de Touloufe reçût son coup de moufquet, on entendit le bruit de la bale : & le Roi demanda si quelqu'un étoit blessé. *Il me semble*, dit en souriant le jeune Prince, *que quelque chose m'a touché*. Cependant la contusion étoit assez grosse, & j'ai vû la marque de la bale sur le galon de la manche, qui étoit tout noirci, comme si le feu y avoit passé. Adieu, Monsieur, je ne sçaurois me résoudre à finir quand je suis avec vous.

En fermant ma Lettre, j'aprens que la Présidente Barantin, qui avoit épousé M. de Courmaillon, Ingénieur, a été pillée par un Parti de

Charleroi. Ils lui ont pris ses chevaux de carrosse, & sa cassette, & l'ont laissée dans le chemin à pied. Elle venoit pour être auprès de son mari qui avoit été blessé. Il est mort.

AU MESME.

Au Camp prés de Namur le 24. Juin.

JE laisse à M. de Valincourt le soin de vous écrire la prise du Château neuf. Voici seulement quelques circonstances qu'il oubliera peut-être dans sa relation. Ce Château neuf est apellé autrement, le Fort Guillaume, parce que c'est le Prince d'Orange qui ordonna l'année passée de le faire construire, & qui avança pour cela dix mille écus de son argent. C'est un grand ouvrage à cornes, avec quelques redens dans le milieu de la courtine, selon que le terrein le demandoit. Il est situé de telle sorte, que plus on en aproche, moins on le découvre. Et depuis huit ou dix jours que notre canon le battoit, il n'y avoit

fait qu'une très-petite bréche à passer deux hommes, & il n'y avoit pas une palissade du chemin couvert qui fût rompuë. M. de Vauban a admiré lui-même la beauté de cet ouvrage. L'Ingénieur qui l'a tracé, & qui a conduit tout ce qu'on y a fait, est un Hollandois nommé Cohorne. Il s'étoit enfermé dedans pour le défendre, & y avoit même fait creuser le fossé, disant qu'il s'y vouloit enterrer. Il en sortit hier avec la garnison, blessé d'un éclat de bombes. M. de Vauban a eu la curiosité de le voir, & après lui avoir donné beaucoup de loüange, lui a demandé s'il jugeoit qu'on eût pû l'attaquer mieux qu'on n'a fait. L'autre fit réponse, que si on l'eût attaqué dans les formes ordinaires, & en conduisant une tranchée devant la courtine, & les demi-bastions, il se feroit encore défendu plus de quinze jours, & qu'il nous en auroit couté bien du monde; mais que de la maniere dont on l'avoit embrassé de toutes parts, il avoit fallu se rendre. La vérité est, que notre tranchée est quelque chose de prodigieux, embrassant

sant à la fois plusieurs montagnes, & plusieurs vallées, avec une infinité de détours & de retours, autant presque qu'il y a de ruës à Paris. Les Gens de la Cour commençoient à s'ennuyer de voir si longtems remuer la terre. Mais enfin il s'est trouvé que dès que nous avons attaqué la contrescarpe, les ennemis, qui craignoient d'être coupés, ont abandonné dans l'instant tout leur chemin couvert; & voyant dans leur ouvrage vingt de nos Grenadiers, qui avoient grimpé par un petit endroit, où on ne pouvoit monter qu'un à un, ils ont aussi-tôt battu la chamade. Ils étoient encore quinze cens hommes, tous gens bienfaits, s'il y en a au monde. Le principal Officier qui les commandoit, nommé M. de Vimbergue, est âgé de près de 80 ans. Comme il étoit d'ailleurs fort incommodé des fatigues qu'il a souffertes depuis quinze jours, & qu'il ne pouvoit plus marcher, il s'étoit fait porter sur la petite brèche, que notre canon avoit faite, résolu d'y mourir l'épée à la main. C'est lui qui a fait la capitulation; & il y a fait mettre qu'il lui seroit permis d'en-

Tome I. I

trer dans le vieux Château, pour s'y défendre encore jusqu'à la fin du siége. Vous voyez par-là à quels gens nous avons affaire, & que l'art & les précautions de M. de Vauban ne sont pas inutiles pour épargner bien de braves gens, qui s'iroient faire tuer mal-à-propos. C'étoit encore M. le Duc qui étoit Lieutenant-Général de jour : & voici la troisiéme affaire qui passe par ses mains. Je voudrois que vous eussiez pû entendre de quelle maniere aisée, & même avec quel esprit il m'a bien voulu raconter une partie de ce que je vous mande ; les réponses qu'il fit aux Officiers qui le vinrent trouver pour capituler ; & comme, en leur faisant mille honnêtetés, il ne laissoit pas de les intimider. On a trouvé le chemin couvert tout plein de corps morts, sans tous ceux qui étoient à demi enterrés dans l'ouvravrage. Nos bombes ne les laissoient pas respirer. Ils voyoient sauter à tout momens en l'air leurs camarades, leurs valets, leur pain, leur vin ; & étoient si las de se jetter par terre, comme on fait quand il tombe une bombe, que les uns se tenoient debout, au hazard de ce qui en pourroit arriver; les autres avoient creusé de petites niches dans des retranchemens qu'ils avoient faits dans le milieu de l'ouvrage, & s'y tenoient plaqués tout le jour. Ils n'avoient d'eau que celle d'un petit trou qu'ils avoient creusé en terre, & ont passé ainsi quinze jours entiers. Le vieux Château est composé de quatre autres Forts, l'un derriére l'autre, & va toujours en s'étrecissant, en telle sorte que celui de ces Forts, qui est à l'extrémité de la montagne, ne paroît pas pouvoir contenir trois cens hommes. Vous jugez bien quel fracas y feront nos bombes. Heureusement nous ne craignons pas d'en manquer si-tôt.

On en trouva hier chez les R. Peres Jésuites de Namur, douze cens soixante toutes chargées, avec leurs amorces. Les bons Peres gardoient précieusement ce beau dépôt sans en rien dire, espérant vraisemblablement de les rendre aux Espagnols, au cas qu'on nous fit lever le siége. Ils paroissoient pourtant les plus contens du monde d'être au Roi; & ils me dirent à moi-même, d'un air riant & ouvert, qu'ils lui étoient trop obligés de les avoir délivrés de ces maudits Proteſtans, qui étoient en garniſon à Namur, & qui avoient fait un Prêche de leurs Ecoles. Le Roi a envoyé le P. Recteur à Dôle. Mais le P. de la Chaize dit lui-même que le Roi eſt trop bon, & que les Supérieurs de leur Compagnie ſeront plus ſévères que lui. Adieu, Monſieur.

J'oubliois de vous dire que je vis paſſer les deux Otages que ceux du dedans de l'ouvrage à cornes envoyoient au Roi. L'un avoit le bras en écharpe; l'autre la machoire à demi emportée, avec la tête bandée d'une écharpe noire; le dernier eſt un Chevalier de Malthe. Je vis auſſi huit priſonniers qu'on amenoit du chemin couvert. Ils faiſoient horreur. L'un avoit un coup de Bayonnette dans le côté: un autre, un coup de mouſquet dans la bouche. Les ſix autres avoient le viſage & les mains toutes brûlées du feu qui avoit pris à la poudre qu'ils avoient dans leurs havreſacs.

A SA FEMME. (1)

A Cateau Cambresis le jour de l'Ascension.

J'Avois commencé à vous écrire hier au soir à Saint Quentin ; mais je fus averti que la poste étoit partie dès midi ; ainsi je n'achevai point. Je viens de recevoir vos Lettres, qui m'ont fait un fort grand plaisir. Je me porte bien, Dieu merci. Les Garçons de M. Roche m'ont piqué mon petit cheval en deux endroits en le ferrant, dont je suis fort en colere contr'eux, & avec raison. Heureusement M. de Cavoie méne avec lui un Maréchal, qui en a pris soin ; & on m'assure que ce ne sera rien. Nous allons demain au Quesnoi, où on laissera les Dames au Camp près de Mons. L'herbe est bien courte, & je crois que les chevaux ne trouveront pas

---

(1). C'est la seule Lettre conservée de toutes celles qu'il lui a écrites. Comme il n'avoit rien de caché pour elle, il ne vouloit pas aparemment qu'elle gatdât ses Lettres.

beaucoup de fourage. Le bled est fort renchéri. Votre Fermier sera riche, & devroit bien vous donner de l'argent, puisque vous ne l'avez point pressé de vendre son bled lorsqu'il étoit à bon marché. Le Roi eut hier des nouvelles de sa Flotte. Elle est sortie de Brest du 9. Mai. On la croit maintenant à la Hogue en Normandie ; & le Roi d'Angleterre embarqué. On mande de Hollande, que le Prince d'Orange voit bien que c'est tout de bon qu'on va faire une descente, & qu'il paroît étonné. Il a envoyé en Angleterre le Comte de Portland son favori, a contremandé tois Régimens prêts à s'embarquer pour la Hollande : & on dit qu'il pourroit bien repasser lui-même en Angleterre. M. de Baviere est fort inquiet de la maladie du Prince Clément son Frere, qui est, dit-on, à l'extrêmité. Il le sera bien davantage dans quatre jours, lorsqu'il verra entrer dans les Pays-bas plus de cent trente mille hommes. Le Roi est dans la meilleure santé du monde. Il a eu nouvelle aujourd'hui que M. le Comte d'Etrées avoit brûlé ou coulé à fond quatorze Vaisseaux marchands Anglois sur les côtes d'Espagne, & deux Vaisseaux de guerre qui les escortoient. Cela le console, avec raison, de la perte de deux Vaisseaux de l'Escadre du même Comte d'Etrées, qui ont péri par la tempête. Voilà d'heureux commencemens. Il faut espérer que Dieu continuëra de se déclarer pour nous. Faites part de ces nouvelles à M. Despréaux, à qui je n'ai pas le tems d'écrire aujourd'hui. J'ai rencontré aujourd'hui M. Dodart pour la premiere fois: il se porte à merveilles. M. du Tartre se trémousse à son ordinaire, & a une grande épée à son côté, avec un nœud magnifique. Il a tout-à-fait l'air d'un Capitaine. Adieu, mon cher cœur: embrasse tes enfans pour moi. Exhorte ton fils à bien étudier, & à servir Dieu. Je suis parti fort content de lui. J'espére que je le serai encore plus à mon retour. Ecris-moi souvent, ou lui. Adieu encore un coup.

A BOILEAU.

A Gemblours le 9. Juin.

J'Avois commencé une grande Lettre, où je prétendois vous dire mon sentiment sur quelques endroits des Stances (1) que vous m'avez envoyées. Mais comme j'aurai le plaisir de vous revoir bien-tôt, puisque nous nous en retournons à Paris; j'aime mieux attendre à vous dire de vive voix tout ce que j'avois à vous mander. Je vous dirai seulement en un mot, que les Stances m'ont paru très-belles, & très-dignes de celles qui les précédent, à quelque peu de répétitions près, dont vous vous êtes aperçû vous-même. Le Roi fait un grand détachement de ses Armées, & l'envoye en Allemagne avec Monseigneur. Il a jugé qu'il falloit profiter de ce côté-là d'un commencement de campagne qui paroît si favorable,

---

(1) Quelques Stances de l'Ode de Namur.

d'autant plus que le Prince d'Orange s'opiniâtrant à demeurer sous de grosses places, & derriére des canaux & des riviéres, la guerre auroit pû devenir ici fort lente, & peut-être moins utile que ce qu'on peut faire au-delà du Rhin. Nous allons demain coucher à Namur. M. de Luxembourg demeure en ce pays-ci avec une Armée capable, non-seulement de faire tête aux Ennemis, mais même de leur donner beaucoup d'embarras. Adieu, mon cher Monsieur, je me fais un grand plaisir de vous embrasser bien-tôt.

AU MESME.

Au Quesnoi le 30. Mai.

LE Roi fait demain ses dévotions. Je parlai hier de M. le Doyen au P. de la Chaize. Il me dit qu'il avoit reçû votre Lettre; me demanda des nouvelles de votre santé, & m'assura qu'il étoit fort de vos amis, & de toute la famille. J'ai parlé ce matin à Madame de Maintenon, & lui ai même donné une Lettre, que je lui avois écrite sur ce sujet, la mieux tournée que j'ai pû, afin qu'elle la pût lire au Roi. M. de Chamlai de son côté, proteste qu'il a déja fait merveilles, & qu'il a parlé de M. le Doyen, (1) comme de l'homme du monde qu'il estimoit le plus, & qui méritoit le mieux les graces de Sa Majesté. Il promet qu'il reviendra encore ce soir à la charge. Je l'ai échauffé de tout mon possible, & l'ai assuré de votre reconnoissance, & de celle de M. le Doyen, & de Mrs. Dongois. Voilà, mon cher Monsieur, où la chose en est. Le reste est entre les mains du bon Dieu, qui peut-être inspirera le Roi en notre faveur. Nous en saurons demain davantage.

Quant à nos Ordonnances, M. de Pontchartrain me promit qu'il nous les feroit payer aussi-tôt après le départ du Roi. C'est à vous de faire vos

---

[1.] L'Abbé Boileau, frere de M. Despréaux. Il étoit alors Doyen à Sens, & on obtint pour lui un Canonicat de la Sainte Chapelle.

sollicitations, soit par M. de Pont-chartrain le fils, soit par M. l'Abbé Bignon. Croyez-vous que vous fiffiez mal d'aller vous-même une fois chez lui? Il est bien intentionné: la somme est petite. Enfin on m'affure qu'il faut preffer, & qu'il n'y a pas un moment à perdre. Quand vous aurez arraché cela de lui, il ne vous en voudra que plus de bien. Il faudroit auffi voir, ou faire voir M. de Bie, qui est le meilleur homme du monde, & qui le feroit fouvenir de vous quand il fera l'état de diftribution. Au refte j'ai été obligé de dire ici, le mieux que j'ai pû, quelques-uns des Vers de votre Satyre, à M. le Prince. *Nofti hominem.* Il ne parle plus d'autre chofe; & il me les a redemandés plus de dix fois. M. le Prince de Conti voudroit bien que vous m'envoyaffiez l'hiftoire du Lieutenant-Criminel, dont il eft fur-tout charmé. M. le Prince & lui ne font que redire les deux Vers, *La mule & les chevaux au marché*, &c. Je vous confeille de m'envoyer tout cet endroit, & quelques autres morceaux détachés, fi vous pouvez; affurez-vous qu'ils ne fortiront point de mes mains. M. le Prince n'est pas moins touché de ce que j'ai pû retenir de votre Ode. Je ne suis point surpris de la priere que M. de Pontchartrain le fils vous a faite en faveur de F..... Je savois bien qu'il avoit beaucoup d'inclination pour lui; & c'est pour cela même que M. de la Loubere n'en a guère. Mais enfin vous avez très-bien répondu, & pour peu que F..... se reconnoisse, je vous conseillerois aussi de lui faire grace ; mais à dire vrai, il est bien tard, & la Stance a fait un furieux progrès. Je n'ay pas le tems d'écrire ce matin à M. de la Chapelle. Ayez la bonté de lui dire que tout ce qu'il a imaginé, & vous aussi, sur l'Ordre de Saint Loüis, me paroît fort beau ; mais que pour moi je voudrois simplement mettre pour type la Croix même de Saint Loüis, & la Légende, *Ordo militaris,* &c. Chercherons-nous toûjours de l'esprit dans les choses qui en demandent le moins ? Je vous écris tout ceci avec une rapidité épouvantable, de peur que la poste ne soit partie. Il fait le plus beau tems du monde. Le Roi, qui a eu une fluxion sur la gorge, se porte bien. Ainsi nous serons bientôt en campagne. Je vous écrirai plus à loisir avant que de sortir du Quesnoi.

AU MESME.

Au Quesnoi.

Vous verrez par la Lettre que j'écris à M. l'Abbé Dongois, les obligations que vous avez à Sa Majesté. M. le Doyen est Chanoine de la Sainte Chapelle, & est bien mieux encore que je n'avois demandé. Madame de Maintenon m'a chargée de vous bien faire ses baisemains. (1) Elle mérite bien que vous lui fassiez quelque remerciement, ou du moins que vous fassiez d'elle une mention honorable, qui la distingue de tout son sexe ; comme en effet elle en est distinguée de toute maniére. Je suis content au dernier point de M. de

---

(1) Je ne sçai si aujourd'hui en pareille occasion nous nous servirions du même mot, qui cependant, suivant le Dictionnaire de l'Accadémie, ne veut dire que *complimens*.

Chamlai, & il faut absolument que vous lui écriviez, aussi bien qu'au P. de la Chaise, qui a très-bien servi M. le Doyen. Tout le monde m'a chargé ici de vous faire ses complimens, entr'autres M. de Cavoie, & M. de Sérignan. M. le Prince de Conti même m'a témoigné prendre beaucoup de part à votre joie. Nous partons Mardy matin pour aller camper sous Mons. Le Roi se mettra à la tête de l'Armée de M. de Boufflers; M. de Luxembourg, avec la sienne nous côtoyera de fort près. Le Roi envoie les Dames à Maubeuge. Ainsi nous voilà à la veille des grandes nouvelles. Je vous donne le bon soir, & suis entiérement à vous.

Songez à nos Ordonnances. Prenez aussi la peine de recommander à M. Dongois le petit Mercier, Valet-de-chambre de Madame de Maintenon. Il voudroit avoir pour Commissaire, pour la conclusion de son affaire, ou M. l'Abbé Brunet, ou M. l'Abbé Petit. Si cela se peut faire dans les régles, & sans blesser la conscience, il faudroit tâcher de lui faire avoir ce qu'il demande.

DE BOILEAU.

A Paris le 25. Mars.

JE ne voyois proprement que vous pendant que vous étiez à Paris; & depuis que vous n'y êtes plus, je ne vois plus, pour ainsi dire, personne. N'attendez donc pas que je vous rende nouvelles pour nouvelles, puisque je n'en sçais aucune. D'ailleurs il n'est guére fait mention à Paris présentement que du siége de Mons, dont je ne crois pas vous devoir instruire. Les particularités que vous m'en avez mandées m'ont fait un fort grand plaisir. Je vous avouë pourtant que je ne sçaurois digérer que le Roi s'expose comme il fait. C'est une mauvaise habitude qu'il a prise, dont il dévroit se guérir; & cela ne s'accorde pas avec cette haute prudence qu'il fait paroître dans toutes ses autres actions. Est-il possible qu'un Prince qui prend si bien ses mesures pour assiéger Mons, en prenne si peu pour la conservation de sa propre personne ? Je sçai bien qu'il a pour lui l'exemple des Aléxandres & des Céfars, qui s'expofoient de la forte ; mais avoient-ils raifon de le faire ? Je doute qu'il ait lû ce vers d'Horace : *Decipit exemplar vitiis imitabile.* Je fuis ravi d'aprendre que vous êtes dans un Couvent, en même cellule que M. de Cavoie, car bien que le logement foit un peu étroit, je m'imagine qu'on n'y garde pas trop étroitement les régles, & qu'on n'y fait pas la lecture pendant le dîner, fi ce n'eft peut-être de Lettres pareilles à la mienne. Je vous dis bien en partant que je ne vous plaignois plus, puifque vous faifiez le voyage avec un homme tel que lui, auprès duquel on trouve toutes fortes de commodités, & dont la compagnie pourroit confoler de toutes fortes d'incommodités. Et puis je vois bien qu'à l'heure qu'il eft, vous êtes un foldat parfaitement aguerri contre les périls & contre la fatigue. Je vois bien, dis-je, que vous allez recouvrer votre honneur à Mons, & que toutes les mauvaifes plaifanteries du voyage de

Gand ne tomberont plus que sur moi. M. de Cavoie a déja assez bien commencé à m'y préparer. Dieu veüille seulement que je les puisse entendre au hazard même d'y mal répondre. Mais à ne vous rien céler, non-seulement mon mal ne finit point, mais je doute même qu'il guérisse. En récompense me voilà fort bien guéri d'ambition & de vanité. Et en vérité je ne sçai si cette guérison-là ne vaut pas bien l'autre, puisqu'à mesure que les honneurs & les biens me fuient, il me semble que la tranquilité me vient. J'ai été une fois à notre Assemblée depuis votre départ. M. de la Chapelle ne manqua pas, comme vous vous le figurez bien, de proposer d'abord une Médaille sur le siége de Mons: & j'en imaginai une sur le, &c.

DU MESME.

A Auteüil le 7 Octobre.

JE vous écrivis avant hier si à la hâte, que je ne sçai si vous aurez bien conçû ce que je vous écrivois, c'est ce qui m'oblige à vous récrire aujourd'hui. Madame Racine vient d'arriver chez moi, qui s'engage à vous faire tenir ma Lettre. L'action de M. de Lorges est très-grande & très belle; & j'ai déja reçû une Lettre de M. l'Abbé Renaudot, qui me mande que M. de Pontchartrain veut qu'on travaille au plûtôt à faire une Médaille pour cette action. Je crois que cela occupe déja fort M. de la Chapelle; mais pour moi je crois qu'il sera assez à tems d'y penser vers la Saint Martin.

Je vous mandois le dernier jour que j'ai travaillé à la Satyre des femmes pendant huit jours, cela est véritable; mais il est vrai aussi que ma fougue poëtique est passée presque aussi vîte qu'elle est venuë, & que je n'y pense plus à l'heure qu'il est. Je crois que lorsque j'aurai tout amassé, il y aura bien cent vers nouveaux d'ajoûtés; mais je ne sçais si je n'en ôterai pas bien vingt-cinq ou trente de la description du Lieutenant & de la Lieutenante Criminelle. C'est un ouvrage qui me tuë, par la multitude des transitions, qui sont, à mon sens, le plus difficile chef-d'œuvre de la Poësie. Comme je m'imagine que vous avez quelque impatience d'en voir quelque chose, je veux bien vous en transcrire ici vingt ou trente vers; mais c'est à la charge que foi d'honnête homme vous ne les montrerez à ame vivante, parce que je veux être absolument maître d'en faire ce que je voudrai; & que d'ailleurs je ne sçai s'ils sont encore en l'état où ils demeureront (1). Mais afin que vous en puissiez voir la suite, je vais vous mettre la fin de l'histoire de la Lieutenante, & de la maniére que je l'ai achevée.

---

(1) Il a en effet changé quelques Vers.

Mais peut-être j'invente une fable frivole;
Soutien donc tout Paris, qui prenant la parole,
Sur ce sujet encore de bons témoins pourvû,
Tout prêt à le prouver, te dira, je l'ai vû.
Vingt ans j'ai vû ce couple uni d'un même vice,
A tous mes habitans montrer que l'Avarice,
Peut faire dans les biens trouver la Pauvreté,
Et nous réduire à pis que la mendicité.
Deux Voleurs qui chez eux pleins d'espérance entrerent,
Enfin un beau matin tous deux les massacrérent:
Digne & funeste fruit du nœud le plus affreux,
Dont l'Himen ait jamais uni deux malheureux.
Ce recit passe un peu l'ordinaire mesure;
Mais un exemple enfin si digne de censure,
Peut-il dans la Satyre occuper moins de mots?
Chacun fait son métier. Suivons notre propos.

Nouveau Prédicateur, aujourd'hui, je l'a-
    voue,
Vrai disciple, ou plûtôt, singe de Bourda-
    loue,
Je me plais à remplir mes Sermons de por-
    traits,
En voilà déja trois peints d'assez heureux
    traits.
La Louve, la Coquette, & la parfaite Avare.
Il faut y joindre encore la revêche bizare,
Qui sans cesse d'un ton par la colére aigri,
Gronde, choque, dément, contredit un
    Mari ;
Qui dans tous ses discours par Quolibets
    s'exprime ;
A toûjours dans la bouche un proverbe,
    une rime,
Et d'un roulement d'yeux aussi-tôt aplau-
    dit,
Au mot aigrement fou qu'au hazard elle
    a dit.
Il n'est point de repos, ni de paix avec elle ;
Son mariage n'est qu'une longue querelle.
Laisse-t'elle un moment respirer son Epoux ?
Ses Valets sont d'abord l'objet de son cour-
    roux.

Et sur le ton grondeur, lorsqu'elle les ha-
rangue,
Il faut voir de quels mots elle enrichit la
langue.
Ma plume ici traçant ces mots par Alpha-
bet,
Pourroit d'un nouveau tome augmenter
Richelet.
Tu crains peu d'essuyer cette étrange furie,
En trop bon lieu, dis-tu, ton Epouse nou-
rie,
Jamais de tels discours ne te rendra martyr.
Mais eut-elle succé la raison dans Saint Cyr,
Crois-tu que d'une fille humble, honnê-
te, charmante,
L'Hymen n'ait jamais fait de femme extra-
vagante?
Combien n'a-t'on point vû de Philis aux
doux yeux,
Avant le mariage, Anges si gracieux,
Tout-à-coup se changeant en Bourgeoises
sauvages,
Vrais Démons apporter l'Enfer dans leurs
ménages,
Et découvrant l'orgueil de leurs rudes es-
prits,

Sous leur fontange altiére afservir leurs
 maris ?

En voilà plus que je ne vous avois promis. Mandez-moi ce que vous y aurez trouvé de fautes plus grofsiéres. J'ai envoyé des pêches à Madame de Caylus, qui les a reçûës, m'a-t-on dit, avec de grandes marques de joïe. Je vous donne le bon foir, & fuis tout à vous.

DE RACINE.

A Verfailles ce Mardy.

Madame de Maintenon m'a dit ce matin, que le Roi avoit réglé notre Penfion à quatre mille francs pour moi, & à deux mille francs pour vous. Cela s'entend fans y comprendre notre penfion de gens de Lettres. Je l'ai fort remerciée pour vous & pour moi. Je viens aufsi tout à l'heure de remercier le Roi. Il m'a paru qu'il avoit quelque peine qu'il y eût de la diminution. Mais je lui ai dit que nous étions trop contens. J'ai plus apuyé encore sur vous que sur moi, & j'ai dit au Roi que vous prendriez la liberté de lui écrire, pour le remercier, n'osant pas lui venir donner la peine d'élever sa voix (1) pour vous parler. J'ai dit en propres paroles : *Sire, il a plus d'esprit que jamais, plus de zèle pour votre Majesté, & plus d'envie de travailler pour votre gloire, qu'il n'en a jamais eüe.* Vous voyez enfin que les choses ont été réglées comme vous l'avez souhaité vous-même. Je ne laisse pas d'avoir une vraïe peine de ce qu'il semble que je gagne à cela plus que vous (2). Mais outre les dépenses & les fatigues des voyages dont je suis assez aise que vous soyez délivré; je vous connois si noble & si plein d'amitié, que je suis assuré que vous souhaiteriez de bon cœur que je fusse encore mieux traité. Je serai très-content si vous

___

(1) Boileau commençoit à devenir un peu sourd.
(2) Que ce scrupule est devenu rare parmi les gens de Lettres.

vous l'êtes en effet. J'espére vous revoir bien-tôt. Je demeure ici pour voir de quelle maniére la chose doit tourner: car on ne m'a point encore dit si c'est par un brévet, ou si c'est à l'ordinaire sur la cassette. Je suis entiérement à vous. Il n'y a rien de nouveau ici. On ne parle que du voyage, & tout le monde n'est occupé que de ses équipages. Je vous conseille d'écrire quatre lignes au Roi, & autant à Madame de Maintenon, qui assûrément s'interresse toûjours avec beaucoup d'amitié à tout ce qui vous touche. Envoyez-moi vos Lettres par la poste, ou par votre Jardinier, comme vous le jugerez à propos.

DE BOILEAU.

A Paris ce 9. Avril.

EStes vous fou, avec vos complimens ? Ne sçavez vous pas bien que c'est moi qui ai, pour ansi dire, prescrit la chose de la maniére qu'elle s'est faite ? Et pouvez-vous douter que je ne sois parfaitement content d'une affaire où l'on m'accorde tout ce que je demande ? Tout va le mieux du monde, & je suis encore plus réjoüi pour vous que pour moi-même. Je vous envoye deux Lettres, que j'écris, suivant vos conseils, l'une au Roi, & l'autre à Madame de Maintenon. Je les ai écrites sans faire de broüillon, & je n'ai point ici de conseil. Ainsi je vous prie d'examiner si elles sont en état d'être données, afin que je les réforme si vous ne les trouvez pas bien. Je vous les envoye pour cela toutes décachetées; & supofé que vous trouviez à propos de les presenter, prenez la peine d'y mettre votre cachet. Je verrai aujourd'hui Madame Racine pour la féliciter. Je vous donne le bon jour, & suis tout à vous. Je ne reçûs votre Lettre qu'hier tout au soir, & je vous envoie mes trois Lettres à huit heures par la poste. Voilà, ce me semble, une assez grande diligence pour le plus paresseux de tous les hommes.

DE RACINE.

A Versailles ce 11. *Avril.*

JE vous renvoye vos deux Lettres avec mes remarques, dont vous ferez tel usage qu'il vous plaira. Tâchez de me les renvoyer avant six heures, ou pour mieux dire, avant cinq heures & demie du soir, afin que je les puisse donner avant que le Roi entre chez Madame de Maintenon. J'ai trouvé que *la trompette & les sourds* étoient trop joüés, (1) & qu'il ne falloit point trop apuyer sur votre incommodité, moins encore chercher de l'esprit sur ce sujet. Du reste les Lettres seront fort bien, & il n'en faut pas davantage. Je m'assure que vous donnerez un meilleur tour aux choses que j'ai ajoûtées. Je ne veux point faire attendre votre Jardinier. Je n'ai point encore de nouvelles de la maniére dont no-

---

(1) Boileau avoit apparemment fait sur sa surdité, quelque plaisanterie qui ne plût pas à l'ami dont il faisoit son juge.

tre affaire sera tournée. M. de Chévreuse veut que je le laisse achever
ce qu'il a commencé, & dit que nous
nous en trouverons bien. Je vous conseille de lui écrire un mot à votre loisir. On ne peut pas avoir plus d'a-
mitié qu'il en a pour vous.

AU MESME.

VOs deux lettres sont à merveilles, & je les donnerai tantôt.
M. de Pontchartrain oublia de parler
hier, & ne peut parler que Dimanche. Mais j'en fus bien aise, parce
que M. de Chévreuse aura le tems
de le voir. M. de Pontchartrain me
parla de notre autre pension, & de la
petite Académie; mais avec une bonté incroyable, en me disant que dans
un autre tems il prétend bien faire
d'autres choses pour vous & pour
moi. Je ne crois pas aller à Auteuil;
ainsi ne m'y attendez point. Je ne
crois pas même aller à Paris encore
demain : & en ce cas je vous prie de
tout mon cœur de faire bien mes ex-

cufes à M. de Pontchartrain, que j'ai une extrême impatience de revoir. Madame fa mere me demanda hier fort obligeamment, fi nous n'allions pas toûjours chez lui. Je lui dis que c'étoit bien notre deffein de recommencer à y aller.

J'envoie à Paris pour un volume de M. de Noailles, que mon Laquais prétend avoir reporté chez lui, & qu'on n'y trouve point. Cela me défole. Je vous prie de lui dire fi vous ne croyez point l'avoir chez vous. Je vous donne le bon jour.

AU MESME.

A Compiegne le 4. Mai.

M. Des Granges m'a dit qu'il avoit fait figner hier nos Ordonnances, & qu'on les feroit vifer par le Roi après demain, qu'enfuite il les enverroit à M. Dongois, de qui vous les pourrez retirer. Je vous prie de me garder la mienne jufqu'à mon retour. Il n'y a point ici de nouvelles. Quelques gens veulent que le siége de Casal soit levé ; mais la chose est fort douteuse, & on n'en sçait rien de certain. Six Armateurs de Saint Malo ont pris dix-sept Vaisseaux d'une flotte marchande des ennemis, & un Vaisseau de guerre de 60 piéces de canon. Le Roi est en parfaite santé, & ses troupes merveilleuses. Quelque horreur que vous ayez pour les méchans Vers, je vous exhorte à lire Judith, & sur-tout la Préface, dont je vous prie de me mander votre sentiment. Jamais je n'ai rien vû de si méprisé que tout cela l'est en ce pays-ci ; & toutes vos prédictions sont accomplies. Adieu, Monsieur, je suis entiérement à vous.

AU MESME.

A Fontainebleau le 2. Octobre.

Votre ancien Laquais, dont j'ai oublié le nom, m'a fait grand plaisir ce matin, en m'aprenant de vos nouvelles. A ce que je vois, vous êtes dans une fort grande solitude à Auteüil, & vous n'en partez point. Est-il possible que vous puissiez être si long-tems seul, & ne point faire du tout de Vers? Je m'attends qu'à mon retour je trouverai votre satyre des Femmes entiérement achevée. Pour moi il s'en faut bien que je sois aussi solitaire que vous. M. de Cavoie a voulu encore à toute force que je logeasse chez lui, & il ne m'a pas été possible d'obtenir de lui que je fisse tendre un lit dans votre maison, où je n'aurois pas été si magnifiquement que chez lui; mais j'y aurois été plus tranquilement, & avec plus de liberté.

On reçût hier de bonnes nouvelles d'Allemagne. M. le Maréchal de Lorge ayant fait assiéger, par un détachement de son Armée, une petite ville nommée Pforzeim, entre Philisbourg & Dourlarch, les Allemans ont voulu s'avancer pour la secourir. Il a eu avis qu'un corps de quarante escadrons avoit pris les devants, & n'étoit qu'à une lieuë & demie de lui, ayant devant eux un ruisseau assez difficile à passer. La ville a été pri-

dès le premier jour, & 500. hommes qui étoient dedans ont été faits prisonniers de guerre. Le lendemain M. de Lorge a marché avec toute son armée sur ces quarante escadrons que je vous ai dit, & a fait d'abord passer le ruisseau à seize de ses escadrons soutenus du reste de la cavalerie. Les ennemis voyant qu'on alloit à eux avec cette vigueur, s'en sont fuis à vauderoute, abandonnant leurs tentes & leur bagage, qui a été pillé. On leur a pris deux piéces de canon, deux paires de timbales, & neuf étendarts, quantité d'Officiers; entre autres leur Général, qui est oncle de M. de Virtemberg, & administrateur de ce Duché, un Général-Major de Baviere, & plus de treize cens Cavaliers. Ils en ont eu près de neuf cens tués sur la place. Il ne nous en a coûté qu'un Maréchal des-Logis, un Cavalier, & six Dragons. M. de Lorge a abandonné au pillage la ville de Pforzeim, & une autre petite ville auprès de laquelle étoient campés les ennemis. C'a été comme vous voyez, une déroute, & il n'y a pas eu, à proprement parler, aucun coup de tiré de leur part. Tout ce qu'on a pris & tué, ç'a été en les poursuivant. Le Prince d'Orange est parti pour la Hollande. Son armée s'est raprochée de Gand, & apparemment se séparera bien-tôt. M. de Luxembourg me mande qu'il est en parfaite santé. Le Roi se porte à merveilles.

AU MESME.

A Marly le 6. Août au matin.

JE ferai vos presens ce matin. Je ne sçai pas bien encore quand je vous reverrai, parce qu'on attend à toute heure des nouvelles d'Allemagne. La victoire de M. de Luxembourg est bien plus grande que nous ne pensions, & nous n'en sçavions pas la moitié. Le Roi reçoit tous les jours des Lettres de Bruxelles, & de mille autres endroits, par où il aprend que les ennemis n'avoient pas une troupe ensemble le lendemain de la bataille. Presque toute l'Infanterie qui restoit avoit jetté ses armes. Les troupes Hollandoises se sont la plûpart enfuies jusqu'en Hollande. Le Prince d'Orange, qui pensa être pris, après avoir fait des merveilles, coucha le soir, lui huitiéme, avec M. de Baviere, chez un Curé près de Loo. Nous avons 25 ou 30 drapeaux, 55 étendarts, 76 piéces de canon, 8 mortiers, 9 pontons, sans tout ce qui est tombé dans la riviere. Si nos chevaux, qui n'avoient point mangé depuis deux fois 24 heures, eussent pû marcher, il ne resteroit pas un corps de troupes aux ennemis. Tout en vous écrivant il me vient en pensée de vous envoyer deux Lettres, une de Bruxelles, l'autre de Vilvorde, & un récit du combat en général, qui me fut dicté hier au soir par M. d'Albergotti. Croyez que c'est comme si M. de Luxembourg l'avoit dicté lui-même. Je ne sai si vous le pourrez lire ; car en écrivant j'étois accablé de sommeil, à peu près comme étoit M. Puy-Morin, en écrivant ce bel Arrêt sous M. Dongois (1). Le Roi est trans-

---

(1) M. Dongois étant obligé de passer la nuit à

porté de joie, & tous ses Ministres, de la grandeur de cette action. Vous me feriez un fort grand plaisir, quand vous aurez lû tout cela, de l'envoyer bien cacheté, avec cette même Lettre que je vous écris, à M. l'Abbé Renaudot, afin qu'il ne tombe point dans l'inconvénient de l'année passée. Je suis assuré qu'il vous en aura obligation. Il pourra distribuer une partie des choses que je vous envoie en plusieurs articles, tantôt sous celui de Bruxelles, tantôt sous celui de Landesermé, où M. de Luxembourg campa le 31 Juillet, à demi lieue du Champ-de-bataille, tantôt même sous l'article de Malines, ou de Vilvorde.

Il saura d'ailleurs les actions des principaux particuliers, comme, que M. de Chartres chargea trois ou quatre fois à la tête de divers escadrons, & fut débarassé des ennemis, ayant blessé de sa main l'un d'eux qui le vou-

---

dresser le dispositif d'un Arrêt d'ordre, le dictoit à M. Puy-Morin, frere de Boileau, & M. Puy-Morin écrivoit si promptement, que M. Dongois étoit étonné que ce jeune homme eut tant de disposition pour la pratique. Après avoir dicté pendant deux heures, il voulut lire l'Arrêt, & trouva que le jeune Puy-Morin n'avoit écrit que le dernier mot de chaque phrase.

loit emmener ; le pauvre Vacoigne tué à son côté ; M. d'Arci, son Gouverneur, tombé aux pieds de ses chevaux, le sien ayant été blessé ; la Bertiére son Sous-Gouverneur, aussi blessé. M. le Prince de Conti chargea aussi plusieurs fois, tantôt avec la Cavalerie, tantôt avec l'Infanterie, & regagna pour la troisiéme fois le fameux Village de Nervinde, qui donne le nom à la bataille, & reçut sur la tête un coup de sabre d'un des ennemis, qu'il tua sur le champ. M. le Duc chargea de même, regagna la seconde fois le Village, à la tête de l'Infanterie, & combattit encore à la tête de plusieurs Escadrons de Cavalerie. M. de Luxembourg étoit, dit-on, quelque chose de plus qu'humain, volant par-tout, & même s'opiniâtrant à continuer les attaques, dans le tems que les plus braves étoient rebutés, menant en personne les Bataillons & les Escadrons à la charge. M. de Montmorenci, son fils aîné, après avoir combattu plusieurs fois à la tête de sa Brigade de Cavalerie, reçut un coup de mousquet dans le tems qu'il se mettoit au-devant de son Pere pour le couvrir d'une décharge horrible que les ennemis firent sur lui. M. le Comte son Frere, a été blessé à la jambe ; M. de la Rocheguyon au pied, & tous les autres que fait M. l'Abbé ; M. le Maréchal de Joyeuse blessé aussi à la cuisse, & retournant au combat après sa blessure. M. le Maréchal de Villeroi entra dans les lignes ou retranchemens, à la tête de la Maison du Roi.

Nous avons 1400. prisonniers, entre lesquels 165. Officiers, plusieurs Officiers Généraux, dont on aura sans doute donné les noms. On croit le pauvre Ruvigni tué ; on a ses étendarts, & ce fut à la tête de son Régiment de François, que le Prince d'Orange chargea nos Escadrons, en renversa quelques-uns, & enfin fut renversé lui-même. Le Lieutenant-Colonel de ce Régiment, qui fut pris, dit à ceux qui le prenoient, en leur montrant de loin le Prince d'Orange : *Tenez, Messieurs, voilà celui qu'il vous falloit prendre.* Je conjure M. l'Abbé Renaudot, quand il aura fait son usage de tout ceci, de bien recacheter,

& cette Lettre, & mes Mémoires, & de les renvoyer chez moi.

Voici encore quelques particularités. Plusieurs Généraux des ennemis étoient d'avis de repasser d'abord la riviére. Le Prince d'Orange ne voulut pas : l'Electeur de Baviere dit qu'il falloit au contraire rompre tous les ponts, & qu'ils tenoient à ce coup les François. Le lendemain du combat M. de Luxembourg a envoyé à Tirlemond, où il étoit resté plusieurs Officiers ennemis blessés, entre autres le Comte de Solms, Général de l'Infanterie, qui s'est fait couper la jambe. M. de Luxembourg, au lieu de les faire transporter en cet état, s'est contenté de leur parole, & leur a fait offrir toutes sortes de rafraichissemens. *Quelle Nation est la vôtre ?* s'écria le Comte de Somls, en parlant au Chevalier du Rozel, *Vous vous battez comme des Lions, & vous traitez les vaincus comme s'ils étoient vos meilleurs amis.* Les ennemis commencent à publier que la poudre leur manqua tout-à-coup, voulant par-là excuser leur défaite. Ils ont tiré plus de neuf mille coups de canon, & nous quelques cinq ou six mille.

Je fais mille complimens à M. l'Abbé Renaudot ; & j'exciterai ce matin M. de Croiſſy à empêcher, s'il le peut, le malheureux Mercure galant, de défigurer notre victoire.

Il y avoit ſept lieuës du camp dont M. de Luxembourg partit, juſqu'à Nervinde. Les ennemis avoient 55. bataillons, & 160. eſcadrons.

DE BOILEAU.

A Paris ce 4. Juin.

JE vous écrivis hier au ſoir une aſſez longue Lettre, & qui étoit toute remplie du chagrin que j'avois alors, cauſé par un tempéramment ſombre qui me dominoit, & par un reſte de maladie ; mais je vous en écris une aujourd'hui toute pleine de la joïe que m'a cauſée l'agréable nouvelle que j'ai reçûë. Je ne ſaurois vous exprimer l'allégreſſe qu'elle a excitée dans toute notre famille. Elle a fait changer de caractère à tout le monde. M.

Dongois le Greffier est presentement un homme jovial & folâtre. M. l'Abbé Dongois, un bouffon & un badin. Enfin il n'y a personne qui ne se signale par des témoignages extraordinaires de plaisir & de satisfaction, & par des loüanges & des exclamations sans fin sur votre bonté, votre générosité, votre amitié, &c. A mon sens néanmoins, celui qui doit être le plus satisfait, c'est vous, & le contentement que vous devez avoir en vous même d'avoir obligé si efficacement dans cette affaire, tant de personnes qui vous estiment & qui vous honorent depuis si long-tems, est un plaisir d'autant plus agréable, qu'il ne procéde que de la vertu, & que les ames du commun ne sauroient ni se l'attirer ni le sentir. Tout ce que j'ai à vous prier maintenant, c'est de me mander les démarches que vous croyez qu'il faut que je fasse à l'égard du Roi, & du P. de la Chaize; & non seulement s'il faut, mais à peu près ce qu'il faut que je leur écrive. M. le Doyen de Sens ne sait encore rien de ce qu'on a fait pour lui. Jugez de sa surprise, quand il aprendra tout d'un coup le bien imprévû & excessif que vous lui avez fait. Ce que j'admire le plus, c'est la félicité de la circonstance, qui a fait que demandant pour lui la moindre de toutes les Chanoinies de la Sainte Chapelle, nous lui avons obtenu la meilleure. *O factum bene.* Vous pouvez compter que vous aurez désormais en lui un homme qui disputera avec moi de zèle & d'amitié pour vous. J'avois résolu de ne vous envoyer la suite de mon Ode sur Namur, que quand je l'aurois mise en état de n'avoir plus besoin que de vos corrections. Mais en vérité vous m'avez fait trop de plaisir, pour ne pas satisfaire sur le champ la curiosité que vous avez peut-être conçuë de la voir. Ce que je vous prie, c'est de ne la montrer à personne, & de ne la point épargner. J'y ai hazardé des choses fort neuves, jusqu'à parler de la plume blanche que le Roi a sur son chapeau. Mais à mon avis, pour trouver des expressions nouvelles en Vers, il faut parler de choses qui n'ayent point été dites en vers. Vous en jugerez, sauf à tout changer, si cela vous déplaît.

(1) L'Ode sera de dix-huit Stances. Cela fait cent quatre-vingt vers. Je ne croyois pas aller si loin. Voici ce que vous n'avez point vû. Je vais le mettre sur l'autre feüillet.

 Déployez toutes vos rages,
 Princes, vents, peuples, frimats,
 Ramassez tous vos nuages,
 Rassemblez tous vos soldats.
 Malgré vous Namur en poudre
 S'en va tomber sous la foudre
 Qui dompta Lille, Courtray,
 Gand, la constante Espagnole,
 Luxembourg, Besançon, Dole,
 Ipres, Mastricht, & Cambray.

 Mes présages s'accomplissent,
 Il commence à chanceler.
 Je vois ses murs qui frémissent,
 Déja prêts à s'écrouler.
 Mais en feu qui les domine,
 De loin souffle leur ruïne :
 Et les bombes dans les airs

---

(1) On aprend par ces Lettres, & par celle dans laquelle mon Pere lui demande son avis sur un de ses Cantiques spirituels, de quelle maniere ces deux amis se consultoient mutuellement sur leurs Ouvrages.

Allant chercher le tonnerre,
Semblent tombant sur la terre
Vouloir s'ouvrir les Enfers.

Aprochez, troupes altières,
Qu'unit un même devoir :
A couvert de ces rivieres,
Venez, vous pouvez tout voir.
Contemplez bien ces aproches,
Voyez détacher ces roches,
Voyez ouvrir ce terrein,
Et dans les eaux, dans la flamme,
LOUIS à tout donnant l'ame,
Marcher tranquille & serein.

Voyez dans cette tempête,
Par-tout se montrer aux yeux,
La plume qui ceint sa tête
D'un cercle si glorieux.
A sa blancheur remarquable,
Toujours un sort favorable
S'attache dans les combats ;
Et toujours avec la gloire,
Mars, & sa sœur la Victoire,
Suivent cet astre à grands pas.

Grands défenseurs de l'Espagne,
Accourez tous, il est tems.
Mais déja vers la Méhaigne,

Je vois vos drapeaux flottans.
Jamais ses ondes craintives
N'ont vû sur leurs foibles rives,
Tant de guerriers s'amasser.
Marchez donc, troupe héroïque (1)
Au-delà de ce Granique,
Que tardez-vous d'avancer ?

Loin de fermer le passage,
A vos nombreux Bataillons,
Luxembourg a du rivage
Reculé ses pavillons.
Hé quoi, son aspect vous glace !
Où sont ces Chefs pleins d'audace,
Jadis si prompt à marcher,
Qui devoient de la Tamise,
Et de la Drave soumise,
Jusqu'à Paris nous chercher ?

Cependant l'effroi redouble
Sur les remparts de Namur ;
Son Gouverneur qui se trouble,
S'enfuit sous son dernier mur.
Déja jusques à ses portes
Je vois nos fieres cohortes
S'ouvrir un large chemin ;
Et sur les monceaux de piques,

---

[1] On trouve ici plusieurs Vers que l'Auteur a changés.

De corps morts, de rocs, & de briques:
Monter le fabre à la main.

C'en eft fait, je viens d'entendre
Sur les remparts éperdus
Battre un fignal pour fe rendre.
Le feu ceffe. Ils font rendus.
Rapellez votre conftance,
Fiers ennemis de la France;
Et déformais gracieux,
Allez à Liége, à Bruxelles,
Porter les humbles nouvelles,
De Namur pris à vos yeux.

Pour moi que Phébus anime
De fes tranfports les plus doux,
Rempli de ce Dieu fublime
Je vais, plus hardi que vous,
Montrer que fur le Parnaffe,
Des bois fréquentés d'Horace,
Ma Mufe fur fon déclin
Sait encore les avenuës,
Et des fources inconnuës
A l'Auteur du Saint Paulin. (1)

___

(1) On verra dans la Lettre fuivante que Boileau reconnut bien-tôt des negligences qui lui etoient échapées dans le morceau précédent, & qu'il a eu grand foin de corriger. Les meilleurs Poëtes ne s'en aperçoivent pas dans la chaleur de la compofition.

Je vous demande pardon de la peine que vous aurez peut-être à déchiffrer tout ceci, que je vous ai écrit fur un papier qui boit. Je vous le récrirois bien ; mais il eft près de midi, & j'ai peur que la pofte ne parte. Ce fera pour une autre fois. Je vous embraffe de tout mon cœur.

DU MESME.

A Paris le 9. Juin.

JE vous écrivis hier avec toute la chaleur qu'infpire une méchante nouvelle, le refus que fait l'Abbé de Paris de fe démettre de fa Chanoinie. Ainfi vous jugerez bien par ma Lettre, que ce ne font pas à l'heure qu'il eft des remercimens que je médite, puifque je fuis même honteux de ceux que j'ai déja faits. A vous dire le vrai, le contretems eft fâcheux ; & quand je fonge aux chagrins qu'il m'a déja caufés, je voudrois prefque n'avoir jamais penfé à ce bénéfice pour mon frere. Je n'aurois pas la douleur de voir que vous vous soyez peut-être donné tant de peine si inutilement. Ne croyez pas toutefois, quoi qu'il puisse arriver, que cela diminuë en moi le sentiment des obligations que je vous ai. Je sens bien qu'il n'y a qu'une étoile bizare & infortunée qui pût empêcher le succès d'une affaire si bien conduite, & où vous avez également signalé votre prudence & votre amitié. Je vous ai mandé par ma derniere Lettre, ce que M. de Pontchartrain avoit répondu à M. l'Abbé Renaudot touchant nos Ordonnances; comme il a fait de la distinction entre les raisons que vous aviez de le presser, & celles que j'avois d'attendre.

Je ne doute point, Monsieur, que vous ne soyez à la veille de quelque grand & heureux événement; & si je ne me trompe, le Roi va faire la plus triomphante campagne qu'il ait jamais faite. Il fera grand plaisir à M. de la Chapelle, qui, si nous l'en voulions croire, nous engageroit déja à imaginer une Médaille sur la prise de Bruxelles, dont je suis persuadé qu'il a déja fait le type en lui-même. Vous m'avez fort réjoüi de me mander la part qu'a Madame de Maintenon dans notre affaire. Je ne manquerai pas de me donner l'honneur de lui écrire; mais il faut auparavant que notre embarras soit éclairci, & que je sache s'il faut parler sur le ton gai, ou sur le ton triste. Voici la quatriéme Lettre que vous devez avoir reçûë de moi depuis six jours. Trouvez bon que je vous prie encore ici de ne rien montrer à personne du fragment informe que je vous ai envoyé, & qui est tout plein des négligences d'un Ouvrage qui n'est point encore digéré. Le mot de *voir* y est répété partout jusqu'au dégoût. La Stance, *Grands défenseurs de l'Espagne*, &c. rebat celle qui dit: *Aprochez, troupes altières*, &c. Celle sur la plume blanche du Roi est encore un peu en maillot, & je ne sai si je la laisserai avec *Mars & sa sœur la Victoire*. J'ai déja retouché à tout cela; mais je ne veux point l'achever que je n'aye reçû vos remarques, qui sûrement m'éclaireront encore l'esprit. Après quoi je vous enverrai l'ouvrage complet. Mandez-moi si vous croyez que je doive parler de

M.

M. de Luxembourg. Vous n'ignorez pas combien notre Maître est chatoüilleux sur les gens qu'on associe à ses loüanges. Cependant j'ai suivi mon inclination. Adieu, mon cher Monsieur, croyez qu'heureux ou malheureux, gratifié ou non gratifié, payé ou non payé, je serai toujours tout à vous.

DU MESME.

A Paris le 13. Juin 1693.

JE ne suis revenu que ce matin d'Auteuil, où j'ai été passer durant quatre jours la mauvaise humeur que m'avoit donné le bizarre contretems qui nous est arrivé dans l'affaire de la Chanoinie. J'ai reçû, en arrivant à Paris, votre derniere Lettre, qui m'a fort consolé, aussi bien que celle que vous avez écrite à M. l'Abbé Dongois. J'ai été fort surpris d'aprendre que M. de Chanlai n'avoit point encore reçû le compliment que je lui ai envoyé sur le champ, & qui a été porté à la poste en même-tems que la Lettre que j'ai écrite au R. P. de la Chaize. Je lui en écris un nouveau, afin qu'il ne me soupçonne pas de paresse dans une occasion où il m'a si bien marqué, & sa bonté pour moi, & sa diligence à obliger mon frere. Mais de peur d'une nouvelle méprise, je vous l'envoye, ce compliment, empaqueté dans ma Lettre, afin que vous lui rendiez en main propre. Je ne saurois vous exprimer la joie que j'ai du retour du Roi. La nouvelle bonté que Sa Majesté m'a témoignée, en accordant à mon frere le bénéfice que nous demandons, a encore augmenté le zèle & la passion très sincère que j'ai pour elle. Je suis ravi de voir que sa sacrée Personne ne sera point en danger cette campagne: & gloire pour gloire, il me semble que les lauriers sont aussi bons à cueillir sur le Rhin & sur le Danube, que sur l'Escaut & sur la Meuse. Je ne vous parle point du plaisir que j'aurai à vous embrasser plutôt que je ne croyois; car cela s'en va sans dire.

 Vous avez bien fait de ne me point envoyer par écrit vos remarques sur mes Stances, & d'attendre à m'en entretenir que vous soyez de retour, puisque pour en bien juger, il faut que je vous aie communiqué auparavant les différentes manieres dont je les puis tourner, & les retranchemens, ou les augmentations que j'y puis faire. Je vous prie de bien témoigner au R. P. de la Chaize, l'extrême reconnoissance que j'ai de toutes ses bontés. Nous devons encore aller Lundi prochain, M. Dongois & moi, prendre Madame Racine, pour la mener avec nous chez M. de Bie, qui ne doit être revenu de la campagne que ce jour-là. J'ai fait ma sollicitation pour vous à M. l'Abbé Bignon. Il m'a dit que c'étoit une chose un peu difficile à l'heure qu'il est, d'être payé au Trésor Royal. Je lui ai représenté que vous étiez actuellement dans le service, & qu'ainsi vous étiez au même droit que les Soldats & les autres Officiers du Roi. Il m'a avoué que je disois vrai, & s'est chargé d'en parler très-fortement à M. de Pontchartrain. Il me doit rendre réponse aujourd'hui à notre Assemblée. Adieu le Type de M. de la Chapelle sur Bruxelles. Il étoit pourtant imaginé fort heureusement, & fort à propos. Mais à mon sens, les Médailles prophétiques dépendent un peu du hazard, & ne sont pas toujours sûres de réussir. Nous voilà revenus à Heidelberg. Je propose pour mot, *Heidelberga deleta* ; & nous verrons ce soir si on l'acceptera, ou les deux Vers Latins que propose M. Charpentier, & qu'il trouve d'un goût merveilleux pour la Médaille. Les voici : *Servare potui, perdere si possim rogas.* Or comment cela vient à Heidelberg, c'est à vous à le deviner ; car ni moi, ni même, je crois, M. Charpentier, n'en savons rien. Je ne vous parle presque point, comme vous voyez, de notre chagrin sur la Chanoinie, parce que vos Lettres m'ont rassûré, & que d'ailleurs il n'y a point de chagrin qui tienne contre le bonheur que vous me faites espérer de vous revoir bientôt ici de retour. Adieu, mon cher Monsieur, aimez-moi toujours, & croyez qu'il n'y a personne qui vous honore & vous revere plus que moi.

AU MESME.

A Paris Jeudi au soir.

JE ne saurois, mon cher Monsieur, vous exprimer ma surprise, & quoique j'eusse les plus grandes espérances du monde, je ne laissois pas encore de me défier de la fortune de M. le Doyen. C'est vous qui avez tout fait, puisque c'est à vous que nous devons l'heureuse protection de Madame de Maintenon. Tout mon embarras maintenant est de savoir comment je m'acquitterai de tant d'obligations que je vous ai. Je vous écris ceci de chez M. Dongois le Greffier, qui est sincerement transporté de joie, aussi-bien que toute notre famille; & de l'humeur dont je vous connois, je suis sûr que vous seriez ravi vous même de voir combien d'un seul coup vous avez fait d'heureux. Adieu, mon cher Monsieur, croyez qu'il n'y a personne qui vous aime plus sincerement, ni par plus de raison que moi. Témoignez bien à M. de Cavoie, la joie que j'ai de sa joie ; & à M. de Luxembourg mes profonds respects. Je vous donne le bon soir, & suis autant que je le dois, tout à vous.

DE RACINE A M. DE BONREPEAUX.

A Paris ce 28 Juillet.

MOn absence hors de cette Ville est cause que je ne vous ai point écrit depuis dix jours. Il s'est pourtant passé beaucoup de choses très-dignes de vous être mandées. M. de Luxembourg, après avoir battu un Corps de cinq mille chevaux, commandé par le Comte de Tilly, a mis le siége devant Huy, dont il a pris la Ville & le Château en trois jours, & de-là a marché au Prince d'Orange, avec lequel il est peut-être aux mains à l'heure qu'il est. Monseigneur a passé le Rhin, & s'étant mis à la tête d'une armée de plus de 66 mille hommes, a marché droit au Prince de Bade ; en intention de le chercher partout pour le combattre, & de l'attaquer même dans ses retranchemens, s'il prend le parti de se retrancher. Mais ce qui a le plus réjouï tout le public, c'est la déroute de la flotte de Hollande & d'Angleterre, qui est tombée au Cap de Saint Vincent entre les mains de M. de Tourville. J'entretins hier son Courrier, qui est le Chevalier de Saint Pierre, frere du Comte de Saint Pierre, lequel fut cassé il y a deux ans. Je vous dirai en passant, qu'on trouve que M. de Tourville a fait fort honnêtement d'envoyer dans cette occasion le Chevalier de Saint Pierre : & on espere que la bonne nouvelle dont il est chargé, fera peut-être rétablir son frere. Quoi qu'il en soit, la flotte, qu'on appelle de Smyrne, a donné tout droit dans l'embuscade. Le Vice-Amiral Rouh, qui l'escortoit, d'aussi loin qu'il a découvert notre armée navale, a pris la fuite, & il a été impossible de le joindre. Il avoit pourtant 26 ou 27 vaisseaux de guerre. Les pauvres Marchands se voyant abandonnés, ont fait ce qu'ils ont pû pour se sauver. Les uns se sont échoués à la côte de Lagos, les autres sous les murailles de

Cadis, & il y en a eu quelque trente-six qui ont trouvé moyen d'entrer dans le port. On leur a brûlé ou coulé à fond 45 Navires Marchands, & deux de guerre : & on leur a pris deux bons vaisseaux de guerre Hollandois tous neufs de 66 piéces de canon, & 25 Navires Marchands, sans compter deux vaisseaux Genois, qui étoient chargés pour des Marchands d'Amsterdam, & dont le Chevalier de Saint Pierre, qui est venu dessus jusqu'à Roses, estime la charge au moins six cens mille écus. On ne doute pas qu'une perte si considérable n'excite de grandes clameurs contre le Prince d'Orange, qui avoit toujours assûré les Alliés, que nous ne mettrions cette année à la mer que pour nous enfuir, & nous empêcher d'étre brûlés. Le Chevalier de Saint Pierre a rencontré le Comte d'Etrées à peu près à la hauteur de Malque, & prêt à entrer dans le Détroit. Le Roi a été très-aise de cette nouvelle, que l'on a sçûe d'abord par un Courier du Duc de Grammond, & par des Lettres des Marchands. On parle fort ici des mouvemens qui se font au pays où vous étes ; & il paroît qu'on en est fort content par avance. Nous soupâmes hier, M. de Cavoie & moi, chez M. &c.

A BOILEAU.

A Versailles le 9 Juillet.

JE vais aujourd'hui à Marli, où le Roi demeurera près d'un mois ; mais je ferai de tems en tems quelques voyages à Paris, & je choisirai les jours de la petite Académie. Cependant je suis bien fâché que vous ne m'ayez pas donné votre Ode : j'aurois peut-être trouvé quelque occasion de la lire au Roi. Je vous conseille même de me l'envoyer. Il n'y a pas plus de 2 lieues d'Auteuil à Marli. Votre Laquais n'aura qu'à me demander & me chercher dans l'appartement de M. Félix. Je vous prie de renvoyer mon fils à sa mere ; j'apprehende que votre grande bonté, ne vous coûte un peu trop d'incommodité. Je suis entierement à vous.

AU MESME.

A Paris ce Lundi 20. *Janvier* 1698.

J'Ai reçû une Lettre de la Mere Abbesse de Port-Royal, qui me charge de vous faire mille remerciemens de vos Epîtres, que je lui ai envoyées de votre part. On y est charmé, & de l'Epître de l'amour de Dieu, & de la maniere dont vous parlez de M. Arnaud. On voudroit même que ces Epîtres fussent imprimées en plus petit volume. Ma fille aînée, à qui je les ai aussi envoyées, a été transportée de joie, de ce que vous vous souvenez encore d'elle. Je pars dans ce moment pour Versailles, d'où je ne reviendrai que Samedi. J'ai laissé à ma femme ma quittance pour recevoir ma pension d'homme de Lettres.

A BOILEAU.

A Auteuil Mercredi.

JE crois que vous serez bien aise d'être instruit de ce qui s'est passé dans la visite que nous avons ce matin, suivant votre conseil, rendue, mon frere & moi, au Reverend Pere de la Chaize. Nous sommes arrivés chez lui sur les neuf heures du matin; & sitôt qu'on lui a dit notre nom, il nous a fait entrer. Il nous a reçûs avec beaucoup de bonté, m'a fort obligeamment interrogé sur mes maladies, & a paru fort content de ce que je lui ai dit que mon incommodité n'augmentoit point. Ensuite il a fait apporter des chaises, s'est mis tout proche de moi, afin que je le pusse mieux entendre, & aussi-tôt entrant en matiere, m'a dit que vous lui aviez lû un Ouvrage de ma façon, où il y avoit beaucoup de bonnes choses ; mais que la matiere que j'y traitois, étoit une matiere fort délicate, & qui demandoit beaucoup de savoir pour en parler. Qu'il avoit autrefois enseigné la Théologie, & qu'ainsi il devoit être instruit de cette matiere à fond. Qu'il falloit faire une grande différence de l'amour affectif d'avec l'amour effectif. Que ce dernier étoit absolument nécessaire, & entroit dans l'attrition, au-lieu que l'amour affectif venoit de la contrition parfaite. Que celui-ci justifioit par lui-même le pécheur, au-lieu que l'amour effectif n'avoit d'effet qu'avec l'absolution du Prêtre. Enfin il nous a débité en assez bons termes, & fort longuement, tout ce que beaucoup d'Auteurs Scolastiques ont écrit sur ce sujet, sans pourtant oser dire comme eux, que l'Amour de Dieu, absolument parlant, n'est point nécessaire pour la justification du pécheur. Mon frere le Chanoine applaudissoit des yeux & du geste à chaque mot qu'il disoit, témoignant être ravi de sa doctrine, & de son énonciation. Pour moi je suis demeuré assez froid & assez immobile. Et enfin lorsqu'il a été las de parler, je lui ai dit que j'avois été fort surpris qu'on m'eût prêté des charités auprès de lui, &

qu'on lui eût donné à entendre que j'avois fait un Ouvrage contre les Jésuites. Que ce seroit une chose bien étrange, si, soutenir qu'on doit aimer Dieu, s'appelloit écrire contre les Jésuites. Que mon frere avoit apporté avec lui vingt passages de dix ou douze de leurs plus fameux Ecrivains, qui soutenoient qu'on doit nécessairement aimer Dieu, & en des termes beaucoup plus forts que ceux qui étoient dans mes vers. Que j'avois si peu songé à écrire contre sa Société, que les premiers à qui j'avois lû mon Ouvrage c'étoit six Jésuites des plus célébres, qui m'avoient tous dit unanimement, qu'un Chrétien ne pouvoit pas avoir d'autres sentimens sur l'Amour de Dieu, que ceux que j'avois mis en rime. Qu'ensuite j'avois brigué de le lire à M. l'Archevêque de Paris, qui en avoit paru transporté, aussi-bien que M. de Meaux. Que néantmoins si sa Reverence croyoit mon Ouvrage perilleux, je venois présentement pour le lui lire, afin qu'il m'instruisît de mes fautes. Que je lui faisois donc le même compliment que j'avois fait à M. l'Archevêque, lorsque je le lui recitai, qui étoit que je ne venois pas pour être loué, mais pour être approuvé. Que je le priois donc de me prêter une vive attention, & de trouver bon même que je lui répétasse beaucoup d'endroits. Il a fort loué mon dessein, & je lui ai lû mon Epitre avec toute la force & toute l'harmonie que j'ai pû. J'oubliois que je lui ai dit encore auparavant une chose qui l'a assez étonné; c'est à savoir, que je prétendois n'avoir proprement fait autre chose dans mon ouvrage, que mettre en rimes la doctrine qu'il venoit de nous débiter, & que je croyois que lui-même n'en pourroit pas disconvenir. Mais pour en venir au récit de ma Pièce, croiriez-vous, Monsieur, que j'ai tenu parole au bon Pere, & qu'à la réserve des deux objections qu'il vous avoit déja faites, il n'a fait que s'écrier, *pulchrè, benè, rectè.* Cela est vrai, cela est indubitable, voilà qui est merveilleux : il faut lire cela au Roi : répetez-moi encore cet endroit : est-ce là ce que M. Racine m'a lû ? Il a été sur-tout extrémement frappé de ces vers, que vous lui aviez passés, & que je lui ai récités avec toute l'énergie dont je suis capable.

Cependant on ne voit que Docteurs même austeres,
Qui les semant par-tout, s'en vont pieusement
De toute piété, &c.

Il est vrai que je me suis avisé heureusement d'inserer dans mon Epître huit vers, que vous n'avez pas approuvés, & que mon frere juge très-à-propos d'y rétablir. Les voici. C'est ensuite de ce vers,

Oui dites-vous ; allez, vous l'aimez, croyez-moi.
Ecoutez la leçon que lui-même il nous donne.
Qui m'aime : c'est celui qui fait ce que j'ordonne.
Faites-le donc ; & sûr qu'il nous veut sauver tous,
Ne vous allarmez point pour quelques vains dégoûts,
Qu'en sa ferveur souvent la plus sainte ame éprouve.
Courez toujours à lui ; qui le cherche le trouve.

Et plus de votre cœur il paroît s'écarter,
Plus par vos actions songez à l'arrêter.

Il m'a fait redire trois fois ces huit vers. Mais je ne saurois vous exprimer avec quelle joie, quels éclats de rire il a entendu la prosopopée. Enfin j'ai si bien échauffé le Reverend Pere, que sans une visite que dans ce tems-là M. son frere lui est venu rendre, il ne nous laissoit point partir, que je ne lui eusse recité aussi les deux piéces de ma façon que vous avez lûes au Roi. Encore ne nous a-t'il laissé partir qu'à la charge que nous l'irions voir à sa maison de campagne ; & il s'est chargé de nous faire avertir du jour où nous l'y pourrions trouver seul. Vous voyez donc, Monsieur, que si je ne suis bon Poëte, il faut que je sois bon récitateur. Après avoir quitté le P. de la Chaize, nous avons été voir le P. Gaillard, à qui j'ai aussi, comme vous pouvez penser, récité l'Epître. Je ne vous dirai point les louanges outrées qu'il m'a données. Il m'a traité d'homme inspiré de Dieu ; m'a dit qu'il n'y avoit que des coquins qui pussent contredire mon opinion. Je l'ai fait ressouvenir du petit Pere Théologien, avec qui j'eus une prise chez M. de Lamoignon. Il m'a dit que ce Théologien étoit le dernier des hommes: que si sa Société avoit à être fâchée, ce n'étoit pas de mon Ouvrage, mais de ce que des gens osoient dire que cet Ouvrage étoit fait contre les Jésuites. Je vous écris tout ceci à dix heures du soir au courant de la plume. Vous en ferez tel usage que vous jugerez à propos. Cependant je vous prie de retirer la copie que vous avez mise entre les mains de Madame de Maintenon, afin que je lui en redonne une autre où l'ouvrage soit dans l'état où il doit demeurer. Je vous embrasse de tout mon cœur, & suis tout à vous.

A BOILEAU.

A Fontainebleau le 28. Septembre.

JE suppose que vous êtes de retour de votre voyage, afin que vous puissiez bientôt m'envoyer vos avis sur un nouveau Cantique que j'ai fait depuis que je suis ici, & que je ne crois pas qu'il soit suivi d'aucun autre. Ceux que Moreau a mis en musique ont extrémement plû. Il est ici, & le Roi doit les lui entendre chanter au premier jour. Prenez la peine de de lire le septiéme chapitre de la Sagesse, d'où ces derniers vers ont été tirés. Je ne les donnerai point qu'ils n'ayent passé par vos mains. Mais vous me ferez plaisir de me les renvoyer le plutôt que vous pourrez. Je voudrois bien qu'on ne m'eut point engagé dans un embarras de cette nature ; mais j'espere m'en tirer, en substituant à ma place ce M. Bardou, que vous avez vû à Paris.

Vous savez bien, sans doute, que

les Allemands ont repaſſé le Rhin, &
meme avec quelque eſpèce de honte.
On dit qu'on leur a tué ou pris ſept
à huit cens hommes, & qu'ils ont
abandonné trois pièces de canon Il
eſt venu une Lettre à Madame, par
laquelle on lui mande que le Rhin
s'étoit débordé tout-à-coup, & que
près de quatre mille Allemands ont
été noyés. Mais au moment que je
vous écris, le Roi n'a point encore
reçû de confirmation de cette nouvelle. On dit que Milord Barclay eſt
devant Calais pour le bombarder. M.
le Maréchal de Villeroi s'eſt jetté dedans. Voilà toutes les nouvelles de la
guerre. Si vous voulez, je vous en
dirai d'autres de moindre conſéquence.

M. de Toureil eſt venu ici préſen-
ter le Dictionnaire de l'Académie au
Roi & à la Reine d'Angleterre, à
Monſeigneur, & aux Miniſtres. Il
a par-tout accompagné ſon préſent
d'un compliment : & on m'a aſſûré
qu'il avoit très-bien réuſſi par-tout.
Pendant qu'on préſentoit ainſi le Dictionnaire de l'Académie, j'ai appris
que Léers, Libraire d'Amſterdam,

avoit aussi présenté au Roi, & aux Ministres, une nouvelle édition du Dictionnaire de Furetiere, qui a été très-bien reçû. C'est M. de Croissy, & M. de Pomponne qui ont présenté Léers au Roi. Cela a paru un assez bizarre contretems pour le Dictionnaire de l'Académie, qui me paroît n'avoir pas tant de partisans que l'autre. J'avois dit plusieurs fois à M. Thierry, qu'il auroit dû faire quelques pas pour ce dernier Dictionnaire; & il ne lui auroit pas été difficile d'en avoir le Privilége. Peut-être même il ne le seroit pas encore. On commence à dire que le voyage de Fontainebleau pourra être abrégé de huit ou dix jours, à cause que le Roi y est fort incommodé de la goutte. Il en est au lit depuis trois ou quatre jours. Il ne souffre pas pourtant beaucoup, Dieu merci; & il n'est arrêté au lit que par la foiblesse qu'il a encore aux jambes. Il me paroît par les Lettres de ma femme, que mon fils a grande envie de vous aller voir à Auteuil. J'en serai fort aise, pourvû qu'il ne vous embarrasse point du tout. Je prendrai en même tems la liberté de vous prier de tout mon cœur de l'exhorter à travailler sérieusement, & à se mettre en état de vivre en honnête homme. Je voudrois bien qu'il n'eût pas l'esprit autant dissipé qu'il l'a, par l'envie démesurée qu'il témoigne de voir des Opéra & des Comédies. Je prendrai là dessus vos avis quand j'aurai l'honneur de vous voir ; & cependant je vous supplie de ne lui pas témoigner le moins du monde que je vous aie fait aucune mention de lui. Je vous demande pardon de toute les peines que je vous donne, & suis entierement à vous.

AU MESME.

A Fontainebleau le 3. Octobre.

JE vous suis bien obligé de la promptitude avec laquelle vous m'avez fait réponse. Comme je suppose que vous n'avez pas perdu les vers que je vous ai envoyés, je vais vous dire mon sentiment sur vos difficultés, & en même tems vous communiquer plusieurs changemens que j'avois déja faits de moi-même. Car vous savez qu'un homme qui compose, fait souvent son théme en plusieurs façons.

>Quand par une fin soudaine,
>Détrompés d'une ombre vaine
>Qui passe & ne revient plus.

J'ai choisi ce tour, parce qu'il est conforme au texte qui parle de la fin imprévûe des Réprouvés ; & je voudrois bien que cela fut bon, & que vous pussiez passer & approuver, *Par une fin soudaine*, qui dit précisément la chose. Voici comme j'avois mis d'abord,

>Quand déchûs d'un bien frivole,
>Qui comme l'ombre s'envole,
>Et ne revient jamais plus.

Mais ce *jamais* me paroît un peu mis pour remplir le vers ; au lieu que *Qui passe & ne revient plus*, me sembloit assez plein & assez vif. D'ailleurs j'ai mis à la troisiéme Stance, *Pour trouver un bien fragile*, & c'est la même chose qu'un bien frivole. Ainsi tâchez de vous accoutumer à la premiere manière, ou trouvez quelque autre chose qui vous satisfasse. Dans la seconde Stance,

> Misérables que nous sommes,
> Où s'égaroient nos esprits ?

Infortunés m'étoit venu le premier ; mais le mot de *Misérables*, que j'ai employé dans Phédre, à qui je l'ai mis dans la bouche, & que l'on a trouvé assez bien, m'a paru avoir de la force, en le mettant aussi dans la bouche des Réprouvés, qui s'humilient & se condamnent eux-memes. Pour le second vers j'avois mis,

> Diront-ils avec des cris.

Mais j'ai crû qu'on pouvoit leur faire tenir tout ce discours, sans mettre, *diront-ils*, & qu'il suffisoit de mettre à la fin, *Ainsi d'une voix plaintive*, & le reste, par où on fait entendre, que tout ce qui précéde est le discours des Réprouvés. Je crois qu'il y en a des exemples dans les Odes d'Horace.

Et voilà que triomphans.

Je me suis laissé entraîner au texte, *Ecce quomodo computati sunt inter Filios Dei!* & j'ai crû que ce tour marquoit mieux la passion. Car j'aurois pû mettre : *Et maintenant triomphans*, &c. Dans la troisiéme Stance,

> Qui nous montroit la carriere
> De la bienheureuse paix.

On dit la carriere de la gloire, la carriere de l'honneur ; c'est-à-dire, par où on court à la gloire, à l'honneur. Voyez si l'on ne pourroit pas dire de même la carriere de la bienheureuse Paix. On dit même la carriere de la Vertu. Du reste je ne devine pas comment je le pourrois mieux dire. Il reste la quatriéme Stance. J'avois d'abord mis le mot de Repentance ; mais outre qu'on ne diroit pas bien, les Remords de la Repentance, au lieu qu'on dit les Remords de la Pénitence ; ce mot de Pénitence, en le joignant avec tardive, est assez consacré dans la langue de l'Ecriture, *serò pœnitentiam*

tiam agentes. On dit la Pénitence d'Antiochus, pour dire une Pénitence tardive & inutile. On dit aussi dans ce sens, la Pénitence des damnés. Pour la fin de cette Stance, je l'avois changée deux heures après que ma Lettre fut partie. Voici la Stance entiere.

> Ainsi d'une voix plaintive
> Exprimera ses remords
> La Pénitence tardive
> Des inconsolables morts.
> Ce qui faisoit leurs délices,
> Seigneur, fera leurs supplices.
> Et par une égale loi,
> Les Saints trouveront des charmes
> Dans le souvenir des larmes
> Qu'ils versent ici pour toi.

Je vous conjure de m'envoyer votre sentiment sur tout ceci. J'ai dit franchement que j'attendois votre critique, avant que de donner mes Vers au Musicien ; & je l'ai dit à Madame de Maintenon, qui a pris de-là occasion de me parler de vous avec beaucoup d'amitié. Le Roi a entendu chanter les deux autres Cantiques, &

a été fort content de M. Moreau, à qui nous espérons que cela pourra faire du bien. Il n'y a rien ici de nouveau. Le Roi a toujours la goutte, & en est au lit. Une partie des Princes sont revenus de l'armée ; les autres arriveront demain, ou après demain. Je vous félicite du beau tems que que nous avons ici, car je crois que vous l'avez aussi à Auteuil, & que vous vous en joüissez plus tranquillement que nous ne faisons ici. Je suis entierement à vous.

 La Harangue de M. l'Abbé Boileau a été trouvée très-mauvaise en ce pays-ci. M. de Niert prétend que Richesource en est mort de douleur. Je ne sai pas si la douleur est bien vraie, mais la mort est très-veritable.

AU MESME.

A Fontainebleau le 6. Octobre.

J'Ai parlé à M. de Pontchartrain le Conseiller, du garçon qui vous a servi ; & M. le Comte de Fiesque, à ma priere, lui en a parlé aussi. Il m'a dit qu'il feroit son possible pour le placer ; mais qu'il prétendoit que vous lui en écrivissiez vous-même, au lieu de lui faire écrire par un autre. Ainsi je vous conseille de forcer un peu votre paresse, & de m'envoyer une Lettre pour lui, ou bien de lui écrire par la poste.

J'ai déja fait naître à Madame de Maintenon une grande envie de voir de quelle maniere vous parlez de Saint Cyr. Elle a paru fort touchée de ce que vous aviez eu même la pensée d'en parler ; & cela lui donne occasion de dire mille biens de vous. Pour moi j'ai une extrême impatience de voir ce que vous me dites que vous m'enverrez. Je n'en ferai part qu'à ceux que vous voudrez ; à personne même, si vous le souhaittez. Je crois pourtant qu'il sera très-bon que Madame de Maintenon voie ce que vous avez imaginé pour sa maison. Ne vous mettez pas en peine, je le lirai du ton qu'il faut ; & je ne ferai point tort à vos vers.

Il n'y a ici aucune nouvelle. L'armée de M. de Luxembourg commence à se séparer, & la Cavalerie entre dans des quartiers de fourage. Quelques gens vouloient hier que le Duc de Savoie pensât à assiéger Nice à l'aide des Galeres d'Espagne. Mais le Comte d'Estrées ne tardera guère à donner la chasse aux Galeres & aux Vaisseaux Espagnols, & doit arriver incessamment vers les côtes d'Italie. Le Roi grossit de 40 bataillons son armée de Piémont pour l'année prochaine, & je ne doute pas qu'il ne tire une rude vengeance des pays de M. de Savoie.

Mon fils m'a écrit une assez jolie Lettre sur le plaisir qu'il a eu de vous aller voir, & sur une conversation qu'il a euë avec vous. Je vous suis plus obligé que vous ne le sauriez dire, de vouloir bien vous amuſer avec lui. Le plaiſir qu'il prend d'être avec vous, me donne aſſez bonne opinion de lui; & s'il eſt jamais aſſez heureux pour vous entendre parler de tems en tems, je ſuis perſuadé, qu'avec l'admiration dont il eſt prévenu, cela lui fera le plus grand bien du monde. J'eſpere que cet hiver vous voudrez bien faire chez moi de petits dînés, dont je prétens tirer tant d'avantages. M. de Cavoie vous fait ſes complimens. J'appris hier la mort du pauvre Abbé de Saint Réal.

AU MESME.

A Fontainebleau le 8. Octobre.

JE vous demande pardon ſi j'ai été ſi longtems ſans vous faire réponſe : mais j'ai voulu avant toutes choſes prendre un tems favorable pour recommander M. Manchon (1) à M.

___
[1] Beau-frere de Boileau.

de Barbezieux. Je l'ai fait, & il m'a fort aſſûré qu'il feroit ſon poſſible pour me témoigner la conſidération qu'il avoit pour vous & pour moi. Il m'a paru que le nom de M. Manchon lui étoit aſſez inconnu ; & je me ſuis rappellé alors qu'il avoit un autre nom, dont je ne me ſouvenois point du tout. J'ai eu recours à M. de la Chapelle, qui m'a fait un Mémoire, que je préſenterai à M. de Barbezieux dès que je le verrai. Je lui ai dit que M. l'Abbé de Louvois voudroit bien joindre ſes prieres aux nôtres, & je crois qu'il n'y aura point de mal qu'il lui en écrive un mot.

Je ſuis bien aiſe que vous ayez donné votre Epître à M. de Meaux, & que M. de Paris ſoit diſpoſé à vous donner une approbation authentique. Vous ſerez ſurpris quand je vous dirai que je n'ai point encore rencontré M. de Meaux, quoiqu'il ſoit ici : mais je ne vais guère aux heures où il va chez le Roi ; c'eſt-à-dire, au lever & au coucher : d'ailleurs la pluie, preſque continuelle, empêche qu'on ne ſe promene dans les cours & dans les jardins, qui ſont les endroits où l'on a de coutume de se rencontrer. Je sai seulement qu'il a présenté au Roi l'Ordonnance de M. l'Archevêque de Rheims. Elle m'a paru très-forte, & il y explique très-nettement la doctrine qu'il condamne. Votre Epître ne peut qu'être très-bien reçûë; & il me semble que vous n'avez rien perdu pour attendre, & qu'elle paroîtra fort à propos. On a eu nouvelle aujourd'hui que M. le Prince de Conti étoit arrivé en Pologne : mais on n'en sait pas davantage, n'y ayant point encore de courier qui soit venu de sa part. M. l'Abbé Renaudot vous en dira plus que je ne saurois vous en écrire. Je n'ai pas fort avancé le Mémoire dont vous me parlez. Je crains même d'être entré dans des détails qui l'allongeront bien plus que je ne croyois. D'ailleurs vous savez la dissipation de ce pays-ci. Pour m'achever, j'ai ma seconde fille à Melun, qui prendra l'habit dans huit jours. J'ai fait deux voyages pour essayer de la détourner de cette résolution, ou du moins pour obtenir d'elle qu'elle différât encore six mois ; mais je l'ai trouvée inébranlable. Je souhaite qu'elle se trouve aussi heureuse dans ce nouvel état, qu'elle a eu d'empressement pour y entrer. M. l'Archevêque de Sens s'est offert de venir faire la cérémonie, & je n'ai pas osé refuser une tel honneur. J'ai écrit à M. l'Abbé Boileau pour le prier d'y prêcher; & il a l'honnêteté de vouloir bien partir exprès de Versailles en poste pour me donner cette satisfaction. Vous jugez que tout cela cause assez d'embarras à un homme qui s'embarrasse aussi aisément que moi. Plaignez-moi un peu dans votre profond loisir d'Auteuil, & excusez si je n'ai pas été plus exact à vous mander des nouvelles. La paix en a fourni d'assez considérables, & qui nous donneront assez de matiere pour nous entretenir quand j'aurai l'honneur de vous revoir. Ce sera au plus tard dans quinze jours: car je partirai deux ou trois jours avant le départ du Roi. Je suis entierement à vous.

AU MESME.

DEnys d'Halicarnasse, pour montrer que la beauté du style consiste principalement dans l'arrangement des mots, cite un endroit de l'Odyssée, où Ulysse & Eumée étant sur le point de se mettre à table pour déjeûner, Telemaque arrive tout-à-coup dans la maison d'Eumée. Les chiens qui le sentent approcher, n'aboyent point, mais remuent la queuë, ce qui fait voir à Ulysse que c'est quelqu'un de connoissance qui est sur le point d'entrer. Denys d'Halicarnasse ayant rapporté tout cet endroit, fait cette réfléxion : Que ce n'est point le choix des mots qui en fait l'agrément ; la plûpart de ceux qui y sont employés, étant, dit-il, très-vils & très-bas, ευτελεϲατων τε ὴ ταπεινοτάτων, mots qui sont tous les jours dans la bouche des moindres laboureurs, & des moindres artisans : mais qu'ils ne laissent pas de charmer, par la maniere dont le Poëte a eu soin de les arranger. En lifant cet endroit, je me suis souvenu que dans une de vos nouvelles Remarques, vous avancez que jamais on n'a dit qu'Homere ait employé un seul mot bas. C'est à vous de voir si cette remarque de Denys d'Halicarnasse n'est point contraire à la vôtre, & s'il n'est point à craindre qu'on ne vienne vous chicanner là-dessus. Prenez la peine de lire toute la réflexion de Denys d'Halicarnasse, qui m'a paru très-belle, & merveilleusement exprimée. C'est dans son Traité περὶ ζυνθέσεως ὀνομάτων, à la troisiéme page.

J'ai fait réflexion aussi, qu'au lieu de dire que le mot d'âne est en Grec un mot très-noble, vous pourriez vous contenter de dire, que c'est un mot qui n'a rien de bas, & qui est comme celui de cerf, de cheval, de brebis, &c. le *très-noble* me paroît un peu trop fort.

Tout ce traité de Denys d'Halicarnasse, dont je viens de vous parler, & que je relus hier tout entier avec un grand plaisir, me fit souvenir de l'extrême impertinence de M. Perrault, qui avance que le tour des paroles ne fait rien pour l'éloquence, & qu'on ne doit regarder qu'au sens ; & c'est pourquoi il prétend qu'on peut mieux juger d'un Auteur par son Traducteur, quelque mauvais qu'il soit, que par la lecture de l'Auteur même. Je ne me souviens point que vous ayez relevé cette extravagance, qui vous donnoit pourtant beau jeu pour le tourner en ridicule.

Pour le mot de μισγεῖσθαι, qui a quelquefois la signification que vous savez, il signifie souvent converser simplement. Voici des exemples tirés de l'Ecriture. Dieu dit à Jérusalem, dans Ezechiel : *Congregabo tibi amatores tuos cum quibus commista es*, &c. Dans le Prophête Daniël, les deux Vieillards racontant comme ils ont surpris Susanne en adultère, disent, parlant d'elle & du jeune homme qu'ils prétendent qui étoit avec elle : *Vidimus eos pariter commisceri.* Ils disent aussi à Susanne : *Assentire nobis, & commiscere nobiscum.* Voilà *commisceri* dans le premier sens. Voici des exemples du second sens. Saint Paul dit aux Corinthiens : *Ne commisceamini fornicariis :* N'ayez point de com-

merce avec les fornicateurs. Et expliquant ce qu'il a voulu dire par-là, il dit qu'il n'entend point parler des fornicateurs qui font parmi les Gentils; autrement, ajoute-t-il, il faudroit renoncer à vivre avec les hommes: mais quand je vous ai mandé de n'avoir point de commerce avec les fornicateurs, *non commisceri*, j'ai entendu parler de ceux qui se pourroient trouver parmi les fidelles, & non-seulement avec les fornicateurs, mais encore avec les avares, & les usurpateurs du bien d'autrui, &c. Il en est de même du mot *cognoscere*, qui se trouve dans ces deux sens en mille endroits de l'Ecriture.

Encore un coup, je me passerois de la fausse érudition de Tussanus, qui est trop clairement démentie par l'endroit des servantes de Penelope. M. Perrault ne peut-il pas avoir quelque ami Grec qui lui fournisse des Mémoires?

A M. LE PRINCE.

MONSEIGNEUR,

C'est avec une extrême reconnoissance que j'ai reçû encore au commencement de cette année la grace que Votre Alteſſe Sereniſſime m'accorde ſi libéralement tous les ans. (1) Cette grace m'eſt d'autant plus chere, que je la regarde comme une ſuite de la protection glorieuſe dont vous m'avez honoré en tant de rencontres, & qui a toujours fait ma plus grande ambition. Auſſi en conſervant précieuſement les quittances du droit annuel dont vous avez bien voulu me gratifier, j'ai bien moins en vûe d'aſſurer ma charge à mes enfans, que de leur procurer un des plus beaux titres que je leur puiſſe laiſſer, je veux dire, les marques de la protection de V. A. S. Je n'oſe en dire davantage : car j'ai éprouvé plus d'une fois que les remercimens vous fatiguent preſque autant que les louanges. Je ſuis avec un profond reſpect,

MONSEIGNEUR, &c.

---

[1] Sa Charge de Tréſorier de France à Moulins étoit dans le caſuel de M. le Prince, qui lui faiſoit donner tous les ans une quittance de la Paulette.

AU MESME.

J'Ai parcouru tout ce que les anciens Auteurs ont dit de la Déesse Isis, & je ne trouve point qu'elle ait été adorée en aucun pays sous la figure d'une vache ; mais seulement sous la figure d'une grande femme toute couverte d'un grand voile de différentes couleurs, & ayant au front deux cornes en forme de croissant. Les uns disent que c'étoit la Lune, les autres Cerès, d'autres la Terre, & quelques autres cette même Io, qui fut changée en vache par Jupiter.

Mais voici ce que je trouve du Dieu Apis, qui sera, ce me semble, beaucoup plus propre à entrer dans les ornemens d'une Ménagerie. Ce Dieu étoit, dit-on, le même qu'Osiris, c'est-à-dire, ou le mari, ou le fils de la Déesse Isis. Non-seulement il étoit représenté par un jeune Taureau, mais les Egyptiens adoroient en effet, sous le nom d'Apis, un jeune Taureau bien bûvant & bien mangeant ; & ils avoient soin d'en substituer toujours un autre en la place de celui qui mouroit. On ne le laissoit guere vivre que jusqu'à l'âge d'environ huit ans, après quoy ils le noyoient dans une certaine fontaine. Et alors tout le peuple prenoit le deuil, pleurant & faisant de grandes lamentations pour la mort de leur Dieu, jusqu'à ce qu'on l'eût retrouvé. On étoit quelquefois assez long-tems à le chercher. Il falloit qu'il fût noir par tout le corps, excepté une tache blanche de figure quarrée au milieu du front, & une autre petite tache blanche au flanc droit, faite en forme de croissant. Quand les Prêtres l'avoient trouvé, ils en donnoient avis au peuple de Memphis : car c'étoit principalement en cette ville que le Dieu Apis étoit adoré. Alors on alloit en grande cérémonie au-devant de ce nouveau Dieu ; & c'est cette espèce de procession, qui pourroit fournir de sujet à un assez beau tableau.

Ces Prêtres marchoient habillés de robbes de lin, ayant tous la tête rase , & étant couronnés de chapeaux de fleurs , portant à la main , les uns un encensoir , les autres un sistre ; c'étoit une espéce de tambour-de-basque. Il y avoit aussi une troupe de jeunes enfans habillez de lin , qui dansoient & chantoient des Cantiques ; grand nombre de joueurs de flûtes , & de gens qui portoient à manger pour Apis dans des corbeilles ; & de cette sorte on amenoit le Dieu jusqu'à la porte de son Temple, ou pour mieux dire , il y avoit deux petits Temples tout environnés de colomnes par dehors , & aux portes, des Sphinx , à la maniere des Egyptiens. On le laissoit entrer dans celui de ces deux Temples qu'il vouloit , & on fondoit même sur son choix de grandes conjectures , ou de bonheur , ou de malheur pour l'avenir. Il y avoit auprès de ces deux Temples un puits, d'où l'on tiroit de l'eau pour sa boisson : car on ne lui laissoit jamais boire de l'eau du Nil. On consultoit même ce plaisant Dieu ; & voici comme on s'y prenoit. On lui présentoit à manger : s'il en prenoit , c'étoit une réponse très-favorable ; tout au contraire, s'il n'en prenoit point. On remarqua même, dit-on, qu'il refusa à manger de la main de Germanicus, & que ce Prince mourut à deux mois de-là.

Tous les ans on lui amenoit à certain jour une jeune Genisse, qui avoit aussi ses marques particulieres. Et cela se faisoit encore avec de grandes cérémonies.

Voilà, Monseigneur, le petit mémoire que V. A. S. me demanda il y a trois jours. Je me tiendrai infiniment glorieux toutes les fois qu'elle voudra bien m'honorer de ses ordres, & m'employer dans toutes les choses qui pourront le moins du monde contribuer à son plaisir. Je suis, avec un profond respect,

De V. A. S.

LETTRE ECRITE A M. RACINE par M. DE GUILLERAGUES, Ambassadeur de France à Constantinople.

Au Palais de France.

A Pera le 9. Juin 1684.

J'Ai été senſiblement attendri & flatté, Monſieur, à la lecture de la Lettre que vous m'avez fait l'honneur de m'écrire. Eloigné de vous, & des repréſentations qui peuvent en impoſer ſur vos Tragédies, & très-dégoûté des pays fameux que vous avez chantés; vos œuvres cependant me paroiſſent plus belles que jamais. Oüi, Monſieur, je ſuis très-dégoûté de ces pays, dont les Poëtes & les Hiſtoriens de l'antiquité ont dit de ſi belles choſes; & je vois qu'ils n'étoient pas d'exacts obſervateurs de la vérité.

Le Scamandre & le Simoïs ſont à ſec dix mois de l'année: leur lit n'est qu'un fossé. L'Hèbre est une riviere du quatriéme ordre. La Natolie, le Pont, la Nicomédie, l'Itaque, présentement la Céphalonie, la Macédoine, le terroir de Larisse, & celui d'Athènes, ne peuvent jamais avoir fourni la quinziéme partie des hommes dont les Historiens font mention. Il est impossible que tous ces pays, cultivés avec des soins imaginables, aient jamais été fort peuplés. Le terroir est presque par-tout pierreux, aride, & sans riviere. On y voit des montagnes & des côtes pelées, plus anciennes que tous les Ecrivains. Le port d'Aulide, absolument gâté, peut avoir été bon; mais il n'a jamais pû contenir les mille vaisseaux des Grecs, ni mille barques. Délos est un misérable rocher. Cythère & Paphos sont des lieux affreux. Cythère, ou Cérique, est une petite Isle, la plus désagréable & la plus infertile qui soit au monde. Il n'y a jamais eu un air plus corrompu que celui de Paphos, absolument inhabitée. Naxe ne vaut pas mieux. Les Poëtes apparemment mettoient Vénus dans les lieux où ils avoient leurs maîtresses; mais ils l'ont très-mal placée. Je ne vous parle point de deux mille Evêchés en Grèce, nommés dans l'histoire Ecclésiastique, qui ne peuvent avoir eu douze paroisses chacun.

J'eusse voulu que vous souvenant de l'attachement que j'ai pour tout ce qui vous touche, vous m'eussiez écrit quelque chose de votre famille. Je crois le petit Racine bien vif: je prévois qu'à mon retour je n'oserai l'attaquer sur le Grec ancien; mais je l'étonnerai avec le Grec vulgaire, langue aussi corrompuë & aussi misérable que l'ancienne Grèce l'est devenue.

Adieu, mon cher Monsieur, continuez de me donner des marques de souvenir de notre ancienne amitié, & écrivez-moi, quand même vous devriez encore me traiter de Monseigneur. Je ne sais pourquoi vous me donnez libéralement quelque part à vos Tragédies, quoique je n'en aie jamais eu d'autre que celle de la premiere admiration. Vous m'avez appris bien des choses, au-lieu que je ne vous en ai jamais appris qu'une. Je vous ai découvert qu'un Trésorier de France prend le titre de Chevalier, & a le droit honorable d'être enterré avec des Eperons dorés. Il ne doit donc pas prodiguer légérement le titre de Monseigneur. Vous ne me marquez pas si vous voyez souvent M. le Marquis de Seignelai. Adieu, mon cher Monsieur.

DE RACINE A BOILEAU. (1)

A Versailles le 4. Avril 1696.

JE suis très-obligé au P. Bouhours de toutes les honnêtetés qu'il vous a prié de me faire de sa part & de la part de sa Compagnie. Je n'avois point encore entendu parler de la harangue de leur Régent : & comme ma conscience ne me reprochoit rien à l'égard des Jésuites, je vous avoue que j'ai été un peu surpris que l'on m'eût déclaré la guerre chez eux. Vraisemblablement ce bon Régent est du nombre de ceux

---

(1) Dans sa vie il est dit à quelle occasion cette Lettre fut écrite.

qui m'ont très-fauſſement attribué la traduction du *Santolius pœnitens* ; & il s'eſt cru engagé d'honneur à me rendre injures pour injures. Si j'étois capable de lui vouloir quelque mal, & de me réjouïr de la forte réprimande que le P. Bouhours dit qu'on lui a faite, ce ſeroit ſans doute pour m'avoir ſoupçonné d'être l'auteur d'un pareil ouvrage : car pour mes Tragédies, je les abandonne volontiers à ſa critique. Il y a longtems que Dieu m'a fait la grace d'être aſſez peu ſenſible au bien & au mal qu'on en peut dire, & de ne me mettre en peine que du compte que j'aurai à lui en rendre quelque jour.

Ainſi, Monſieur, vous pouvez aſſûrer le Pere Bouhours, & tous les Jéſuites de votre connoiſſance, que bien loin d'être fâché contre le Régent qui a tant déclamé contre mes pièces de théatre, peu s'en faut que je ne le remercie, & d'avoir prêché uue ſi bonne morale dans leur Collége, & d'avoir donné lieu à ſa Compagnie de marquer tant de chaleur pour mes intérèts : & qu'enfin, quand l'offenſe qu'il m'a voulu faire, ſeroit plus grande, je l'oublierois avec la même facilité, en considération de tant d'autres Peres dont j'honore le mérite, & surtout en considération du R. P. de la Chaize, qui me témoigne tous les jours mille bontés, & à qui je sacrifierois bien d'autres injures. Je suis, &c.

DE MADAME DE VILLETTE A BOILEAU. (1)

M. Le Marquis d'Aubeterre, qui a passé ici, m'a dit, Monsieur, que vous lui aviez parlé de notre ancienne amitié; & il m'a rappellé des souvenirs qui vous vaudront un carteau de fenouillette: c'est le présent le plus magnifique que je vous puisse faire d'un hermitage comme celui-ci. J'avois résolu l'hyver passé d'aller vous surprendre dans le vôtre, & d'y rendre M. de Villette témoin de notre tendresse. Ma mauvaise santé

---

(1) Je rapporte cette Lettre à cause du témoignage rendu à la piété des deux Poëtes. Elle est écrite par Madame de Villette, depuis Madame de Boulimbrok. Cette Dame étoit encore fort jeune, puisqu'elle avoit fait à Saint Cyr un personnage dans Esther.

m'empêcha d'exécuter ce projet : j'espere qu'il ne sera que différé. En attendant, si vous nous jugiez dignes de lire vos derniers Ouvrages, & que vous voulussiez nous les envoyer, je trouverois mon pauvre petit présent plus que payé. Notre ami M. Racine sait notre adresse, quoiqu'il ne s'en serve point ; mais vous êtes tous si dévots, que je ne suis point étonnée de vous perdre de vûe. Cependant je ne vous estime & ne vous honore pas moins.

LETTRE DE BOILEAU A M. DE MONCHESNAI. (1)

Puisque vous vous détachez de l'intérêt du Ramoneur, je ne vois pas, Monsieur, que vous ayez aucun sujet

---

(1) Je mets ici cette Lettre, non-seulement parce qu'elle apprend l'effet que produisirent deux vers de Britannicus, mais parce qu'elle contient la thèse que Boileau soutint devant M. Arnaud, comme je l'ai rapporté dans la vie de mon Pere. Il avoit soutenu la même thèse, en présence du P. Massillon, contre M. de Monchesnai, auteur du Bolæana, qui lui envoya ensuite une dissertation sur cette matiere : & le paquet fut porté

sujet de vous plaindre de moi, pour avoir écrit que je ne pouvois juger à la hâte d'ouvrages comme les vôtres, & sur-tout à l'égard de la question que vous entamez sur la Tragédie, & sur la Comédie que je vous ai avoué néantmoins que vous traitiez avec beaucoup d'esprit. Car puisqu'il faut vous dire le vrai, autant que je puis me ressouvenir de votre derniere pièce, vous prenez le change, & vous y confondez la Comédienne avec la Comédie, que dans mes raisonnemens avec le P. Massillon, j'ai, comme vous savez, exactement séparées. Du reste, vous y avancez une maxime qui n'est pas, ce me semble, soutenable ; c'est à savoir, qu'une chose qui peut produire quelquefois de mauvais effets dans des esprits vicieux, quoique non vicieuse d'elle-même, doit être absolument défendue, quoiqu'elle puisse

---

par un Ramoneur. Boileau, surpris du messager, en fit quelques railleries. M. de Monchesnai en étant informé, lui écrivit une Lettre que je ne rapporte point, parce qu'elle ne contient que des plaisanteries sur le Ramoneur, & que ces plaisanteries n'ont rien d'agréable. La plume de l'auteur du Bolæana n'étoit pas légere.

d'ailleurs servir au délassement, & à l'instruction des hommes. Si cela est, il ne sera plus permis de peindre dans les Eglises des Vierges Maries, ni des Suzannes, ni des Magdelaines agréables de visage, puisqu'il peut fort bien arriver que leur aspect excite la concupiscence d'un esprit corrompu. La vertu convertit tout en bien, & le vice tout en mal. Si votre maxime est reçûe, il ne faudra plus non-seulement voir représenter ni Comédie, ni Tragédie, mais il n'en faudra plus lire aucune ; il ne faudra plus lire, ni Virgile, ni Théocrite, ni Térence, ni Sophocle, ni Homere ; & voilà ce que demandoit Julien l'Apostat, & qui lui attira cette épouvantable diffamation de la part des Peres de l'Eglise. Croyez-moi, Monsieur, attaquez nos Tragédies & nos Comédies, puisqu'elles sont ordinairement fort vicieuses ; mais n'attaquez point la Tragédie & la Comédie en général, puisqu'elles sont d'elles-mêmes indifférentes, comme le Sonnet & les Odes, & qu'elles ont quelquefois rectifié l'homme plus que les meilleures prédications : & pour vous en donner un exemple admirable, je vous dirai qu'un grand Prince qui avoit dansé à plusieurs ballets, ayant vû jouer le Britannicus de M. Racine, où la fureur de Néron à monter sur le Théatre est si bien attaquée, il ne dansa plus à aucun ballet, non pas même au tems du carnaval. Il n'est pas concevable de combien de mauvaises choses la Comédie a guéri les hommes capables d'être guéris : car j'avoue qu'il y en a que tout rend malades. Enfin, Monsieur, je vous soutiens, quoi qu'en dise le P. Massillon, que le Poëme dramatique est une Poësie indifférente de soi-même, & qui n'est mauvaise que par le mauvais usage qu'on en fait. Je soutiens que l'amour, exprimé chastement dans cette Poësie, non seulement n'inspire point l'amour; mais peut beaucoup contribuer à guérir de l'amour les esprits bienfaits, pourvû qu'on n'y repande point d'images, ni de sentimens voluptueux. Que s'il y a quelqu'un qui ne laisse pas, malgré cette précaution, de s'y corrompre, la faute vient de lui, & non pas de la Comédie. Du reste je vous abandonne le Comédien, & la plûpart de nos Poëtes, & même M. Racine en plusieurs de ses pièces. Enfin, Monsieur, souvenez-vous que l'amour d'Hérode pour Mariane dans Joseph, est peint avec tous les traits les plus sensibles de la vérité. Cependant quel est le fou qui a jamais, pour cela, défendu la lecture de Joseph ? Je vous barbouille tout ce canevas de dissertations, afin de vous montrer que ce n'est pas sans raison que j'ai trouvé à redire à votre raisonnement. J'avoue cependant que votre Satyre est pleine de vers bien trouvés. Si vous voulez répondre à mes objections, prenez la peine de le faire de bouche, parce qu'autrement cela traîneroit à l'infini : (1) mais sur-tout trève aux louanges ; je ne les mérite point, & n'en veux point : j'aime qu'on me lise, & non qu'on me loue. Je suis, &c.

---

(1) M. de Monchesnai avoit fait des Satyres, & dans sa Lettre de plainte à Boileau sur les plaisanteries qu'il avoit faites à l'occasion du Ramoneur, il lui rappelloit que dans ses Satyres, son nom se trouvoit souvent avec éloge. Sa longue réponse à cette Lettre de Boileau, se trouve dans les Mémoires de Littérature donnés par le R. P. Desmolets.

LETTRE DE ROUSSEAU
A BOILEAU.

Vous me dîtes, Monsieur, la derniere fois que j'eus l'honneur de vous voir, que vous n'aviez point l'édition qui a été faite en Hollande de votre dialogue sur les Romans. J'en ai cherché un exemplaire, que j'ai fait copier par un homme véritablement qui seroit excellent pour écrire sous un Ministre les secrets de l'Etat. J'ai corrigé du mieux que j'ai pû les fautes de ce rare copiste ; & je souhaite que vous persistiez dans le dessein de corriger celles qui appartiennent aux personnes qui ont fait imprimer l'ouvrage même. Tel qu'il est, je ne connois personne qui n'eût été frappé des plaisanteries ingénieuses qui y sont répandues. Il n'y a que vous au monde qui soyez capable de faire sentir dans un aussi petit nombre de pages, tout le ridicule d'une infinité prodigieuse de gros volumes : & on ne croira jamais que vous ayez pû mieux faire, à moins que vous ne fassiez voir la pièce telle que vous l'avez composée. (1) Vous ne devez point refuser cette satisfaction au public. Je suis, &c.

LETTRE
DE M. L'ABBÉ TALLEMANT
A BOILEAU. (2)

Le 3. Mai 1701.

J'Ai reçû avec joye le beau présent que vous m'avez fait de vos Ouvrages, & je l'ai d'abord regardé comme une marque de votre estime, & de votre amitié. Je m'étois flâtté de cet avantage de tout tems, ayant eu des amis illustres, communs avec vous, & ayant vécu ensemble

---

(1) Ce fut ce qui l'obligea à donner lui-même ce Dialogue.

(2) Je voudrois avoir pû trouver la réponse de Boileau à cette Lettre, qui montre combien il est dangereux d'attaquer les Auteurs. Un trait satyrique sur Boyer, & sur une très mauvaise traduction de Plutarque, ne paroît pas criminel. Voici cependant des plaintes faites amerement & poliment.

en société académique depuis plus de vingt années : mais en relisant vos admirables écrits, j'ai été cruellement détrompé par des corrections & des additions qui ne peuvent avoir été faites sans que vous ayez songé à l'intérêt que j'y pouvois prendre. J'aurois passé sous silence le premier de ces endroits, dont je me sens blessé, s'il s'étoit trouvé seul, quoiqu'en vérité la circonstance rende la chose un peu dure à digerer. Voici les vers de vos précédentes éditions, *Art. Poët. c. 4.*

Les vers ne souffrent point de médiocre Auteur :
Ses écrits en tous lieux sont l'effroi du lecteur :
Contre eux dans le Palais les boutiques murmurent,
Et les ais chez Billain à regret les endurent.

Qui croiroit que de si beaux vers eussent demandé quelque correction ? Cependant la voici.

Qui dit froid Ecrivain, dit détestable Auteur :

Boyer est à Pinchene égal pour le lecteur &c.

Je vous laisse vous-même, Monsieur, juge entre les vers que vous ôtez, & ceux que vous mettez en leur place. Voilà donc le pauvre Boyer, quatre ou cinq ans après sa mort, mis par vous au nombre des Poëtes détestables, puisque, selon vous, *il n'est point de degré du médiocre au pire.* Cependant, sans vous contester son mérite, vous savez qu'il a toujours demeuré, & est mort dans notre maison ; maison assez aimée des gens de Lettres. Je méritois peut-être bien tout seul que vous laissassiez son ombre en repos.

Venons à l'autre changement. Voici les vers de vos précédentes éditions.

Et qu'importe à nos vers que Perrin les admire,
Que l'Auteur de Jonas s'empresse de les lire,
Pourvû qu'ils sachent plaire au plus puissant des Rois ?

Voici l'addition.

Qu'ils charment de Senlis le Poëte idiot,
Ou le sec traducteur du François d'Amiot.

Qui ne voit que ces deux vers vous ont beaucoup coûté, & que vous ne les avez ajoûtés que pour déshonorer un homme, en le notant d'une ignorance dont personne ne l'a accusé ? Je me souviens que sur ce vers, que vous n'avez point voulu perdre, & qu'un petit ressentiment mal fondé vous avoit fait faire, feue Madame de la Sabliere, & quelques autres personnes, vous prierent de le supprimer, & que vous le promîtes. Il ne restoit donc plus que moi, qu'il ne vous importoit guère de fâcher. Car comment voulez-vous que j'explique cette addition ? Je ne veux pas débattre les décisions de vos Docteurs ; mais je sais qu'en bonne loi de l'Evangile, il n'est pas permis de fâcher personne, & moins encore un ami, pour un bon mot. Je ne soutiendrai pas non plus la traduction que vous blâmez, & qui est pourtant à la septiéme édition (1). Je vous dirai seulement que ce

___

(1) Ce qui fait grand honneur à Plutarque. Cette traduction est de Paul Tallemant, proche parent de ce

Traducteur porte un nom, que vous pouviez épargner, quand ce n'eût été que pour l'amour de moi. Je ne me plaindrai à personne; cette Lettre est écrite à plume courante. J'ai voulu seulement vous décharger mon cœur; & je ne veux d'autre vengeance de vous, que le reproche secret que vous vous ferez, malgré que vous en ayez, d'avoir contristé, de gayeté de cœur, un homme avec qui vous avez toujours vécu en amitié, & qui n'en est peut-être pas indigne, non plus que de votre estime. Je vous prie cependant d'être persuadé, que malgré le déplaisir que vous m'avez fait, je suis très-chrétiennement, c'est-à-dire, très-sincerement, & sans détour, votre très-humble, &c.

---

lui qui a écrit cette Lettre, & qui étoit comme lui de l'Académie Françoise.

DE BOILEAU A M. LE DUC DE...

JE ne sais pas, MONSEIGNEUR, sur quoi fondé, vous croyez qu'il y a de l'équivoque dans mon procédé à votre égard, au sujet de ma Satyre contre l'Equivoque. Vous savez bien que vous êtes un des premiers à qui j'en ai récité des vers dans le tems qu'elle n'étoit encore qu'ébauchée. Je l'ai achevée en votre absence ; & si vous aviez été à Paris, je n'aurois pas manqué de vous la porter sur le champ, non pour m'attirer vos louanges, mais pour recevoir vos avis. A votre défaut, je l'ai lûe à plusieurs personnes que vous connoissez, & qui m'en ont tous parlé avec des éloges que je désespére qu'elle puisse soutenir. M. le Cardinal de Noailles m'en a paru extrémement satisfait ; mais en même tems, il a approuvé le dessein où je lui ai dit que j'étois de la tenir secrette, & d'empêcher l'éclat qu'elle alloit faire : car j'y attaque très-hardiment toute la morale des mauvais Casuistes....

AVERTISSEMENT.

LE premier Recueil a fait connoître la vivacité du jeune homme qui n'aime que les Vers : dans le second Recueil on a vû la cordialité avec laquelle, dans un âge plus avancé, il écrivoit à son intime ami : voici le Pere de famille en deshabillé au milieu de ses enfans. Les Lettres suivantes, par les petits détails qu'elles contiennent, & par leur style simple, font mieux connoître le caractère de celui qui les a écrites, que des Lettres plus travaillées. Il aimoit également tous ses enfans, n'étant occupé qu'à entretenir l'union entre eux. Lorsqu'il en voyoit un incommodé, il étoit dans des agitations continuelles. *Pourquoi me suis-je*

AVERTISSEMENT.

marié ? s'écrioit-il ; & il se rappelloit ces deux Vers de Terence :

Vah ! quemquamne hominem in animum
  instituere aut
Parare, quod sit carius, quàm ipse est sibi !

C'est cette tendresse que respirent les Lettres qu'on va lire.

TROISIE'ME RECUEIL.

LETTRES DE RACINE A SON FILS.

Au Camp devant Namur le 31 *Mai.*

VOus avez pû voir, mon cher enfant, par les Lettres que j'écris à votre mere, combien je suis touché de votre maladie, (1) & la peine extrême que je ressens de n'être pas auprès de vous pour vous consoler. Je vois que vous prenez avec beaucoup de patience, le mal que Dieu vous envoie, & que vous êtes exact à faire tout ce qu'on vous dit : il est très-important pour vous d'être docile. J'espere qu'avec la grace de Dieu, il ne

_____
(1) Mon frere avoit alors la petite verole.

vous arrivera aucun accident. C'est une maladie dont peu de personnes sont exemptes ; & il vaut mieux en être attaqué à votre âge, qu'à un âge plus avancé. J'aurai une sensible joie de recevoir de vos Lettres: ne m'écrivez que quand vous serez entierement hors de danger, parce que vous ne pourriez écrire sans nuire à votre santé. Quand je ne serai plus inquiet de votre mal, je vous écrirai des nouvelles du siége de Namur. Il y a lieu d'esperer que la place se rendra bientôt; & je m'en réjouïs d'autant plus, que cela pourra me mettre en état de vous revoir bientôt à Paris. Adieu, mon cher enfant, offrez bien au bon Dieu tout le mal que vous souffrez, & remettez-vous entierement à sa sainte volonté. Assûrez-vous qu'on ne peut vous aimer plus que je vous aime, & que j'ai une fort grande impatience de vous embrasser.

Au Camp devant Namur le 10. Juin.

VOus pouvez juger par toutes les inquiétudes que m'a causées votre maladie, combien j'ai de joie de votre guérison. Vous avez beaucoup de graces à rendre à Dieu, de ce qu'il a permis qu'il ne vous soit arrivé aucun fâcheux accident, & que la fluxion qui vous étoit tombée sur les yeux n'ait point eu de suite. Je loue extrêmement la reconnoissance que vous témoignez pour tous les soins que votre mere a pris de vous. J'espere que vous ne les oublierez jamais, & que vous vous acquitterez de toutes les obligations que vous lui avez, par beaucoup de soumission à tout ce qu'elle désirera de vous. Votre Lettre m'a fait beaucoup de plaisir; elle est fort sagement écrite, & c'étoit la meilleure & la plus agréable marque que vous me pûssiez donner de votre guérison. Mais ne vous pressez pas encore de retourner à l'étude. Je vous conseille de ne lire que des choses qui vous fassent plaisir, jusqu'à ce que le Médecin vous donne permission de recommencer votre travail. Faites bien des amitiés pour moi à M. votre Précepteur, & faites ensorte qu'il ne se repente point de toutes les peines qu'il a prises pour vous. J'espere que j'aurai bientôt le plaisir de vous revoir, & que la reddition du château de Namur suivra de près celle de la ville. Adieu, mon cher fils, faites bien mes complimens à vos sœurs : je ne sais pourtant si on leur permet de vous rendre visite ; attendez donc à leur faire mes complimens, quand vous serez en état de les voir.

Au Camp de Thieusies le 3. Juin.

Vous me faites plaisir de me rendre compte des lectures que vous faites : mais je vous exhorte à ne pas donner toute votre attention aux Poëtes François. Songez qu'ils ne doivent servir qu'à votre récréation, & non pas à votre véritable étude. Ainsi je souhaitterois que vous prissiez quelquefois plaisir à m'entretenir d'Homère, de Quintilien, & des autres Auteurs de cette nature. Quant à votre Epigramme, (1) je voudrois que vous ne l'eussiez point faite. Outre qu'elle est assez médiocre, je ne saurois trop vous recommander de ne vous point laisser aller à la tentation de faire des vers François, qui ne serviroient qu'à vous dissiper l'esprit : sur-tout il n'en faut faire contre personne.

M. Despréaux a un talent qui lui est particulier, & qui ne doit point vous servir d'exemple, ni à vous ni à qui que ce soit. Il n'a pas seulement reçû du ciel un génie merveilleux pour la Satyre ; mais il a encore outre cela un jugement excellent, qui lui fait discerner ce qu'il faut louer, & ce qu'il faut reprendre. S'il a la bonté de vouloir s'amuser avec vous, c'est une des grandes félicités qui vous puissent arriver ; & je vous conseille d'en bien profiter, en l'écoutant beaucoup, &

---

(1) Mon frere, qui étoit alors en Rhétorique, crut le regaler en lui envoyant une Epigramme qu'il avoit faite sur la dispute entre Boileau & Perrault.

en décidant peu. Je vous dirai aussi que vous me feriez plaisir de vous attacher à votre écriture. Je veux croire que vous avez écrit votre Lettre fort vîte ; le caractère en paroît beaucoup négligé. Que tout ce que je vous dis, ne vous chagrine point : car du reste je suis très-content de vous ; & je ne vous donne ces petits avis, que pour vous exciter à faire de votre mieux en toutes choses. Votre mere vous fera part des nouvelles que je lui mande. Adieu, mon cher fils, je ne sais si je serai en état d'écrire, ni à vous, ni à personne de plus de quatre jours ; mais continuez à me donner de vos nouvelles. Parlez-moi aussi un peu de vos sœurs, que vous me ferez plaisir d'embrasser pour moi.

A Fontainebleau le 5. Octobre.

LA relation que vous m'avez envoyée m'a beaucoup diverti, & je vous sais bon gré d'avoir songé à la copier pour m'en faire part. Je l'ai montrée à M. de Montmorenci, & à M. de Chevreuse. Je suis toujours étonné qu'on vous montre en Rhétorique les fables de Phèdre, qui semblent une lecture plus proportionnée à des gens moins avancés. Il faut pourtant s'en fier à M. Rollin, qui a beaucoup de jugement & de capacité. On ne trouve les fables de M. de la Fontaine que chez M. Thierry, ou chez M. Barbin. Cela m'embarrasse un peu, parce que j'ai peur qu'ils ne veuillent pas prendre de mon argent. Je voudrois que vous pûssiez emprunter ces fables à quelqu'un jusqu'à mon retour. Je crois que M. Despréaux les a, (1) & en ce cas il vous les prêteroit

_____

(1) Ces fables n'étoient pas encore dans toutes les bibliothèques: mais comment n'étoient elles pas dans

volontiers: ou bien votre mere pourroit aller avec vous sans façon chez M. Thierry, & lui demander en les payant. Adieu, mon cher fils, dites à vos sœurs que je suis fort aise qu'elles se souviennent de moi, & qu'elles souhaitent de me revoir. Je les exhorte à bien servir Dieu, & vous surtout, afin que pendant cette année de Rhétorique, il vous soutienne & vous fasse la grace de vous avancer de plus en plus dans sa connoissance & dans son amour. Croyez-moi, c'est-là ce qu'il y a de plus solide au monde. Tout le reste est bien frivole.

A Fontainebleau le 8. Octobre.

JE voulois presque me donner la peine de corriger votre version, & vous la renvoyer en état où il faudroit qu'elle fût : mais j'ai trouvé que cela me prendroit trop de tems, à cause de la quantité d'endroits où vous n'a-

---

fes leurs ? La Fontaine étoit leur intime ami. Lorsque je fus lire, il m'en fit apprendre plusieurs par cœur.

vez pas attrappé le sens. Je vois bien que les Epîtres de Cicéron sont encore trop difficiles pour vous, parce que pour les bien entendre, il faut posséder parfaitement l'histoire de ce tems-là, & que vous ne la savez point. Ainsi je trouverois plus à propos que vous me fissiez, à votre loisir, une version de cette bataille de Trasymène, dont vous avez été si charmé, à commencer par la description de l'endroit où elle se donna: ne vous pressez point, & tournez la chose le plus naturellement que vous pourrez. J'approuve fort vos promenades à Auteuil; mais faites bien concevoir à M. Despréaux combien vous êtes reconnoissant de la bonté qu'il a de s'abaisser à s'entretenir avec vous. Vous pouvez prendre Voiture parmi mes livres, si cela vous fait plaisir; mais il faut un grand choix pour lire ses Lettres. J'aimerois autant, si vous voulez lire quelque livre François, que vous prissiez la traduction d'Hérodote, qui est fort divertissante, & qui vous apprendroit la plus ancienne histoire qui soit parmi les hommes, après l'Ecriture sainte. Il me semble qu'à votre âge, il ne faut pas voltiger de lecture en lecture, ce qui ne serviroit qu'à vous dissiper l'esprit, & à vous embarrasser la mémoire. Nous verrons cela plus à fond, quand je serai de retour à Paris. Adieu, mes baise-mains à vos sœurs.

A Fontainebleau le 20. Octobre.

Vous me rendez un très-bon compte de votre étude, & de votre conversation avec M. Despréaux. Il seroit bien à souhaiter pour vous que vous pussiez être souvent en si bonne compagnie, & vous en pourriez retirer un grand avantage, pourvû qu'avec un homme tel que M. Despréaux, vous eussiez plus de soin d'écouter que de parler. Je suis assez satisfait de votre version; mais je ne puis guère juger si elle est bien fidelle, n'ayant apporté ici que le premier tome des Lettres à Atticus, au lieu du second que je pensois avoir apporté: (1) je ne sais même si je ne l'ai point

___
(1) C'étoit son Livre favori, & le compagnon de ses voyages.

perdu

perdu, car j'étois comme assûré de l'avoir ici parmi mes livres. Pour plus grande sûreté, choisissez dans quelqu'un des six premiers livres la premiere Lettre que vous voudrez traduire: mais sur-tout choisissez-en une qui ne soit pas sèche, comme celle que vous avez prise, où il n'est presque parlé que d'affaires d'intérêt. Il y en a tant de belles sur l'état où étoit alors la République, & sur les choses de conséquence qui se passoient à Rome. Vous ne lirez guère d'ouvrage qui vous soit plus utile pour vous former l'esprit & le jugement: mais sur-tout je vous conseille de ne jamais traiter injurieusement un homme aussi digne d'être respecté de tous les siècles que Cicéron. Il ne vous convient point à votre âge, ni même à personne, de lui donner ce vilain nom de poltron: souvenez-vous toute votre vie de ce passage de Quintilien, qui étoit lui-même un grand personnage: *Ille se profecisse sciat cui Cicero valde placebit.* Ainsi vous auriez mieux fait de dire simplement, qu'il n'étoit pas aussi brave ou aussi intrépide que Caton. Je vous dirai même que si vous aviez bien lû la vie de Cicéron dans Plutarque, vous auriez vû qu'il mourut en fort brave homme, & qu'apparemment il n'auroit pas fait tant de lamentations que vous, si M. Carmeline lui eût nétoyé les dents. Adieu, mon cher fils, faites souvenir votre mere, qu'il faut entretenir un peu d'eau dans mon cabinet, de peur que les souris ne ravagent mes livres. Quand vous m'écrirez, vous pourrez vous dispenser de toutes ces cérémonies, & de *votre très-humble serviteur.* Je connois même assez votre écriture, sans que vous soyez obligé de mettre votre nom.

A Fontainebleau le 30. Octobre.

M. Despréaux a raison d'appréhender que vous ne perdiez un peu le goût des Belles-Lettres pendant votre cours de Philosophie; mais ce qui me rassûre, est la résolution où je vous vois de vous en rafraichir souvent la mémoire par la lecture des meilleurs Auteurs. D'ailleurs vous étudiez sous un Régent qui a lui même beaucoup de lettres & d'érudition. Je contribuerai de mon côté à vous faire ressouvenir de tout ce que vous avez lû; & je me ferai un plaisir de m'en entretenir souvent avec vous.

Votre sœur aînée se plaint de vous; & elle a raison. Elle dit qu'il y a plus de quatre mois qu'elle n'a reçû de vos nouvelles. Il me semble que vous devriez un peu répondre à l'amitié sincere que je lui vois pour vous: une Lettre vous couteroit-elle tant à écrire? Quand vous devriez ne l'entretenir que de vos petites sœurs, vous lui feriez le plus grand plaisir du monde. Vous avez raison de me plaindre du déplaisir que j'ai de voir souffrir si longtems un des meilleurs amis que j'aie au monde (1). J'espere qu'à la fin, ou la nature, ou les remèdes lui donneront quelque soulagement. J'ai la consolation d'entendre dire aux Médecins, qu'ils ne voient rien à craindre pour sa vie: sans quoi je vous avoue que je serois inconsolable.

(1) M. Nicole.

Comme vous êtes curieux de nouvelles, je voudrois en avoir beaucoup à vous mander. Je n'en sais que deux jusqu'ici qui doivent faire beaucoup de plaisir : l'une est la prise presque certaine de Charleroi : l'autre est la levée du siége de Belgrade. Quand je dis que cette nouvelle doit faire plaisir, ce n'est pas qu'à parler bien chrétiennement, on doive se réjouïr des avantages des Infidelles ; mais l'animosité des Allemands est si grande contre nous, qu'on est presque obligé de remercier Dieu de leur mauvais succès, afin qu'ils soient forcés de faire leur paix avec la France, & de consentir au repos de la Chrétienté, plutôt que de s'accommoder avec les Turcs.

A Fontainebleau le 15. Novembre.

MOn cher fils, vous me faites plaisir de me mander des nouvelles ; mais prenez garde de ne les pas prendre dans la Gazette de Hollande : car outre que nous les avons comme vous, vous y pourriez apprendre certains termes qui ne valent rien, comme celui de *recruter*, dont vous vous servez, au lieu de quoi il faut dire, *faire des recrües*. Mandez-moi des nouvelles de vos sœurs : il est bon de diversifier un peu, & de ne vous pas jetter toujours sur l'Irlande & sur l'Allemagne.

Le combat de M. de Luxembourg a été bien plus considérable qu'on ne le croyoit d'abord. Les ennemis ont laissé 1300 morts sur la place, & plus de 500 prisonniers, parmi lesquels on compte près de cent Officiers. On leur a pris aussi 36 étendarts : & ils avouent encore qu'ils ont plus de deux mille blessés dans leur armée. Cette victoire est fort glorieuse. La Maison du Roi a fait des choses incroyables, n'ayant jamais chargé l'ennemi qu'à coup d'épée. On dit que chaque Cavalier est revenu avec son épée toute sanglante. On a appris ce matin, que M. de Boufflers avoit battu aussi l'arriere-garde d'un corps d'Allemands qui étoient auprès de Dinant. Ecrivez-moi toujours ; mais que cela n'empêche pas votre chere mere de m'écrire, car je serois trop fâché de ne point recevoir de ses Lettres. Adieu, mon cher enfant, embrassez-la pour moi, & faites mes baise-mains à vos sœurs.

A Fontainebleau le 20.

JE ne saurois m'empêcher de vous dire, mon cher fils, que je suis très-content de tout ce que votre mere m'écrit de vous. Je vois par ses Lettres que vous êtes fort ataché à bien faire, mais sur-tout que vous craignez Dieu, & que vous prenez du plaisir à le servir. C'est la plus grande satisfaction que je puisse recevoir, & en même tems la meilleure fortune que je vous puisse souhaiter. J'espere que plus vous irez en avant, plus vous trouverez qu'il n'y a de véritable bonheur que celui-là. J'approuve la maniere dont vous distribuez votre tems & vos études: je voudrois seulement qu'aux jours que vous n'allez point au collége, vous pussiez relire Cicéron, & vous rafraichir la mémoire des plus beaux endroits, ou d'Horace, ou de Virgile; ces Auteurs étant fort propres à vous accoutumer à penser & à écrire avec justesse & netteté.

Vous direz à votre mere que le pauvre M. Sigur a eu la jambe coupée, ayant eu le pied emporté d'un coup de canon. Sa femme, qui l'avoit épousé pour sa bonne mine, a employé la meilleure partie de son bien à lui acheter une charge; & dès la premiere année il lui en coute une jambe. Il a eu un grand nombre de ses camarades tués ou blessés, je dis des Officiers de la Gendarmerie; mais en récompense la victoire a été fort grande, & on en aprend tous les jours de nouvelles circonstances très-avantageuses. On fait monter la perte des ennemis à près de dix mille morts.

J'ai vû les drapeaux & les étendarts qu'a envoyé M. de Catinat; & & je vous conseille de les aller voir à Notre-Dame. Il y a cent deux drapeaux, & quatre étendarts seulement; ce qui marque que la cavallerie ennemie n'a pas fait beaucoup de résistance, & a de bonne heure abandonné l'infanterie, laquelle a presque été toute taillée en pieces. Il y avoit des bataillons entiers d'Espagnols qui se jettoient à genoux pour demander quartier, & on l'accordoit à quelques-uns d'eux, au lieu qu'on n'en faisoit point du tout aux Allemands, parce qu'ils avoient menacé de n'en point faire. M. l'Archevêque de Sens a perdu M. son frere à la bataille.

A Fontainebleau le 25. Septembre.

JE vous suis obligé du soin que vous avez pris de faire toutes les choses que je vous avois recommandées. Je suis en peine de la santé de M. Nicole, & vous me ferez plaisir d'y envoyer de ma part, & de m'en mander des nouvelles. Je croiois avoir mis dans mon pacquet un livre, que j'ai été fort fâché de n'y point trouver. Ce sont les Pseaumes Latins de Vatable à deux colonnes, & avec des notes *in*-8°. qui sont à la tablette où je mets d'ordinaire mon Diurnal : je vous prie de le chercher, de l'empacquetter bien proprement dans du papier, & de me l'envoyer. J'écrirai demain à votre mere : faites-lui mes complimens, & à vos sœurs.

A Fontainebleau le 23. *Mai.*

JE vous prie de dire à M. Grimarets, que j'ai lû son Mémoire à M. le Chancelier, qui a dit que M. Cousin pensoit qu'on ne pouvoit rien faire de bon ni d'utile au public de ce projet. Je verrai M. de Harlay, & lui demanderai s'il veut & s'il peut se mêler de cette affaire, & entreprendre de persuader M. le Chancelier.

Il me paroît par votre Lettre que vous portez un peu d'envie à Mademoiselle de la C. de ce qu'elle a lû plus de Comédies & de Romans que vous. Je vous dirai avec la sincerité avec laquelle je suis obligé de vous parler, que j'ai un extrême chagrin que vous fassiez tant de cas de toutes ces niaiseries, qui ne doivent servir tout-au-plus qu'à délasser quelquefois l'esprit, mais qui ne devroient point vous tenir autant à cœur qu'elles font. Vous êtes engagé dans des études très-sérieuses, qui doivent attirer votre principale attention : & pendant que vous y êtes engagé, & que nous payons des maîtres pour vous instruire, vous devez éviter tout ce qui peut dissiper votre esprit & vous détourner de votre étude. Non-seulement votre conscience & la Religion vous y obligent ; mais vous-même devez avoir assez de considération & d'égard pour moi pour vous conformer un peu à mes sentimens, pendant que vous êtes dans un âge où vous devez vous laisser conduire.

Je ne dis pas que vous ne lisiez quelquefois des choses qui puissent vous divertir l'esprit ; & vous voyez que je vous ai mis moi-même entre les mains, assez de livres François capables de vous amuser : mais je serois inconsolable, si ces sortes de livres vous inspiroient du dégoût pour des lectures plus utiles, & surtout pour des livres de piété & de morale, dont vous ne parlez jamais, & pour lesquels il semble que vous n'ayez plus aucun goût, quoique vous soyez témoin du véritable plaisir que j'y prens préférablement à toute autre chose. Croyez-moi, quand vous saurez parler de Comédies & de Romans vous n'en serez guère plus avancé pour le monde, & ce ne sera point par cet endroit-là que vous serez le plus estimé. Je remets à vous en parler plus au long & plus particulierement quand je vous reverrai, & vous me ferez plaisir alors de me parler à cœur ouvert là dessus, & de ne vous point cacher de moi. Vous jugez bien que je ne cherche pas à vous chagriner, & que je n'ai autre dessein que de contribuer à vous rendre l'esprit solide, & à vous mettre en état de ne me point faire de déshonneur, quand vous viendrez à paroître dans le monde. Je vous assûre qu'après mon salut, c'est la chose dont je suis le plus occupé. Ne regardez point tout ce que je vous dis comme une réprimande; mais comme les avis d'un pere qui vous aime tendrement, & qui ne songe qu'à vous donner des marques de son amitié. Ecrivez-moi le plus souvent que vous pourrez ; & faites mes complimens à votre mere. Il n'y a ici aucune nouvelle, sinon que le Roi a toujours la goutte.

A Paris ce 3. Juin.

C'Est tout de bon que nous partons pour notre voyage de Picardie (1). Comme je serai quinze jours sans vous voir, & que vous êtes continuellement présent à mon esprit, je ne puis m'empêcher de vous répéter encore deux ou trois choses, que je crois très-importantes pour votre conduite.

La premiere, c'est d'être extrémement circonspect dans vos paroles, & d'éviter la réputation d'être un Parleur, qui est la plus mauvaise réputation qu'un jeune homme puisse avoir dans le pays où vous entrez. La seconde est d'avoir une extrême

---

(1) Il alloit à Montdidier, la patrie de ma mere. Toutes les Lettres suivantes ont été écrites à mon frere, reçû en survivance de la charge de Gentil-homme ordinaire.

docilité pour les avis de M. & Madame Vigan, qui vous aiment comme leur enfant.

N'oubliez point vos études, & cultivez continuellement votre mémoire, qui a grand besoin d'être exercée. Je vous demanderai compte à mon retour de vos lectures, & surtout de l'Histoire de France, dont je vous demanderai à voir vos extraits.

Vous savez ce que je vous ai dit des Opéra & des Comédies : on en doit jouer à Marly. Il est très important pour vous & pour moi-même qu'on ne vous y voie point, d'autant plus que vous êtes présentement à Versailles pour y faire vos exercices, & non point pour assister à toutes ces sortes de divertissemens. Le Roi & toute sa Cour savent le scrupule que je me fais d'y aller ; & ils auroient très méchante opinion de vous, si à l'âge où vous êtes, vous aviez si peu d'égard pour moi & pour mes sentimens. Je devois avant toutes choses vous recommander de songer toujours à votre salut, & de ne point perdre l'amour que je vous ai vû pour la

Religion. Le plus grand déplaisir qui puisse m'arriver au monde, c'est s'il me revenoit que vous êtes un indévot, & que Dieu vous est devenu indifférent. Je vous prie de recevoir cet avis avec la même amitié que je vous le donne. Adieu, mon cher fils, donnez-moi souvent de vos nouvelles.

A Mondidier le 9. Juin.

VOtre Lettre nous a fait ici un très-grand plaisir ; & quoiqu'elle ne nous ait pas apris beaucoup de nouvelles, elle nous a du moins fait juger qu'il n'y avoit pas un mot de vrai de toutes celles qu'on débite dans ce pays-ci. C'est une plaisante chose que les Provinces : tout le monde y est nouvelliste dès le berceau ; & vous n'y rencontrez que gens qui débitent gravement & affirmativement les plus sottes choses du monde. Pour moi je n'ai rien à vous mander de ce pays, qui soit capable de vous interresser, si ce n'est que je suis très-content des Dames de Variwille, & que

Babet (1) a une grande impatience d'entrer chez elles. J'espere que je recevrai encore une Lettre de vous avant que de partir.

Je vous sais très-bon gré des égards que vous avez pour moi au sujet des Opéra & des Comédies ; mais vous voulez bien que je vous dise que ma joie seroit complette, si le bon Dieu entroit un peu dans vos considérations. Je sais bien que vous ne serez pas deshonoré devant les hommes en y allant ; mais comptez-vous pour rien de vous deshonorer devant Dieu ? Pensez-vous, vous-même, que les hommes ne trouvassent pas étrange de vous voir à votre âge pratiquer des maximes si différentes des miennes ? Songez que M. le Duc de Bourgogne, qui a un goût merveilleux pour toutes ces choses, n'a encore été à aucun spectacle ; & qu'il veut bien en cela se laisser conduire par les gens qui sont chargez de son éducation. Et quels gens trouverez-vous au monde plus sages & plus estimés que ceux-

---

(1) Une de mes Sœurs qui se fit Religieuse chez les Dames de Vatirville, ordre de Fontevraud.

là ? Du reste, mon fils, je suis fort content de votre Lettre : elle a aussi fait beaucoup de plaisir à votre mere, excepté l'endroit où vous parlez de la cire que vous avez laissé tomber sur votre habit.

A Paris ce 27. Juin.

ON m'avoit déjà dit la nouvelle de la prise d'Ath ; & j'en ai beaucoup de joye. Vous me ferez plaisir de me mander tout ce que vous aprendrez de nouveau. Voici un tems assez vif, & où il peut arriver à toute heure des nouvelles importantes. Il se pourroit bien faire que je vous irois voir Mercredi : car j'ai quelque envie de mener votre Mere & vos Sœurs à Port-Royal, pour y être à la procession de l'Octave, & revenir le lendemain. Elles sont toutes en bonne santé, Dieu merci, & vous font leurs complimens. J'allai hier aux Carmelites avec votre Sœur aînée. Je vous exhorte à aller faire votre cour à Madame la Comtesse de Gramond, & à

Madame la Duchesse de Noailles, qui ont l'une & l'autre beaucoup de bonté pour vous. Votre petit frere est tombé ce matin la tête dans le feu; & sans votre mere qui l'a relevé sur le champ, il auroit eu le visage perdu : il en a été quitte pour une brûlure à la gorge : nous sommes bien obligés de remercier le bon Dieu de ce qu'il ne s'est pas fait plus de mal. Votre sœur se prépare toujours à entrer aux Carmelites Samedi; & tout ce que je lui ai pû dire, ne l'a pû persuader de différer au moins jusqu'à un autre tems. Madame de F... est à l'extrêmité. Vous voyez par-là que notre heure est bien incertaine, & que le plus sûr est d'y penser le plus sérieusement & le plus souvent qu'on peut. Votre mere aura soin de vous envoyer du linge à dentelle. Adieu.

A Versailles.

J'Avois passé exprès par Versailles, pour vous y voir, & pour savoir de vous si vous n'aviez besoin de rien. Je suis fâché de ne vous avoir pas trouvé, & plus fâché encore d'aprendre que vous avez eu la fiévre. Du reste, je suis bien aise que vous ayez été voir M. Despréaux & votre mere, qui aura eu, je m'imagine, bien de la joye de vous voir. Donnez-moi de vos nouvelles à Marly. Vous me ferez plaisir d'être chez M. de Torcy, toujours aussi assidu que votre santé vous le permettra. Ne vous laissez point manquer d'argent; & mandez-moi franchement si vous en avez besoin. Adieu, mon cher fils, je vous embrasse de tout mon cœur.

A Paris.

VOus m'avertissez de la part de Madame la Duchesse de Noailles, d'aller trouver M. l'Archevêque. J'ai été sur le champ pour avoir l'honneur de lui parler ; mais il étoit à Conflans.

Le Sermon du P. de la Rue fait ici un fort grand bruit, aussi-bien qu'au pays où vous êtes ; & l'on dit qu'il a parlé avec beaucoup de véhémence contre les opinions nouvelles du Quiétisme : mais on ne m'a rien pû dire de précis de ce Sermon, & j'ai grande envie de voir quelqu'un qui l'ait entendu. L'amitié qu'a pour moi M. de Cambrai, ne me permet pas d'être indifférent sur ce qui le regarde, & je souhaiterois de tout mon cœur qu'un Prélat de cette vertu & de ce mérite, n'eût point fait un livre qui lui attire tant de chagrins.

J'ai vû votre sœur, dont on est très-content aux Carmelites, & qui témoigne une grande envie de s'y consacrer à Dieu. Votre sœur Nanette nous accable tous les jours de Lettres, pour nous obliger de consentir à la laisser entrer au noviciat. J'ai bien des graces à rendre à Dieu, d'avoir inspiré à vos sœurs tant de ferveur pour son service, & un si grand desir de se sauver. Je voudrois de tout mon cœur que de tels exemples vous touchassent assez pour vous donner envie d'être bon Chrétien. (1) Voici un tems où vous voulez bien que je vous exhorte par toute la tendresse que j'ai pour vous, à faire quelques réflexions un peu sérieuses, sur la nécessité qu'il y a de travailler à son salut, à quelque état que l'on soit apellé. Votre mere, aussi bien que vos sœurs, & votre petit frere, auroient beaucoup de joye de vous revoir. Bon soir, mon cher fils.

(1.) Cette Lettre fut écrite pendant la Semaine Sainte.

A MADEMOISELLE RIVIERRE
sa Sœur. (1)

A Paris le 10 Janvier.

JE vous écris, ma chere Sœur, pour une affaire où vous pouvez avoir intérêt aussi bien que moi, & sur laquelle je vous suplie de m'éclaircir le plûtôt que vous pourrez. Vous savez qu'il y a un Edit qui oblige tous ceux qui ont ou qui veulent avoir des armoiries sur leur vaisselle ou ailleurs, de donner une somme qui va au plus à 25 livres, & de déclarer quelles sont leurs armoiries. Je sais que celles de notre famille sont un Cigne; mais je ne sais pas quelles sont les couleurs de l'écusson, & vous me ferez un grand plaisir de vous en instruire. Je crois que vous trouverez nos armes peintes aux vitres de la

---

(1) Je mets cette Lettre, parce qu'elle fait connoisse la générosité de mon pere envers de pauvres parens. Elle est écrite à ma tante, qui a vécu à la Ferté Milon 92 ans.

maison que notre grand-pere fit bâtir. J'ai oüi dire aussi à mon Oncle Racine, qu'elles étoient peintes aux vitres de quelque Eglise de la Ferté-Milon ; tachez de vous en éclaircir. J'attens votre réponse pour me déterminer, & pour porter mon argent.

Le jeune homme qui recherche en mariage ma petite cousine M... m'est venu trouver. Je lui ai promis de donner à ma cousine cent livres. Je lui ai dit que dans l'état où sont presentement mes affaires, je ne pouvois donner davantage, & je lui ai dit vrai, à cause de tout l'argent que je dois encore pour ma charge. Je dois sur-tout 6000 livres qui ne portent point d'intérêt ; & l'honnêteté veut que je les rende le plûtôt que je pourrai, pour n'être pas à charge à mes amis. J'espere que dans un autre tems je serai moins pressé, & alors je pourrai faire encore quelque petit present à ma cousine.

Le cousin H..... est venu ici fait comme un misérable, & a dit à ma femme, en presence de tous nos domestiques, qu'il étoit mon cousin,

Vous savez comme je ne renie point mes parens, & comme je tâche à les soulager: mais j'avouë qu'il est un peu rude qu'un homme qui s'est mis en cet état par ses débauches & par sa mauvaise conduite, vienne ici nous faire rougir de sa gueuserie. Je lui parlai comme il le méritoit, & lui dis que vous ne le laisseriez manquer de rien s'il en valoit la peine; mais qu'il buvoit tout ce que vous aviez la charité de lui donner. Je ne laissai pas de lui donner quelque chose pour s'en retourner. Je vous prie aussi de l'assister tout doucement, mais comme si cela venoit de vous. Je sacrifierai volontiers quelque chose par mois pour le tirer de la nécessité. Je vous recommande toujours la pauvre Marguerite, à qui je veux continuer de donner par mois comme j'ai toujours fait: si vous croyez que l'autre parente soit aussi dans le besoin, donnez-lui par mois ce que vous jugerez à propos.

Je ne sai si je vous ai mandé que ma chere fille aînée étoit entrée aux Carmelites: il m'en a couté beaucoup de larmes; mais elle a voulu absolument suivre la résolution qu'elle avoit prise. C'étoit de tous nos enfans celle que j'ai toujours le plus aimée, & dont je recevois le plus de consolation : il n'y avoit rien de pareil à l'amitié qu'elle me témoignoit. Je l'ai été voir plusieurs fois. Elle est charmée de la vie qu'elle méne dans ce Monastére, quoique cette vie soit fort austére ; & toute la maison est charmée d'elle. Elle est infiniment plus gaye qu'elle n'a jamais été. Il faut bien croire que Dieu la veut dans cette maison, puisqu'il sait qu'elle y trouve tant de plaisir. Votre petit neveu est toujours bien éveillé. Adieu, ma chere sœur, je suis entierement à vous. Ne manquez pas de me tenir parole, & de m'employer dans toutes les choses où vous aurez besoin de moi.

LETTRE DE RÉPRIMANDE à son Fils, qui étant chargé de porter les dépêches du Roy à M. de Bonrepaux, notre Ambassadeur en Hollande, s'arrêta par curiosité à Bruxelles. Toutes les Lettres suivantes lui furent écrites pendant son séjour en Hollande.

A Paris ce 26 Janvier 1698.

VRai-semblablement vous avez pris des Mémoires de M. de Cély, (1) pour avoir fait une course aussi extraordinaire, que celle que vous avez faite. J'étois fort en peine le premier jour de votre voyage, dans la peur où j'étois, que par trop d'envie d'aller vîte, il ne vous fut arrivé quelque accident; mais quand j'appris par votre Lettre de Mons, que vous n'étiez parti qu'à neuf heures de Cambrai, & que vous tiriez vanité d'avoir fait une si grande journée,

---

(1) Il aportoit la nouvelle de la paix de Ryswich. Il fit si peu de diligence, que quand il arriva, le Roi savoit la nouvelle.

je vis bien qu'il falloit se reposer sur vous de la conservation de votre personne. Votre long séjour à Bruxelles, & toutes les visites que vous y avez faites, méritent que vous en donniez une relation au public. Je ne doute pas même que vous n'y ayez été à l'Opéra, avec les dépêches du Roi dans votre poche. Vous rejettez la faute de tout sur M. Bombarde, comme si en arrivant à Bruxelles, vous n'aviez pas dû courir d'abord chez lui, & ne vous point coucher que vous n'eussiez fait vos affaires, pour être en état de partir le lendemain matin. Je ne sais pas ce que dira là-dessus M. de Bonrepaux; mais je sais bien que vous avez bon besoin de réparer par une conduite sage à la Haie, la conduite peu sensée que vous avez euë dans votre voyage. Pour moi, je vous avouë que j'apréhende de retourner à la Cour, & surtout de paroître devant M. de Torcy, à qui vous jugez bien que je n'oserai pas demander d'ordonnance pour votre voyage, n'étant point juste que le Roi paye la curiosité que vous avez euë de voir les Chanoinesses de Mons, & la Cour de Bruxelles. Vous ne me dites pas un mot d'un homme que vous auriez pû aller voir à Bruxelles, & pour qui vous savez que j'ai un très-grand respect. Vous ne me parlez pas non plus de nos deux Plénipotentiaires pour qui vous aviez une dépêche : cependant je ne comprens pas par quel enchantement vous auriez pû ne les pas rencontrer entre Mons & Buxelles.

Comme je vous dis franchement ma pensée pour le mal, je veux bien vous la dire aussi pour le bien. M. l'Archevêque de Cambrai paroît très-content de vous, & vous m'avez fait plaisir de m'écrire le détail des bons traitemens que vous avez reçûs de lui, dont il ne m'avoit pas mandé un mot, témoignant même du déplaisir de ne vous avoir pas assez bien fait les honneurs de son Palais brûlé.

Cela m'oblige de lui écrire une nouvelle Lettre de remerciment. Vous trouverez dans les balots de M. l'Ambassadeur, un étui où il y a deux chapeaux pour vous ; un castor fin, & un demi-castor ; & vous y trouverez aussi une paire de souliers des Freres.

Au nom de Dieu, faites un peü de réflexion sur votre conduite; & défiez-vous sur toutes choses d'une certaine fantaisie qui vous porte toûjours à satisfaire votre propre volonté, au hazard de tout ce qui en peut arriver. Vos sœurs vous font bien des complimens, & sur-tout Nannette.

A Paris le 31.

VOtre mere & toute la famille, a eu une grande joye d'aprendre que vous étiez arrivé en bonne-santé. Je n'ai point encore été à la Cour; mais j'espére d'y aller demain. Je crains toujours de paroître devant M. de Torcy, de peur qu'il ne me fasse des plaisanteries sur la diligence de votre course; mais il faut me résoudre à les essuyer, & lui faire espérer qu'une autrefois vous irez plus promptement, si l'on veut bien vous confier à l'avenir quelque chose dont on soit pressé. Je vois que M. de Bonrepaux a pris tout cela avec sa bonté ordinaire, & qu'il tâche même de vous excuser. Du reste vos Lettres nous font beaucoup de plaisir; & je serai bien aise d'en recevoir souvent. Faites mille complimens pour moi à M. de Bonnac. (1)

A Marli le 5. Février.

IL est juste, mon fils, que je vous fasse part de ma satisfaction, comme je vous ai fait souffrir de mes inquiétudes. Non-seulement M. de Torcy n'a point pris en mal votre séjour à Bruxelles; mais il a même approuvé tout ce que vous y avez fait, & a été bien aise que vous ayez fait la révérence à M. de Baviere. Vous ne devez point trouver étrange que vous aimant comme je fais, je sois si facile à allarmer sur toutes les choses qui ont de l'air d'une faute, & qui pourroient faire tort à la bonne opinion que je souhaite qu'on ait de vous. On m'a donné pour vous une ordonnance de voyage: j'irai la recevoir

_____
(1) Neveu de M. de Bonrepaux.

quand je serai à Paris, & je vous en tiendrai bon compte. Mandez-moi bien franchement tous vos besoins.

J'approuve au dernier point les sentimens où vous êtes sur toutes les bontés de M. de Bonrepaux, & la résolution que vous avez prise de n'en point abuser. Témoignez à M. de Bonnac ma reconnoissance, pour l'amitié dont il vous honore : son extrême honnêteté est un beau modéle pour vous ; & je ne saurois assez louer Dieu de vous avoir procuré des amis de ce mérite. Vous avez eu quelque raison d'attibuer l'heureux succès de votre voyage, par un si mauvais tems, aux prieres qu'on a faites pour vous. Je compte les miennes pour rien : mais votre mere & vos petites sœurs prioient tous les jours Dieu qu'il vous préservât de tout accident ; & on faisoit la même chose à P. R. Je doute que votre sœur puisse y demeurer longtems, à cause de ses fréquentes migraines, & à cause qu'il y a si peu d'apparence qu'elle y puisse rester pour toute sa vie.

Je ne sais si vous savez que M.

Corneille, notre confrere, (1) est mort. Il s'étoit confié à un Charlatan, qui lui donnoit des drogues pour lui diffoudre fa pierre. Ces drogues lui ont mis le feu dans la veffie. La fièvre l'a pris, & il est mort. Sa famille demande fa charge pour fon petit coufin, fils de ce brave M. de Marfilly, qui fut tué à Leuze, & qui avoit époufé la fille de Thomas Corneille. Je vous écrirai une autre fois plus au long : le jour me manque, & je fuis pareffeux d'allumer ma bougie. Vous ne pouvez m'écrire trop fouvent. Vos Lettres me femblent très naturellement écrites ; & plus vous en écrirez, plus auffi vous aurez de facilité. J'ai laiffé votre mere en bonne fanté. Vous ne fauriez lui faire trop de d'amitié dans vos Lettres, car elle mérite que vous l'aimiez, & que vous lui en donniez des marques. J'ai lû à M. le Maréchal de Noailles votre derniere Lettre, où vous témoignez tant de reconnoiffance pour les bons traitemens que vous avez reçûs de

---

(1) Gentilhomme ordinaire, parent de Corneille.

M. le Prince & de Madame la Princeſſe de Straerbak. M. de Torcy m'a appris que vous étiez dans la Gazette de Hollande : ſi je l'avois ſû, je l'aurois fait acheter, pour la lire à vos petites ſœurs, qui vous croiroient devenu un homme de conſéquence.

A Paris ce 15. *Février.*

JE crois que vous aurez été content de ma derniere Lettre, & de la réparation que je vous y faiſois de tout le chagrin que je puis vous avoir donné ſur votre voyage. J'ai reçû votre ordonnance au Tréſor Royal; mais quelques inſtances que M. de Chamlay, que j'avois mené avec moi, ait pû faire à M. de Turmenies, je n'en ai pû tirer que 900 livres : on prétend même que c'eſt beaucoup. Nous vous tiendrons compte de cette ſomme; & vous n'aurez qu'à prier M. l'Ambaſſadeur de vous donner l'argent dont vous aurez beſoin : j'aurai ſoin de le donner aux perſonnes à qui il me mandera de le donner. J'ai achevé de payer ma charge, & nous avons remboursé Madame Quinaut; mais vous jugez bien que cela nous resserre beaucoup dans nos affaires, & qu'il faut que nous vivions d'œconomie pour quelque tems. J'espere que vous nous aiderez un peu en cela, & que vous ne songerez pas à nous faire des dépenses inutiles, tandis que nous nous retranchons souvent le nécessaire.

Vous êtes extrémement obligé à M. de Bonac de tout le bien qu'il mande ici de vous : & tout ce que j'ai à souhaiter, c'est que vous souteniez la bonne opinion qu'il a conçûe de vous. Vous me ferez un sensible plaisir de lui demander pour moi une place dans son amitié, & de lui témoigner combien je suis sensible à toutes ses bontés. Je crois qu'il n'est pas besoin de vous exhorter à n'en point abuser; je vous ai toujours vû une grande appréhension d'être à charge à personne ; & c'est une des choses qui me plaisoient le plus en vous.

J'ai trouvé à Versailles un tiroir tout plein de livres, dont une partie étoit à moi, & l'autre vous appartient : je vous les souhaiterois tous à la Haye, à la réserve de deux ou trois, qui en vérité ne valent pas la reliûre que vous leur avez donnée. J'ai reçû une grande Lettre de votre sœur aînée, qui étoit fort en peine de vous, & qui nous prie instamment de la laisser où elle est. Cependant il n'y a guère d'apparance de l'y laisser plus longtems : la pauvre enfant me fait beaucoup de compassion, par le grand attachement qu'elle a conçû pour une maison dont les portes vraisemblablement ne s'ouvriront pas sitôt. Votre sœur Nanette est tombée ces jours passés, & s'est fait un grand mal au génoux : mais elle se porte bien, Dieu merci.

Il me paroît par votre derniere Lettre que vous aviez beaucoup d'occupation, & que vous étiez fort aise d'en avoir. C'est la meilleure nouvelle que vous me puissiez mander : & je serai à la joye de mon cœur, quand je verrai que vous prenez plaisir à vous instruire, & à vous rendre capable. Ecrivez-moi toutes les fois que cela ne vous détournera point de quelque meilleure occupation. Votre mere seroit curieuse de savoir ce qui vous est resté de tout ce qu'elle vous avoit donné pour votre voyage. M. Despréaux me demande toujours de vos nouvelles, & témoigné beaucoup d'amitié pour vous.

A Paris ce 23. *Février.*

J'Ai attendu si tard à commencer ma Lettre, qu'il faut que je la fasse fort courte, si je veux qu'elle parte aujourd'hui. M. l'Abbé de Châteauneuf parle très-obligeamment de vous; il est sur-tout très-édifié de la résolution où vous êtes de bien employer votre tems. Il a dit à M. Dacier, que le premier livre que vous aviez achetté en Hollande, c'étoit Homere. Cela vous fit beaucoup d'honneur dans notre petite Accadémie, où M. Dacier dit cette nouvelle: & cela donna sujet à M. Despréaux de s'étendre sur vos louanges; c'est-à-dire, sur les espérances qu'il a conçûes de vous: car vous savez que Cicéron dit, que dans un homme de votre âge on ne peut guére louer que l'espérance; mais l'homme du monde à qui vous êtes le plus obligé, c'est M. de Bonnac; il parle de vous dans toutes ses Letttes, comme si vous aviez l'honneur d'être son frere. Je vous estime d'autant plus heureux de cette bonne opinion qu'il a conçûe de vous, que lui-même est ici en réputation d'être un des plus aimables & des plus honnêtes hommes du monde. Tous ceux qui l'ont vû en Dannemarc, ou à la Haye, sont revenus charmés de sa politesse & de son esprit. Voilà de bons exemples que vous avez devant vous, & vous n'avez qu'à imiter ce que vous voyez.

J'ai lû à M. Despréaux votre derniere Lettre; il en fut très-content, & trouva que vous écriviez très-naturellement : je lui montrai l'endroit où vous dites que vous parliez souvent de lui avec M. l'Ambassadeur : & comme il est fort bon homme, cela l'attendrit beaucoup, & lui fit dire beaucoup de bien, & de M. l'Ambassadeur, & de vous

M. le Comte d'Ayen a été fort mal

d'une fluxion sur la poitrine ; il est mieux. Madame sa mere m'a parlé d'une Dame qui est très-fâchée que vous n'ayez pas fait un plus long séjour à Bruxelles. Pour moi je ne me plains plus qu'il ait été, ni trop long, ni trop court : mais je voudrois seulement que vous y eussiez vû en passant, un homme qui étoit du moins aussi digne de votre curiosité que tout ce que vous y avez vû.

Je revins il y a huit jours de Port-Royal, d'où j'avois résolu de ramener votre sœur ; mais il me fut impossible de lui persuader de revenir. Elle prétend avoir tout de bon renoncé au monde, & que si l'on ne reçoit plus de Religieuse à Port-Royal, elle s'ira réfugier aux Carmelites : on en est très-content, & j'en suis aussi revenu très-édifié. Elle me demanda fort de vos nouvelles, & me dit qu'on avoit bien prié Dieu pour vous dans la maison. Adieu. Votre mere vous salue.

A Paris le 24 Février.

Vous direz à M. l'Ambaſſadeur une choſe qu'il ne ſait peut-être pas, c'eſt que le Roi a enfin recompenſé les Plénipotentiaires, que tout le monde regardoit preſque comme des gens diſgraciés. Il a donné la charge de Secretaire du Cabinet à M. de Callierres, à condition que M. de Callierres donnera ſur cette charge 50 mille francs à M. de Creſſy, & 15 mille à l'Abbé Morel : ce ſont 65 mille livres dont le Roi donne un brevet de retenuë à M. de Callierres. Sa Majeſté donne encore à M. de Creſſy, pour ſon fils, la charge de Gentilhomme ordinaire, vacante par la mort du pauvre M. Corneille : & donne à M. de Harlay cinq mille livres de rentes ſur l'Hôtel de Ville. Voilà toutes les nouvelles de la Cour.

Je viens de donner à une perſonne, qui vous les remettra, onze loüis d'or & demi vieux, faiſant 140 liv. 17 ſ. 6 d. Je vous prie d'en être le meilleur ménager que vous pourrez, & de vous souvenir que vous n'êtes pas le fils d'un Traitant, ni d'un premier valet de Garderobe. M. Q... qui, comme vous savez, est le plus pauvre des quatre, a marié depuis peu sa fille à un jeune homme extrêmement riche.

Votre mere, qui est toujours portée à bien penser de vous, croit que vous l'informerez de l'argent qui vous reste, de l'emploi que vous avez fait de celui que vous avez emporté, & que cela sera en partie le sujet des Lettres que vous lui promettez de lui écrire : mais vraisemblablement vous croyez qu'il n'est pas du grand air de parler de ces bagatelles. Nous autres bonnes gens de famille, nous allons plus simplement, & nous croyons que bien savoir son compte, n'est pas audessous d'un honnête homme. Serieusement vous me ferez plaisir de paroître un peu appliqué à vos petites affaires.

M. Despréaux a dîné aujourd'hui au logis, & nous lui avons fait très-bonne chere, graces à un fort bon brochet, & une belle carpe, qu'on nous avoit envoyés de Port-Royal. M. Despréaux venoit de toucher sa pension, & de porter chez M. Caillet, Notaire, dix mille francs, pour se faire 550 livres de rente sur la Ville. Demain M. de Valincour viendra encore dîner au logis avec M. Despréaux. Vous jugez bien que cela ne se passera pas sans boire la santé de M. l'Ambassadeur, & la vôtre. Dans la vérité je suis fort content de vous; & vous le seriez aussi beaucoup de votre mere, & de moi, si vous saviez avec quelle tendresse nous nous parlons souvent de vous. Songez que notre ambition est fort bornée du côté de la fortune, & que la chose que nous demandons du meilleur cœur au bon Dieu, c'est qu'il vous fasse la grace d'être homme de bien, & d'avoir une conduite qui réponde à l'éducation que nous avons tâché de vous donner. J'ai été un peu incommodé ces jours passés ; cela n'a pas eu de suite : votre sœur Nannette vous avoit écrit une grande Lettre pleine d'amitié. Je ne vous l'envoie pas encore ; elle grossiroit trop mon paquet. Adieu, mon cher fils. Il me semble qu'il y a longtems que je n'ai reçû de vos nouvelles.

EXTRAIT D'UNE LETTRE à Madame de Maintenon.

Madame,

J'avois pris le parti de vous écrire au sujet de la taxe qui a si fort dérangé mes petites affaires ; mais n'étant pas content de ma Lettre, j'avois simplement dressé un Mémoire, dans le dessein de vous faire supplier de le presenter à Sa Majesté... Voilà, Madame, tout naturellement comment je me suis conduit dans cette affaire ; mais j'apprens que j'en ai une autre bien plus terrible sur les bras... Je vous avouë que lorsque je faisois tant chanter dans Esther, *Rois, chassez la calomnie*, je ne m'attendois guère que je serois moi-même un jour attaqué par la calomnie. On veut me faire passer pour un homme de cabale, & rébelle à l'Eglise.

Ayez la bonté de vous souvenir, MADAME, combien de fois vous avez dit que la meilleure qualité que vous trouviez en moi, c'étoit une soumission d'enfant pour tout ce que l'Eglise croit & ordonne, même dans les plus petites choses. J'ait fait par votre ordre près de trois mille vers sur des sujets de piété ; j'y ai parlé assûrément de toute l'abondance de mon cœur, & j'y ai mis tous les sentimens dont j'étois le plus rempli. Vous est il jamais revenu qu'on y eût trouvé un seul endroit qui approchât de l'erreur ?...

Pour la caballe, qui est-ce qui n'en peut être accusé, si on en accuse un homme aussi dévoué au Roi que je le suis, un homme qui passe sa vie à penser au Roi, à s'informer des grandes actions du Roi, & à inspirer aux autres les sentimens d'amour & d'admiration qu'il a pour le Roi ? J'ose dire, que les grands Seigneurs m'ont bien plus recherché que je ne les recherchois moi-même : mais dans quelque compagnie que je me sois trouvé, Dieu m'a fait la grace de ne rougir jamais, ni du Roi, ni de l'Evangile. Il y a des témoins encore vivans, qui pourroient vous dire avec quel zèle on m'a vû souvent combattre de petits chagrins, qui naissent quelquefois dans l'esprit de gens que le Roi a le plus comblés de ses graces. Hé quoi, Madame, avec quelle conscience pourrai-je déposer à la postérité, que ce grand Prince n'admettoit point les faux rapports contre les personnes qui lui étoient les plus inconnuës, s'il faut que je fasse moi-même une si triste expérience du contraire ?

Mais je sais ce qui a pû donner lieu à une accusation si injuste. J'ai une tante qui est Supérieure de P. R. & à laquelle je crois avoir des obligations infinies. C'est elle qui m'apprit à connoître Dieu dès mon enfance ; & c'est elle aussi dont Dieu s'est servi pour me tirer des égaremens & des misères où j'ai été engagé pendant quinze années de ma vie. Elle a eu recours à moi... Pouvois-je, sans être le dernier des hommes, lui refuser mes petits secours dans cette nécessité ? Mais à qui est-ce, Madame, que je m'adressai pour la secourir ? J'allai trouver le P. de la Chaize, & lui représentai tout ce que je connoissois de l'état de cette maison. Je n'ose pas croire que je l'aie persuadé ; mais il parut très-content de ma franchise ; & m'assûra, en m'embrassant, qu'il feroit toute sa vie, mon serviteur & mon ami.

Je vous puis protester devant Dieu, que je ne connois ni ne fréquente aucun homme qui soit suspect de la moindre nouveauté. Je passe ma vie le plus retiré que je puis dans ma famille, & ne suis, pour ainsi dire, dans le monde, que lorsque je suis à Marli. Je vous assûre, MADAME, que l'état où je me trouve est très-digne de la compassion que je vous ai toujours vûe pour les malheureux. Je suis privé de l'honneur de vous voir ; je n'ose presque plus compter sur votre protection, qui est pourtant la seule que j'aie tâché de mériter. Je chercherois du moins ma consolation dans mon travail ; mais jugez quelle amertume doit jetter sur ce travail, la pensée que ce même grand Prince, dont je suis continuellement occupé, me regarde peut-être comme un homme plus digne de sa colère, que de ses bontés. Je suis, &c.

A SON FILS.

A Paris le 10 Mars.

Votre mere est fort contente du détail que vous lui mandez de vos affaires, & fort affligée que vous ayez perdu sur les espèces. Je crois vous avoir mandé que j'ai donné pour vous onze louis d'or vieux, & un demi louis vieux, faisant en tout 140 liv. 17 s. 6 d. Ne vous laissez manquer de rien, & croyez que j'approuverai tout ce que M. l'Ambassadeur approuvera. Il me mande qu'il est fort content de vous ; c'est la meilleure nouvelle qu'il puisse me mander, & la chose du monde qui peut le plus contribuer à me rendre heureux. Ce que vous m'écrivez des Carthaginois m'a fort étonné ; mais songez que les Lettres peuvent être vûes, & qu'il faut écrire avec beaucoup de précaution sur certains sujets. M. Felix le fils se plaint de ce que vous ne lui écrivez point; mais le commerce de Lettres entre lui & vous étant aussi cher qu'il est, vous ferez aussi sagement de ne vous pas ruiner les uns les autres (1).

Votre mere se porte bien : Madelon & Lionval (2) sont un peu incommodés : & je ne sais s'il ne faudra point leur faire rompre Carême. J'en étois assez d'avis ; mais votre mere croit que cela n'est pas nécessaire. Comme le tems de Pâque approche, vous voulez bien que je songe un peu à vous, & que je vous recommande aussi d'y songer. Vous ne m'avez encore rien mandé de la chapelle de M. l'Ambassadeur. Je sai combien il est attentif aux choses de la Religion, & qu'il s'en fait une affaire capitale. Est-ce des Prêtres séculiers par qui il la fait desservir ? ou bien sont-ce des Religieux ? Je vous conjure de prendre en bonne part les avis que je vous donne là-dessus, & de vous souvenir que comme je n'ai rien plus à cœur

---

(1) Ce n'étoit point par avarice. Il lui recommandera bientôt de lui adresser toutes les Lettres qu'il écrira à Boileau ; & il l'exhorte à lui écrire.
(2) C'étoit moi.

que de me sauver, je ne puis avoir de véritable joie, si vous négligiez une affaire si importante, & la seule proprement à laquelle nous devrions tous travailler. On m'a dit qu'il falloit absolument que votre sœur aînée revînt avec nous; & j'irai la semaine de Pâque pour la ramener : ce sera une rude séparation pour elle & pour ces saintes filles, qui sont fort contentes d'elle. Nanette vous fait ses complimens dans toutes ses Lettres.

Milord Portland fit hier son entrée. Tout Paris y étoit : mais il me semble qu'on ne parle que de la magnific.nce de M. de Boufflers, qui l'accompagnoit, & point du tout de celle du Milord.

Je mande à M. l'Ambassadeur, que vous lui montrerez un endroit de Virgile, où Nisus (1) se plaint à Enée, qui ne le récompensoit point, lui qui avoit fait des merveilles; & qu'il récompense des gens qui ont été vaincus. Cherchez cet endroit, je suis assuré que

---

(1) Si tanta, inquit, sunt præmia victis,
Et te lapsorum miseret ; quæ munera Niso
Digna dabis ? *Eneïd.* 5. l.

vous le trouverez fort beau. Votre mere vous embrasse, & se repose sur moi du soin de vous écrire de ses nouvelles.

A Paris le 16 Mars.

JE m'étonne que vous n'ayez pas eu le tems de m'écrire un mot par les deux courriers que M. l'Ambassadeur a envoyés coup sur coup, & qui sont venus m'apprendre de vos nouvelles. Ils me disent que vous êtes très-content. Je ne puis vous exprimer combien cela me fait plaisir ; mais pendant que vous êtes dans un lieu où vous vous plaisez, & où vous êtes dans la meilleure compagnie du monde, votre pauvre sœur aînée est dans les larmes, & dans la plus grande affliction où elle ait été de sa vie. C'est tout de bon qu'il faut qu'elle se sépare de sa chere tante, & des saintes filles, avec qui elle s'estimoit si heureuse de servir Dieu. Mais quelque instance que je lui aie pû faire pour l'obliger de revenir avec nous, elle a résolu de
ne

ne jamais remettre le pié au logis ; elle prétend s'aller enfermer dans Gif, & s'y faire Religieuse, si elle perd l'espérance de l'être à P. R. Elle m'a écrit là-dessus des Lettres qui m'ont troublé & déchiré au dernier point ; & je m'assure que vous en seriez attendri vous-même. La pauvre enfant a eu jusqu'ici bien des peines, & a été bien traversée dans le dessein qu'elle a de se donner à Dieu : je ne sai quand il permettra qu'elle mène une vie un peu plus calme & plus heureuse. Elle étoit charmée d'être à P. R. & toute la maison étoit aussi très-contente d'elle. Il faut se soumettre aux volontés de Dieu. Je ne suis guère en état de vous entretenir sur d'autres matières ; & j'ai eu mille peines à achever la Lettre que j'ai écrite à M. l'Ambassadeur. Je pars demain pour aller à P. R. & régler toutes choses avec ma Tante ; de-là j'irai coucher à Versailles, pour aller coucher Mercredi à Marli.

Je ne doute pas que vous ne soyez fort aise du mariage de M. le Comte d'Ayen : il me témoigne toujours beaucoup d'amitié pour vous. Le voila présentement le plus riche Seigneur de la Cour. Le Roi donne à Mademoiselle d'Aubigné 800 mille francs, outre cent mille francs en pierreries. Madame de Maintenon assûre aussi à sa niéce six cens mille francs. On donne à M. le Comte d'Ayen les survivances des deux Gouvernemens, sans compter des pensions. M. le Maréchal de Noailles assure 45 mille livres de rente à M. son fils, & lui en donne présentement dix-huit mille. Voilà, Dieu merci, de grands biens; mais ce que j'estime plus que tout cela, c'est qu'il est fort sage, & très digne de la grande fortune qu'on lui fait. Adieu. Ecrivez-nous souvent, & priez M. l'Ambassadeur de vouloir vous avertir une heure ou deux avant le départ de ses courriers, quand il sera obligé d'en envoyer. Quand vous n'écririez que dix ou douze lignes, cela me fera toujours beaucoup de plaisir. Lionval a été un peu malade: vos petites sœurs sont en bonne santé; votre mere vous écrira dans deux jours. Assûrez M. de Bonnac de toute la reconnoissance que j'ai pour l'amitié dont il vous honore.

je l'en remercierai moi-même à la premiere occasion, & lorsque j'aurai l'esprit un peu plus tranquille que je ne l'ai.

A Paris le Lundi de Pâque.

J'Ai lû avec beaucoup de plaisir tout ce que vous me mandez de la maniere édifiante dont le service se fait dans la chapelle de M. l'Ambassadeur, & sur les dispositions où vous étiez de bien employer ce saint tems. Je vous assûre que vous auriez encore pensé plus sérieusement que vous ne faites sur l'incertitude de la mort, & sur le peu de cas qu'on doit faire de la vie, si vous aviez vû le triste spectacle que nous venons d'avoir votre mere & moi cette après-dînée. La pauvre Fanchon s'étoit plaint de beaucoup de maux de tête tout le matin; on a été obligé, après le dîner de la faire mettre sur son lit; & sur les trois heures, comme je prenois mon livre pour aller à Vêpres, j'ai demandé de ses nouvelles. Votre mere, qui la venoit de quitter, m'a dit qu'elle lui trouvoit un peu de fièvre. J'ai été pour lui tâter le poux ; je l'ai trouvée renversée sur son lit, sans la moindre connoissance, le visage tout bouffi, avec une quantité horrible d'eaux qui l'étouffoient, & faisoient un bruit effroyable dans sa gorge ; enfin une vraie apoplexie. J'ai fait un grand cri, (1) & je l'ai prise entre mes bras ; mais sa tête & tout son corps n'étoient plus que comme un linge mouillé. Un moment plus tard elle étoit morte. Votre mere est venue toute éperdue, & lui a jetté quelques poignées de sel dans la bouche. On l'a baignée d'esprit de vin & de vinaigre ; mais elle a été plus d'une grande demi-heure entre nos bras dans le même état ; & nous n'attendions que le moment qu'elle alloit étouffer. Nous avons vîte envoyé chez M. Maréchal : il n'y étoit point. A la fin, à force de la tourmenter, & de lui faire avaler par force, tantôt du vin, tantôt du sel, elle a vomi une quantité épouvantable d'eaux qui lui étoient tombées du cerveau dans la poitrine;

___

(1) Ce cri fut si grand, qu'il est resté dans ma mémoire.

elle a pourtant été deux heures entieres sans revenir à elle, & il n'y a qu'une heure à peu près que la connoissance lui est revenue. Elle m'a entendu dire à votre mere que j'allois vous écrire; elle m'a prié de vous faire bien ses complimens : c'est en quelque sorte la premiere marque de connoissance qu'elle nous a donnée. (1) Je vous assûre que vous auriez été aussi ému que nous l'avons tous été. Madelon en est encore toute effrayée, & a bien pleuré sa sœur, qu'elle croyoit morte.

Je vais demain à P. R. d'où j'espère ramener votre sœur aînée. Ce sera encore un autre spectacle fort triste pour moi; & il y aura bien des larmes versées à cette séparation. Nous avons jugé qu'elle n'avoit point d'autre parti à prendre qu'à revenir avec nous, sans aller de couvent en couvent. Du moins elle aura le tems de rétablir sa santé, qui s'est fort affoiblie par les austérités du Carême ; & elle s'examinera à loisir sur le parti qu'elle doit embrasser.

---

(1) Quel art pour engager un frere à aimer ses petites sœurs !

Nous lui avons préparé la chambre où couchoit votre petit frere, qui couchera dans la vôtre avec sa mie. Vos Lettres me font toujours un extrême plaisir, & même à M. Despréaux, à qui je les montre quelquefois, & qui continue à m'assûrer que j'aurai beaucoup de satisfaction de vous, & que vous ferez des merveilles. Votre Laquais m'a fait demander une augmentation de gages, disant pour ses raisons, que le vin est fort cher en Hollande. Ni je ne suis en état d'augmenter ses gages, ni je ne crois point ses services assez considérables pour les augmenter. Du reste ne vous laissez manquer de rien; mandez-moi tous vos besoins, & croyez qu'on ne peut vous aimer plus tendrement.

A Paris le 14 Août.

VOtre sœur commence à se raccoutumer avec nous ; mais non pas avec le monde, dont elle paroît toujours fort dégoutée : elle prend un fort grand soin de ses petites sœurs, & de son petit frere ; & elle fait tout cela de la meilleure grace du monde. Votre mere est édifiée d'elle, & en reçoit un fort grand soulagement. Il a fallu bien des combats pour la résoudre à porter des habits fort simples & fort modestes, qu'elle a retrouvés dans son armoire : & il a fallu au moins lui promettre qu'on ne l'obligeroit jamais à porter ni or ni argent. Ou je me trompe, ou vous n'etes pas tout-à-fait dans ces mêmes sentimens ; & vous traitez peut-être de grande foiblesse d'esprit cette aversion qu'elle témoigne pour les ajustemens, & pour la parure : j'ajoûterai même pour la dorure. Mais que cette petite refléxion que je fais ne vous effraie point. Je sais aussi bien compatir à la petite vanité des jeunes gens, comme je fais admirer la modestie de votre sœur. J'ai même prié M. l'Ambassadeur de vous faire avancer ce qui vous sera nécessaire pour un habit tel que vous en aurez besoin : & je m'abandonne sans aucune répugnance, à tout ce qu'il jugera à propos.

J'ai été charmé de l'éloge que vous me faites de M. de Bonnac, & de la noble émulation qu'il me semble que son exemple vous inspire. Ayez bien soin de lui témoigner combien je l'honore, & combien je souhaite qu'il me compte au nombre de ses serviteurs. Votre petit frere est fort enrhumé, aussi-bien que Madelon : tous deux ne font que tousser. Fanchon ne se ressent plus de son accident, que M. Fagon appelle un catarre suffoquant. Votre mere & votre sœur se portent fort bien, & vous font leurs complimens. M. Despréaux vous fait aussi les siens. Il est à la joie de son cœur depuis qu'il a vû son Amour de Dieu imprimé avec de grands éloges dans une réponse qu'on a faite au P. Daniel. On m'a dit mille biens de plusieurs Ecclésiastiques qui sont en Hollande. C'est une grande consolation de trouver des gens de bien, & de pouvoir quelquefois s'entretenir avec eux des choses du salut, sur-tout dans un pays où l'on est si dissipé par les divertissemens & les affaires. Du reste j'apprens avec beaucoup de plaisir que vous ne voyez que les mêmes gens que voit M. l'Ambassadeur; & si vous fréquentiez d'autres compagnies que les siennes, je serois dans de très-grandes inquiétudes. Je ne vous écrirai pas plus au long, me trouvant accablé d'affaires au sujet de l'argent qu'il faut que je donne pour ma taxe (1).

A Paris le 25. Avril.

J'Ai été fort incommodé depuis la derniere Lettre que je vous ai écrite, ayant eu plusieurs petits maux, dont il n'y en avoit pas un seul dangereux; mais qui étoient tous assez

---

(1) J'ai parlé dans sa vie de cette taxe sur sa charge de Secretaire du Roi.

douloureux pour m'empêcher de dormir la nuit, & de m'appliquer durant le jour. Ces maux étoient un fort grand rhume, un rhumatisme, & une petite érysipele, ou érésipele, qui m'inquiéte beaucoup de tems en tems. Cela a donné occasion à votre mere, & à mes meilleurs amis, de m'insulter sur la paresse que j'avois depuis si long-tems de faire des remèdes. J'en ai donc commencé quelques-uns. Vos deux petites sœurs prenoient hier médecine, pendant qu'on me saignoit : & il fallut que votre mere me quittât, pour aller forcer Fanchon à avaller sa médecine : elle a toujours été un peu incommodée depuis son catarre. Je lui ai lû votre Lettre ; elle fut fort touchée de l'intérêt que vous peniez à sa maladie, & du soin que vous preniez de lui donner des conseils de si loin ; elle ne fait plus autre chose depuis ce tems-là que de se moucher ; & fait un bruit comme si elle vouloit que vous l'entendissiez, & que vous vissiez combien elle fait cas de vos conseils.

Votre sœur aînée est d'une humeur fort douce : j'ai tout sujet d'être édiné de sa conduite & de sa grande piété ; mais est toujours fort farouche. Elle pensa hier rompre en visiere avec une personne qui lui faisoit entendre, par maniere de civilité, qu'il la trouvoit bien faite : & je fus obligé même, quand nous fûmes seuls, de lui en faire une petite réprimande. Elle voudroit ne bouger de sa chambre, & ne voir personne : du reste elle est assez gaie avec nous, & prend grand soin de ses petites sœurs, & de son petit frere. Mais voilà assez vous parler de notre ménage.

Vous ne serez pas fort affligé d'apprendre que R. l'Huissier de la chambre, a été mis à la Bastille, & qu'on lui a ordonné de se défaire de sa charge. Ses confreres seront fort aises d'être délivrés de lui. Pour moi il ne me saluoit plus, & avoit toujours envie de me fermer la porte au nez lorsque je venois chez le Roi. Avec tout cela je le plaindrois, si un homme insolent, & qui cherchoit si volontiers la haine de tous les honnêtes gens, pouvoit mériter quelque pitié. Il y a eu une catastrophe qui a fait bien plus de bruit que celle-là : c'est celle d'un Breton qui n'étoit, pour ainsi dire, connu de personne, & que le Roi avoit nommé Evêque de Poitiers. Vous avez entendu parler de cette affaire, qui a été très-fâcheuse pour cet Evêque de deux jours, & bien plus pour le P. de la Chaize son protecteur, qui a eu le déplaisir de voir défaire son ouvrage. Mille complimens pour moi à M. de Bonnac, qui est de toutes les compagnies que vous voyez, celle que je vous envie le plus.

A Paris le 2 May.

Votre mere & moi nous approuvons entierement tout ce que vous avez pensé sur votre habit, & nous souhaitons même qu'on ait déja commencé à y travailler, afin que vous l'ayez pour l'entrée de M. l'Ambassadeur. Vous n'avez qu'à le prier de vous faire donner l'argent dont vous croyez avoir besoin, tant pour l'habit, que pour les autres choses que vous jugerez nécessaires. J'ai approuvé votre conduite à l'égard des Ecclésiastiques dont je vous avois parlé; vous me ferez plaisir de répondre au mieux à leurs honnêtetés. Il peut même arriver des occasions où vous ne serez pas fâché de vous adresser à eux, pour les choses qui regardent votre salut, quand vous serez assez heureux pour y songer sérieusement. Il ne se peut rien de plus sage que la conduite de M. l'Ambassadeur envers eux. Il a un frere dont on m'a dit des merveilles: on ne l'appelle que le saint

folitaire. Je fuis fûr que M. l'Ambaf-
fadeur, avec tous les honneurs qui
l'environnent, envie fouvent de bon
cœur le calme & la félicité de M. fon
frere.

M. Defpréaux recevra avec joie
vos Lettres, quand vous lui écrirez,
mais je vous confeille de me les adref-
fer, de peur que le prix qui lui en cou-
teroit ne diminue beaucoup le prix
même de tout ce que vous pourriez
lui mander (1). N'apprehendez pas
de m'ennuyer par la longueur de vos
Lettres ; elles me font un extrême
plaifir, & nous font d'une très-grande confolation à votre mere & à moi,
& mêmes à toutes vos fœurs, qui les
écoutent avec une merveilleufe attention, en attendant l'endroit où vous
ferez mention d'elles.

Il y aura demain trois femaines que
je ne fuis forti de Paris, à caufe de
cette efpèce de petite éréfypele que
j'ai. Vous ne fauriez croire combien
je me plais dans cette efpèce de re-

---

(1) Il a dit dans une Lettre précédente, qu'il n'o-
foit aller acheter lui-même chez Thierry, les Fables de
la Fontaine, de peur qu'on ne voulût pas prendre fon
argent. Son caractere étoit différent de celui de Boileau.

traite, & avec quelle ardeur je demande au bon Dieu que vous soyez en état de vous passer de mes petits secours, (1) afin que je commence un peu à me reposer, & à mener une vie conforme à mon âge, & même à mon inclination. M. Despréaux m'a tenu très-bonne compagnie. Toutes vos sœurs sont en bonne santé, aussi-bien celles qui sont ici, que celles qui sont au couvent, & qui témoignent toutes deux une grande ferveur pour achever de se consacrer à Dieu. Babet m'écrit les plus jolies Lettres du monde, & les plus vives, sans beaucoup d'ordre, comme vous pouvez croire ; mais extrémement conformes au caractère que vous lui connoissez. Elle nous demande avec grand soin de vos nouvelles. Adieu, mon cher fils, je vous écrirai plus au long une autrefois. J'ai si mal dormi, que je n'ai pas la tête bien libre : n'ayez sur-tout aucune inquiétude sur ma santé, qui au fond est très-bonne (2).

---

(1) C'est ce qu'il attendoit avec impatience, pour se retirer de la Cour.
(2) Sa santé alla toujours depuis en dépérissant; mais il ne voulait pas l'inquiéter.

A Paris le 16. Mai.

VOtre relation du voyage que vous avez fait à Amsterdam, m'a fait un très grand plaisir. Je n'ai pû m'empêcher de la lire à M. de Valincour, & à M. Despréaux. Je me gardai bien, en la lisant, de leur lire l'étrange mot de *tentatif*, que vous avez appris de quelque Hollandois, & qui les auroit beaucoup étonnés: du reste je pouvois tout lire en sûreté, & il n'y avoit rien qui ne fût selon la langue, & selon la raison. M. Despréaux assure fort qu'il n'aura point de regret au port que lui pourront couter vos Lettres; mais je crois que vous ferez aussi-bien d'attendre quelque bonne commodité pour lui écrire. Votre mere est fort touchée du souvenir que vous avez d'elle. Elle seroit assez aise d'avoir votre beurre; mais elle craint également, & de vous donner de l'embarras, & d'être embarrassée pour recevoir votre présent, qui se gâteroit peut-être en chemin

M. de R. m'a appris que la Chammeſlai étoit à l'extrémité, de quoi il paroît très-affligé; mais ce qui eſt le plus affligeant, c'eſt dequoi il ne ſe ſoucie guère, je veux dire l'obſtination avec laquelle cette pauvre malheureuſe refuſe de renoncer à la Comédie, ayant déclaré, à ce qu'on m'a dit, qu'elle trouvoit très-glorieux pour elle de mourir Comédienne. Il faut eſpérer que quand elle verra la mort de plus près, elle changera de langage, comme font d'ordinaire la plûpart de ces gens qui font tant les fiers, quand ils ſe portent bien. Ce fut Madame de Caylus qui m'apprit hier cette particularité, dont elle étoit effrayée, & qu'elle a ſûe de M. le Curé de Saint Sulpice.

Un Mouſquetaire, fils d'un de nos camarades, (1) a eu une affaire aſſez bizarre avec M. de V. qui le prenant pour un de ſes meilleurs amis, lui donna en badinant un coup de pié dans le derrierre, puis s'étant apperçû de ſon erreur, lui fit beaucoup d'excuſes: mais le Mouſquetaire, ſans ſe

---

(1.) D'un Gentilhomme ordinaire.

payer de ces raisons, prit le moment qu'il avoit le dos tourné, & lui donna aussi un coup de pié de toute sa force ; après quoi il le pria de l'excuser, disant qu'il l'avoit pris aussi pour un de ses amis. L'action qui s'est passée sur le petit degré de Versailles, par où le Roi revient de la chasse, a paru fort étrange. On a fait mettre le Mousquetaire en prison : il est parent de Madame Quentin ; & cette parenté ne lui a pas été infructueuse en cette occasion. M. de Boufflers accommoda promptement les deux parties. Je fais toujours résolution de vous écrire de longues Lettres ; mais je m'y prens toujours trop tard : il faut que je finisse malgré moi. Je me porte bien, & toute la famille. Adieu.

A SON FILS.

A Versailles le 15. Juin.

LE Roi a renvoyé M. l'Abbé de Langeron, & M. l'Abbé de Beaumont. La querelle de M. de Cambrai est cause de ce remue-ménage. On a donné une de ces places au Recteur de l'Université, nommé M. Vittement, qui fit une fort belle harangue au Roi sur la paix. M. de Puységur est nommé pour un des Gentilshommes de la manche. Je ne puis vous cacher l'obligation que vous avez à M. le Maréchal de Noailles : il avoit songé à vous, & en avoit même parlé ; mais vous voyez bien, par le choix de M. de Puységur, que M. le Duc de Bourgogne n'étant plus un enfant, on veut mettre auprès de lui des gens d'une expérience consommée, sur-tout pour la guerre.

Vous voyez du moins que vous avez ici des protecteurs qui ne vous oublient point, & que si vous voulez continuer à travailler & à vous mettre en bonne réputation, l'on ne manquera point de vous mettre en œuvre dans les occasions. Vous ne parlez plus de l'étude que vous aviez commencée de la langue Allemande. Vous voulez bien que je vous dise, que j'appréhende un peu cette facilité avec laquelle vous embrassez de bons desseins ; avec laquelle aussi vous vous en dégoûtez quelquefois. Les Belles-Lettres, où vous avez pris toujours assez de plaisir, ont un certain charme qui fait trouver beaucoup de sécheresse dans les autres études : mais c'est pour cela même qu'il faut vous opiniâtrer contre le penchant que vous avez à ne faire que les choses qui vous plaisent. Vous avez un grand modèle devant vos yeux : je veux dire M. l'Ambassadeur, & je ne saurois trop vous exhorter à vous former sur lui le plus que vous pourrez. Je sais qu'il y a beaucoup de sujets de distraction & de dissipation à la Haye ; mais je vous crois l'esprit maintenant trop solide, pour vous laisser détourner des occupations que M. l'Ambassadeur veut bien vous donner : autrement il vaudroit mieux revenir, que d'être à charge au meilleur ami que j'aie au monde.

Je vous dis tout ceci, non point que j'aie aucun sujet d'inquiétude, étant au contraire très-content des témoignages qu'on rend de vous; mais comme je veille continuellement à ce qui vous est avantageux, j'ai pris cette occasion de vous exciter à faire de votre part tout ce qui peut faciliter les vûes que mes amis pourront avoir pour vous. Je suis chargé de beaucoup de complimens de tous vos petits amis de ce pays-ci : je dis petits amis, en comparaison des protecteurs dont je viens de vous parler.

J'ai laissé votre mere, & toute la famille en bonne santé, excepté que votre sœur est toujours sujette à ses migraines : je crains bien que la pauvre fille ne puisse pas accomplir les grands desseins qu'elle s'étoit mis dans la tête ; & je ne serai point du tout surpris quand il faudra que nous prenions d'autres vûes pour elle.

A Paris le 23 Juin.

VOtre mere s'est fort attendrie à la lecture de votre derniere lettre, où vous mandiez qu'une de vos plus grandes consolations étoit de recevoir de nos nouvelles. Elle est très-contente de ces marques de votre bon naturel : mais je puis vous assûrer qu'en cela vous nous rendez bien justice, & que les Lettres que nous recevons de vous font toute la joie de la famille, depuis le plus grand jusqu'au plus petit : ils m'ont tous prié aujourd'hui de vous faire leurs complimens : & votre sœur aînée comme les autres. La pauvre fille me fait assez de pitié, par l'incertitude que je vois dans ses résolutions, tantôt à Dieu, tantôt au monde, & craignant de s'engager de façon ou d'autre : du reste elle est fort douce. Madelon a eu une petite-vérole volante: je crains bien pour votre petit frere; (1) il est très-joli, apprend bien, & quoique fort éveillé, ne nous donne pas la moindre peine.

J'allai dîner il y a trois jours à Auteuil, où M. de Termes amena le nouveau Musicien Destouches, qui fait un nouvel Opéra pour Fontainebleau. Il en chanta plusieurs endroits, dont la compagnie parut charmée, & sur-tout M. Despréaux, qui prétendoit l'entendre bien distinctement, (2) & qui raisonna fort à son ordinaire sur la Musique. Le Musicien fut très-étonné que je n'eusse pas vû son dernier Opéra, & encore plus étonné des raisons que M. Despréaux lui en dit, (3) & qui peut-être ne le satisfirent pas beaucoup.

On me demanda de vos nouvelles, & M. Despréaux assûra la compagnie, que vous seriez un jour très-digne d'être aimé de tous mes amis. (4) Vous savez que les Poëtes se

---

(1) Il étoit aisément content de ses enfans, qu'il trouvoit toujours charmans.

(2) Il étoit un peu sourd, & se connoissoit fort peu en musique.

(3) Qu'il n'y alloit pas par scrupule.

[4] Il avoit dit apparemment, *digne de son pere*, ce qu'il n'ose répéter.

piquent d'être Prophètes ; mais ce n'est que dans l'enthousiasme de leur poësie qu'ils le sont ; & M. Despréaux parloit en prose. Ses prédictions ne laisserent pas néantmoins que de me faire plaisir : c'est à vous, mon cher fils, à ne pas faire passer M. Despréaux pour un faux Prophète. Je vous l'ai dit plusieurs fois, vous êtes à la source du bon sens, & de toutes les belles connoissances pour le monde & pour les affaires.

J'aurois une joie sensible de voir la maison de campagne dont vous faites tant de récit, & d'y manger avec vous des groseilles de Hollande. Ces groseilles ont bien fait ouvrir les oreilles à vos petites sœurs, & à votre mere elle-même, qui les aime fort. Je ne saurois m'empêcher de vous dire, qu'à chaque chose d'un peu bon que l'on nous sert sur notre table, il lui échappe toujours de dire : *Racine en mangeroit volontiers.* (1) Je n'ai jamais vû, en verité, une si bonne mere, ni si digne que vous fassiez

---

(1) Tout cet endroit est son tableau, au milieu de sa famille.

votre possible pour reconnoître son amitié. Au moment que je vous écris, vos deux petites sœurs me viennent apporter un bouquet pour ma fête, qui sera demain, & qui sera aussi la vôtre. Trouverez-vous bon que je vous fasse souvenir que ce même Saint Jean, qui est notre Patron, est aussi invoqué par l'Eglise comme le patron des gens qui sont en voyage, & qu'elle lui adresse pour eux une priere qui est dans l'Itinéraire, & que j'ai dite plusieurs fois à votre intention ? Adieu, mon cher fils.

***

A Paris le 26. Juin.

J'Ai reçû la Lettre que vous m'avez écrite d'Aix-la-Chapelle, & j'y ai vû avec beaucoup de plaisir la description que vous y faisiez des singularités de cette ville, & sur-tout de cette procession où Charlemagne assista avec de si belles cérémonies.

J'arrivai avant hier de Marli, & j'ai trouvé toute la famille en bonne santé. Il m'a paru que votre sœur aînée reprenoit assez volontiers les petits ajustemens auxquels elle avoit si fierement renoncé: & j'ai lieu de croire que sa vocation à la Religion pourroit bien s'en aller avec celle que vous aviez eue pour être Chartreux. Je n'en suis point du tout surpris, connoissant l'inconstance des jeunes gens, & le peu de fond qu'il y a à faire sur leurs résolutions, sur-tout quand elles sont si violentes, & si fort au dessus de leur portée. Il n'en est pas ainsi de Nanette: comme l'Ordre qu'elle a embrassé est beaucoup plus doux, sa vocation sera aussi plus durable. Toutes ses Lettres marquent une grande persévérance; & elle paroît même s'impatienter beaucoup des quatre mois que son Noviciat doit encore durer. Babet souhaite aussi avec ardeur que son tems vienne pour se consacrer à Dieu. Toute la maison où elle est, l'aime tendrement; & toutes les Lettres que nous en recevons, ne parlent que de son zèle & de sa sagesse. On dit qu'elle est fort jolie de sa personne. Vous jugez bien que nous ne la laisserons pas s'engager légérement, & sans être bien assûrés d'une

A SON FILS.

vocation. Vous jugez bien auſſi que tout cela n'eſt point un petit embarras pour votre mere & pour moi; & que des enfans, quand ils ſont venus en âge, ne donnent pas peu d'occupation. Je vous dirai ſincerement que ce qui nous conſole quelquefois dans nos inquiétudes, c'eſt d'apprendre que vous avez envie de bien faire, & de vous inſtruire des choſes qui peuvent convenir aux vûes que l'on peut avoir pour vous. Songez toujours que notre fortune eſt très-médiocre, (1) & que vous devez beaucoup plus compter ſur votre travail, que ſur une ſucceſſion qui ſera fort partagée. Je voudrois avoir pû mieux faire. Je commence à être d'un âge où ma plus grande application doit être pour mon ſalut. Ces penſées vous paroîtront peut-être un peu ſérieuſes; mais vous ſavez que j'en ſuis occupé depuis fort long-tems. Comme vous avez de la raiſon, j'ai crû vous devoir parler avec cette

---

(1) Il étoit trop modeſte pour dire comme Cicéron, l. 2. Ep. 16. *Filio meo ſatis amplum patrimonium relinquam in memoriâ nominis mei.*

franchise, à l'occasion de votre sœur, qu'il faut maintenant songer à établir. Mais enfin nous espérons que Dieu, qui ne nous a point abandonnés jusqu'ici, continuera à nous assister, & à prendre soin de nous, (1) sur-tout si vous ne l'abandonnez pas vous-même, & si votre plaisir ne l'emporte point sur les bons sentimens qu'on a tâché de vous inspirer. Adieu, mon cher fils, ne vous laissez manquer de rien de ce qui vous est nécessaire.

A Paris le 7. Juillet.

JE puis vous assûrer que M. de Torcy ne laissera échapper aucune occasion de vous rendre de bons offices. Comme il estime extrémement M. l'Ambassadeur, il ajoûtera une foi entiere aux bons témoignages qu'il lui rendra de vous. Je lui ai dû votre derniere Lettre, aussi bien qu'à M. le Maréchal de Noailles : ils ont été

---

(1) Dieu laisse-t-il jamais ses enfans au besoin !
Aux petits des oiseaux il donne leur pâture. *Athalie.*

charmés & effrayés de la description que vous y faites du grand travail, & de l'application continuelle de M. l'Ambassadeur. Je lisois, ou je relisois ces jours passés, pour la centiéme fois, les Epîtres de Cicéron à ses amis. Je voudrois qu'à vos heures perdues vous en pûssiez lire quelques-unes avec M. l'Ambassadeur : je suis assûré qu'elles seroient extrémement de son goût, d'autant que plus sans le flatter, je ne vois personne qui ait mieux attrappé que lui ce genre d'écrire des Lettres, également propre à parler serieusement & solidement des grandes affaires, & à badiner agréablement sur les petites choses. Croyez que dans ce dernier genre Voiture est beaucoup au dessous de l'un & de l'autre. Lisez ensemble les Epîtres *ad Trebatium*, *ad Marium*, *ad Papyrium Pœtum*, & d'autres que je vous marquerai quand vous voudrez. Lisez même celle de Cælius à Cicéron : vous serez étonné de voir un homme aussi vif & aussi élégant que Cicéron même; mais il faudroit pour cela que vous eussiez pû vous familiariser ces Lettres, par la connoissance de l'histoire de ce tems-là, à quoi les vies de Plutarque peuvent vous aider. Je vous conseille de faire la dépense d'acheter l'édition de ces Epîtres par Grævius, en Hollande *in-*8°. Cette lecture est excellente pour un homme qui veut écrire des Lettres, soit d'affaires, soit de choses moins sérieuses.

J'irai demain coucher à Auteuil, & j'y attendrai le lendemain à souper votre mere avec sa famille. Votre sœur est rentrée dans sa premiere ferveur pour la piété; mais je crains qu'elle ne pousse les choses trop loin: cela est cause même de cette petite inégalité qui se trouve dans ses sentimens; les choses violentes n'étant pas de nature à durer longtems. Votre petit frere n'a pas manqué de gagner la petite-vérole; mais elle est si légere, qu'il n'a pas même gardé le lit, & qu'il ne s'en léve que plus matin.

Je ferai de petits reproches à M. Despréaux, de ce qu'il n'a pas envoyé à M. l'Ambassadeur sa derniere édition; vous jugez bien qu'il l'enverra fort vîte. Votre mere est très-édifiée de la modestie de votre habit; mais nous ne vous prescrivons rien là-desfus ; c'est à vous de faire ce qui est du goût de M. l'Ambassadeur : surtout ne lui soyez point à charge, & mandez-nous à qui il faudra que nous donnions l'argent dont vous aurez besoin.

A Paris le 21 Juillet.

CE fut pour moi une apparition agréable de voir entrer M. de Bonnac dans mon cabinet ; mais ma joie se changea bientôt en chagrin, quand je le vis résolu à ne point loger chez moi, & à refuser la petite chambre que ma femme & moi nous le priâmes d'accepter. Nous recommençâmes nos instances le lendemain ; & j'allai jusqu'à le menacer de vous mander d'aller loger à l'auberge à la Haye : il me représenta qu'il seroit trop loin du quartier de M. de Torcy, chez lequel il devoit se trouver à point nommé, quand il arrivoit à Paris. Il a bien fallu me payer, malgré moi, de ces raisons ; & vous pouvez vous assûrer, que ma femme en a été du moins aussi chagrine que moi: vous savez comme elle est reconnoissante, & comme elle a le cœur fait. Il n'y a chose au monde qu'elle ne fît pour témoigner à M. de Bonrepaux combien elle est sensible aux bontés qu'il a pour vous. Elle est charmée, comme moi, de M. de Bonnac, & de toutes ses manieres pleines d'honnêteté & de politesse. Elle sera au comble de sa joie, si vous pouvez parvenir à lui ressembler, & si vous rapportez l'air & les manieres qu'elle admire en lui. Il nous donne de grandes espérances sur votre sujet; & vous êtes fort heureux d'avoir en lui un ami si plein de bonne volonté pour vous. S'il ne nous flatte point, & si les témoignages qu'il nous rend de vous sont bien sincères, nous avons de grandes graces à rendre au bon Dieu, & nous espérons que vous nous serez d'une grande consolation. Il nous assure que vous aimez le travail, que la promenade & la lecture sont vos plus grands divertissemens, & sur-tout la conversation de M. l'Ambassadeur, que vous avez bien raison de préférer à tous les plaisirs du monde: du moins je l'ai toujours trouvée telle, & non seulement moi, mais tout ce qu'il y a ici de personnes de meilleur esprit, & de meilleur goût.

Je n'ai osé lui demander si vous pensiez un peu au bon Dieu: j'ai eu peur que la réponse ne fut pas telle que je l'aurois souhaitée. Mais enfin je veux me flatter que faisant votre possible pour devenir un parfaitement honnête homme, vous concevrez qu'on ne peut l'être sans rendre à Dieu ce qu'on lui doit. Vous connoissez la Religion: je puis même dire que vous la connoissez belle & noble comme elle est: ainsi il n'est pas possible que vous ne l'aimiez. Pardonnez si je vous mets quelquefois sur ce chapitre: vous savez combien il me tient à cœur, & je puis vous assûrer que plus je vais en avant, plus je trouve qu'il n'y a rien de si doux au monde que le repos de la conscience, & de regarder Dieu comme un pere qui ne nous manquera pas dans nos besoins. M. Despréaux, que vous aimez tant, est plus que jamais dans ces sentimens, sur-tout depuis qu'il a fait son Amour de Dieu: & je puis vous assûrer qu'il est très-bien persuade lui-même, des vérités dont il a voulu perfuader les autres. Vous trouvez quelquefois mes Lettres trop courtes; mais je crains bien que vous ne trouviez celle-ci trop longue.

A Paris le 24. Juillet.

M. de Bonnac vous dira de nos nouvelles, nous ayant fait l'honneur de nous voir fouvent, & même de dîner quelquefois avec la petite famille. Il vous pourra dire qu'elle eft fort gaie, à la réferve de votre fœur, qui eft toujours accablée de fes migraines: je la plains bien d'y être fi fujette, cela eft caufe de l'irréfolution où elle eft fur l'état qu'elle doit embraffer. Je fais mon poffible pour la réjouïr; mais nous menons une vie fi retirée, qu'elle ne peut guère trouver de divertiffemens avec nous. Elle prétend qu'elle ne fe foucie point de voir le monde; & elle n'a guère d'autre plaifir que dans la lecture, n'étant que fort peu fenfible à tout le refte. Le tems de la profeffion de Nanette s'avance, & elle a grande impatience qu'il arrive. Babet témoigne la même envie; mais nous avons résolu de ne la plus laisser qu'un an au couvent; après quoi nous la reprendrons avec nous pour bien examiner sa vocation. Fanchon veut aller trouver sa sœur Nanette, & ne parle d'autre chose. Sa petite sœur n'a pas les mêmes impatiences de nous quitter, & me paroît avoir beaucoup de goût pour le monde: (1) elle raisonne sur toutes choses avec un esprit qui vous surprendroit, & est fort railleuse, de quoi je lui fais souvent la guerre. Je prétens mettre votre petit frere l'année qui vient avec M. Rollin, à qui M. l'Archevêque a confié les petits Messieurs de Noailles. M. Rollin a pris un logement au College de Laon, dans le pays Latin. Notre voisin y vouloit aussi mettre son fils; mais on a trouvé le petit

---

(1) Elle n'avoit alors que dix ans, & elle a, dans l'âge de la raison, bien méprisé le monde. Elle ne voulut, ni se faire Religieuse, ni se marier, & est morte à 55 ans, après avoir toujours vécu dans la retraite & les œuvres de piété.

garçon trop éveillé, de quoi le pere est fort offensé.

Tous nos confreres les ordinaires du Roi me demandent souvent de vos nouvelles, aussi bien que plusieurs Officiers des Gardes. Il n'y a que M. B. qui me paroît fort majestueux: je ne sai si c'est par indifférence, ou par timidité.

M. de Bonnac vous dira combien M. Despréaux lui témoigna d'amitié pour vous: il est heureux comme un Roi dans sa solitude, ou plutôt dans son Hôtellerie d'Auteuil: je l'appelle ainsi, parce qu'il n'y a point de jours où il n'y ait quelque nouvel écot, & souvent on ne se connoit pas les uns les autres. Il est heureux de s'accommoder ainsi de tout le monde: pour moi j'aurois cent fois vendu la maison.

Pour nouvelles académiques, je vous dirai que le pauvre M. Boyer est mort âgé de 83 ou 84 ans. On prétend qu'il a fait plus de vingt mille vers en sa vie: je le crois, parce qu'il ne faisoit autre chose. Si c'étoit la mode de brûler les morts comme parmi les Romains, on auroit pû lui faire les mêmes funerailles qu'à ce

Cassius, à qui il ne fallut d'autre bucher que ses propres ouvrages, dont on fit un fort beau feu. Le pauvre M. Boyer est mort fort chrétiennement : sur quoi je vous dirai en passant, que je dois réparation à la mémoire de la Chammêlay, qui mourut avec d'assez bons sentimens, après avoir renoncé à la Comédie, très-repentante de sa vie passée ; mais surtout fort affligée de mourir : du moins M. Despréaux me l'a dit ainsi, l'ayant appris du Curé d'Auteuil, qui l'assista à la mort, car elle est morte à Auteuil. Je crois que M. l'Abbé Genest aura la place de M. Boyer : il ne fait pas tant de vers que lui ; mais il les fait beaucoup meilleurs.

Je ne crois pas que je fasse le voyage de Compiégne, ayant vû assez de troupes & de campemens en ma vie, pour n'être pas tenté d'aller voir celui-là (1) : je me réserverai pour le voyage de Fontainebleau, & me reposerai dans ma famille, où je me plais plus que je n'ai jamais fait. M.

___

[1] Le Camp de Compiégne qu'on fit pour M. le Duc de Bourgogne.

de Torcy me paroît plein de bonté pour vous; & je suis persuadé qu'il vous en donnera des marques. M. de Noailles sera ravi aussi de s'employer pour vous dans les occasions; & vous jugés bien que je ne négligerai point ces occasions, n'y ayant plus rien qui me retienne à la Cour, que l'envie de vous mettre en état de n'y avoir plus besoin de moi. Votre mere, qui a vû la Lettre que votre sœur vous écrit, dit qu'elle vous y parle des affaires de votre conscience; vous pouvés compter qu'elle l'a fait de son chef.

 M. de Bonnac a bien voulu se charger pour vous de 30 loüis neufs, valant 420 livres. Je voulois en donner 40, sur la grande idée qu'il nous a donnée de votre œconomie; mais votre mere a modéré la somme, & a cru que c'étoit assés de 30. Nous avons résolu de donner 4000 liv. à votre sœur, qui se fait Religieuse, avec une pension de 200 liv. Elle n'en sait encore rien, ni son Couvent non-plus: mais M. l'Archevêque de Sens, à qui j'en ai fait confidence, a dit que cela étoit magnifique, & qu'on seroit content de moi: il s'oposeroit même si je donnois davantage.

Ma santé est assés bonne, Dieu merci; mais les chaleurs m'ont jetté dans de grands abattemens, & je sens bien que le tems aproche, où il faut songer à la retraite; mais je vous ai tant prêché dans ma derniere Lettre, que je crains de recommencer dans celle-ci. Vous trouverés donc bon que je la finisse, en vous disant que je suis très content de vous. Si j'ai quelque chose à vous recommander particulierement, c'est de faire tout de votre mieux pour vous rendre agréable à M. l'Ambassadeur, & pour contribuer à son soulagement, dans les momens où il est accablé de travail. Je mettrai sur mon compte toutes les complaisances que vous aurés pour lui; & je vous exhorte à avoir pour lui le même attachement que vous auriés pour moi, avec cette différence, qu'il y a mille fois plus à profiter & à aprendre avec lui qu'avec moi.

J'ai reconnu en vous une qualité que j'estime fort: c'est que vous entendés très-bien raillerie, quand d'autres que moi vous font la guerre sur vos petits défauts : mais ce n'est pas assés de souffrir en galant homme les petites plaisanteries, il faut les mettre à profit. Si j'osois vous citer mon exemple, je vous dirois qu'une des choses qui m'a fait le plus de bien, c'est d'avoir passé ma jeunesse avec une Société de gens qui se disoient assés volontiers leurs vérités, & qui ne s'épargnoient guère les uns les autres sur leurs défauts ; & j'avois assés de soin de me corriger de ceux que l'on trouvoit en moi, qui étoient en fort grand nombre, & qui auroient pû me rendre assés difficile pour le commerce du monde.

J'oubliois à vous dire que j'apréhende que vous ne soyés un trop grand acheteur de livres. Outre que la multitude ne sert qu'à dissiper, & à faire voltiger de connoissances en connoissances souvent assés inutiles; vous prendriés même l'habitude de vous laisser tenter de tout ce que vous trouveriés. Je me souviens d'un passage des Offices de Cicéron, que M. Nicole me citoit souvent, pour me détourner de la fantaisie d'acheter des livres, *non esse emacem, vectigal est*. C'est un grand revenu que de n'aimer point à acheter ; mais le mot d'*emacem* est très-beau, & a un grand sens.

Je m'imagine que vous ouvrirés de fort grands yeux quand vous verrés pour la premiere fois le Roi d'Angleterre. Je sai combien les hommes fameux excitent votre attention & votre curiosité. Je m'attens que vous me rendrés compte de ce que vous aurés vû.

Je reçois la Lettre où vous me mandés l'accident qui vous est arrivé. Vous avés beaucoup à remercier Dieu d'en être échapé à si bon marché : mais en même-tems cet accident vous doit faire souvenir de deux choses : l'une, d'être plus circonspect que vous n'êtes, d'autant plus qu'ayant la vûë fort basse, vous êtes plus obligé qu'un autre à ne rien faire avec précipitation : & l'autre, qu'il faut être toujours en état de n'être point surpris parmi tous les accidens qui nous peuvent arriver, quand nous y pensons le moins.

Votre mere vient de Saint Sulpice, où elle a rendu le pain beni : si vous n'étiés pas si loin, elle vous auroit envoyé de la brioche.

A Paris le 1. Août.

LA derniere Lettre que je vous ai écrite étoit si longue, que vous ne trouverés pas mauvais que celle-ci soit fort courte. Il ne s'est rien passé de nouveau que la querelle que M. le Grand-Prieur a voulu avoir avec M. le Prince de Conti à Meudon. Il s'est tenu offensé de quelques paroles très peu offensantes que M. le P. de Conti avoit dites : & le lendemain, sans qu'il fût question de rien, il l'est venu aborder dans la cour de Meudon, le chapeau sur la tête & enfoncé jusqu'aux yeux, comme s'il vouloit tirer raison de lui. M. le Prince de Conti le fit souvenir du respect qu'il lui devoit. M. le G. Prieur lui répondit qu'il ne lui en devoit point. M. le P. de Conti lui parla avec toute la hauteur, & en même-tems avec toute la sagesse dont il est capable. Comme il y avoit du monde, cela n'eut point d'autre suite: mais Monseigneur, qui sût la chose un moment après, & qui se sentit irrité contre M. le G. Prieur, envoya M. le Marquis de Gèvres pour en donner avis au Roi ; & le Roi sur le champ envoya chercher M. de Pontchartrain, à qui il donna ses ordres pour envoyer M. le G. Prieur à la Bastille. Tout le monde louë M. le P. de Conti.

Votre mere & toute la petite famille vous fait des complimens. Votre sœur demande conseil à tous ses Directeurs, sur le parti qu'elle doit prendre, ou du monde, ou de la Religion : mais vous jugés bien que quand on demande de semblables conseils, on est déja déterminé. Nous cherchons sérieusement votre mere & moi à la bien établir. Elle se conduit avec nous avec beaucoup de douceur & de modestie.

J'ai résolu de ne point aller à Compiégne, où je n'aurai guère le tems de faire ma cour : le Roi sera toujours à cheval, & je n'y serois jamais. M. le Comte d'Ayen est pourtant bien fâché que je n'aille pas voir son Régiment, qui sera magnifique. Adieu.

LETTRE DE SA FEMME.

A Paris le 10. Août.

VOtre pere étant un peu incommodé, je vous écris, mon cher fils, pour vous témoigner la joye que nous avons de l'aplication qu'il nous semble que vous donnez au travail. Soyez persuadé que vous ne sauriez nous faire plus de plaisir que de vous remplir l'esprit de choses propres à vous faire bien exercer votre charge. Je ne puis assez vous témoigner combien je suis sensible à toutes les bontés que M. l'Ambassadeur a pour vous. Vous me manderez à votre loisir le prix de la toile & dentelle que vous avez achetée pour vos chemises. Votre petit frere vous fait bien des complimens : le pauvre petit nous promet bien qu'il n'ira pas à la Comédie comme vous. Dans la Lettre que vous m'avez écrite, vous me demandez de prier Dieu pour vous : si mes prieres étoient éxaucées, vous seriez bientôt un parfait Chrétien, puisque je ne souhaite rien avec plus d'ardeur que votre salut : mais songés, mon fils, que les peres & meres ont beau prier le Seigneur pour leurs enfans, si les enfans ne travaillent pas à la bonne éducation qu'on tâche de leur donner. Adieu, mon cher fils : je vous embrasse. *Ensuite est écrit de la main de Racine malade* : Je n'ajoûte qu'un mot à la Lettre de votre mere, pour vous dire que j'aprouve le conseil qu'on vous a donné d'aprendre l'Allemand. J'en ai dit un mot à M. de Torcy, qui vous exhorte aussi de son côté, & qui croit que cela vous sera extrêmement utile. Tout ce que j'aprens de vous, fait la plus grande consolation que je puisse avoir. Il ne tient pas à M. de Bonnac que vous ne passiez ici pour un fort habile homme, & vous lui avez des obligations infinies. Assurés-le de ma reconnoissance, & de l'extrême envie que j'aurois de me trouver entre lui & vous avec M. l'Ambassadeur. Je crois que je profiterois moi-même beaucoup en si bonne compagnie. Adieu.

A Paris le 18. Août.

J'Avois résolu de vous écrire Vendredi dernier ; mais il se trouva que c'étoit le jour de l'Assomption : & vous savés qu'en pareils jours un pere de famille comme moi, est trop occupé, sur-tout le matin, pour avoir le tems d'écrire des Lettres. Votre mere est fort aise que vous soyés content de la veste qu'elle vous a envoyée. Elle vous remercie de la bonne volonté que vous avez de lui aporter une robe, mais elle ne veut point d'étoffe d'or. Elle vient d'aprendre que votre sœur, qui est à Melun, avoit une grosse fiévre, & elle est résoluë d'y aller. Vous voyez qu'avec une si grosse famille on n'est pas sans embarras, & qu'on n'a pas trop le tems de respirer, une affaire succédant presque toujours à une autre, sans compter la douleur de voir souffrir les personnes qu'on aime.

Je suis bien flatté du bon accueil que vous a fait le Roi d'Angleterre. Je suis fort obligé à M. l'Ambassadeur, & de vous avoir attiré ce bon traitement, & d'en avoir bien voulu rendre compte au Roi. M. de Torcy m'a promis de se servir de cette occasion pour vous rendre de bons offices. M. Despréaux est fort content de tout ce que vous écrivez du Roi d'Angleterre. Vous voulés bien que je vous dise en passant, que quand je lui lis quelqu'une de vos Lettres, j'ai soin d'en retrancher les mots *d'ici*, *de là*, & *de ci*, que vous répétés jusqu'à sept ou huit fois dans une même page : ce sont de petites négligences qu'il faut éviter, & qu'il est fort aisé d'éviter : du reste nous sommes très-contens de la maniere naturelle dont vous écrivés.

M. de Torcy m'a montré le Livre du pur amour que M. l'Ambassadeur lui a envoyé ; mais il n'a pû me le prêter : cette affaire va toujours fort lentement à Rome.

M. de Bonnac est trop bon d'être si content de vous : j'aurois bien voulu faire mieux, pour lui témoigner toute l'estime que j'ai pour lui, laquelle est fort augmentée depuis que j'ai eu l'honneur de l'entretenir à fond, & que j'ai découvert, non-seulement toute la netteté & la solidité de son esprit, mais encore la bonté de son cœur, & la sensibilité qu'il a pour ses amis.

Vous ne m'avés rien mandé de M. de Tallard; comment est-on content de lui? On m'a dit qu'il logeroit à Utrecht, pendant que le Roi d'Angleterre sera à Loo. Faites bien des amitiés au fils de Milord Montaigu. Je vous conseille aussi d'écrire au Milord son pere.

À Paris le 12. Septembre.

JE ne vous écris qu'un mot, pour vous dire seulement des nouvelles de ma santé & de toute la famille. J'ai été encore incommodé, mais j'ai tout sujet de croire que ce n'est rien, & que les purgations emporteront toutes ces petites indispositions: le mal est qu'il me survient toujours quelque

quelque affaire, qui m'ôte le loisir de penser bien sérieusement à ma santé. Votre mere revint hier de Melun, où elle a laissé votre sœur parfaitement guérie. La cérémonie de sa profession se fera vers la fin d'Octobre. Nous lui donnons, avec la pension viagere de 200 liv. cinq mille livres en argent: nous pensions n'en donner que quatre, mais on a tant chicané, qu'il nous en coûtera cinq, tant pour lui bâtir & meubler une cellule, que pour d'autres petites choses, sans compter les dépenses du voyage & de la cérémonie.

Nous songeons aussi à marier votre sœur, & si une affaire dont on nous a parlé, réussit, cela pourra se faire cet hyver. Elle est fort tranquille là-dessus, & n'a ni vanité ni ambition, & j'ai tout lieu d'être content d'elle.

J'ai pensé vous marier vous-même, sans que vous en sussiez rien, & il s'en est peu fallu que la chose n'ait été engagée; mais quand c'est venu au fait & au prendre, je n'ai point trouvé l'affaire aussi avantageuse qu'elle le paroissoit: elle le pourra

Tome I. S

être dans vingt ans ; & cependant vous auriés eu à souffrir, & vous n'auriés pas été fort à votre aise. Je n'aurois pourtant rien fait sans avoir votre aprobation. Ceux de mes amis que j'ai consultés, m'ont dit que c'étoit vous rompre le cou, & empêcher peut-être votre fortune que de vous marier si jeune, en vous donnant un établissement si médiocre, dont les espérances ne sont que dans vingt ans. Je ne vous aurois rien mandé de tout cela, n'étoit que j'ai voulu vous faire voir combien je songe à vous. Je tacherai de faire en sorte que vous soyés content de nous ; & nous vous aiderons en tout ce que nous pourrons. C'est à vous de votre côté à vous aider aussi vous-même, en continuant à vous apliquer. Je vous manderai une autrefois, pour vous divertir le détail de l'affaire. Tout ce que je vous puis dire, c'est que vous ne connoissés pas la personne dont il s'agissoit, & que vous ne l'avés jamais vûë. C'est même une des raisons qui m'a fait aller bride en main, puisqu'il est juste que votre goût soit aussi consulté. J'ai été témoin dans tout cela,

A SON FILS.

de l'extrême amitié que votre mere a pour vous; & vous ne sauriés en avoir trop de reconnoissance.

Vous n'êtes pas le seul à qui il arrive des malheurs. Votre mere & votre sœur me vinrent chercher, il y a huit jours, à Auteüil, où j'avois dîné. Un orage épouvantable les prit, comme elles étoient sur la chaussée: la grêle, le vent & les éclairs, firent une telle peur aux chevaux, que le cocher n'en étoit plus le maître. Votre sœur qui se crût perduë, ouvrit la portiere, & se jetta à bas sans savoir ce qu'elle faisoit; le vent & la grêle la jettérent par terre, & la firent si bien rouler qu'elle alloit tomber à bas de la chaussée, sans mon laquais qui courut après, & la retint. On la remit dans le carosse toute trempée & toute effrayée: elle arriva à Auteuil dans ce bel état. M. Despréaux fit allumer un grand feu: on lui trouva une chemise & un habit. Nous la ramenâmes à la lueur des éclairs, malgré M. Despréaux, qui vouloit la retenir: elle se mit au lit en arrivant, y dormit douze heures: il a fallu lui acheter d'autres jupes, & c'est-là tout le plus grand mal de son aventure. Adieu, mon cher fils.

A Paris le 19. Septembre.

J'Ai enfin rompu entierement, avec l'avis de mes meilleurs amis, le mariage qu'on m'avoit proposé pour vous. Vous auriés eu quatre mille livres de rente, & autant à espérer après la mort de beau-pere & belle-mere; mais ils sont encore jeunes, tous deux peuvent vivre au moins une vingtaine d'années, & même l'un & l'autre pourroient se remarier: ainsi vous couriez risque de n'avoir très-longtems que quatre mille livres, chargé peut-être de huit ou dix enfans, avant que vous eussiez trente ans. Vous n'auriés pû avoir équipage, les habits & la nourriture auroient tout absorbé : cela vous détournoit des espérances que vous pourrés justement avoir par votre travail, & par l'amitié dont M. de Torcy & M. l'Ambassadeur vous honorent. Ajoûtés à cela l'humeur de la fille, qu'on dit qui aime le faste, le monde, & tous les divertissemens du monde, & qui vous auroit peut-être mis au désespoir par beaucoup de contrariétés. Tout ce que je puis vous dire, c'est que des personnes fort raisonnables, & qui vous aiment, nous ont embrassés très-cordialement, ma femme & moi, quand elles ont sû que je m'étois débarrassé de cette affaire. J'ai tout lieu de croire qu'en vous faisant part du peu de bien, & du revenu que Dieu nous a donné, vous serés cent fois plus heureux, & plus en état de vous avancer. Je ne vous nomme point les personnes qui m'avoient fait cette proposition, je vous prie même de ne les point deviner: je ne dois jamais manquer de reconnoissance pour la bonne volonté qu'ils m'ont témoignée en cette occasion. Votre mere a été dans tous les mêmes sentimens que moi ; elle doutoit même que vous eussiés voulu consentir à cette affaire, parce qu'elle vous a souvent entendu dire que vous vouliés travailler à votre fortune avant que de songer à vous marier. Soyés bien persuadé que nous ne vous laisferons manquer de rien, & que je suis dans la disposition de faire pour vous garçon, les mêmes choses que je prétendois faire en vous mariant. Ainsi abandonnés-vous à Dieu premierement, à qui je vous exhorte de vous attacher plus que jamais : & après lui, reposés-vous sur l'amitié que nous avons pour vous, qui augmente tous les jours beaucoup, par la persuation où nous sommes de vos bonnes inclinations, & de l'envie que vous avés de vous occuper, & de vivre en honnête-homme.

Votre mere mena hier à la foire toute la petite famille. Le petit Lionval eût belle peur de l'Elephant, (1) & fit des cris effroyables quand il le vit qui mettoit sa trompe dans la poche du laquais qui le tenoit par la main. Les petites filles ont été plus hardies, & sont revenuës chargées de poupées, dont elles sont charmées. Je ne suis pas entiérement hors de mes maux; cependant je différe toujours à me purger.

---

(1) Je me souviens encore de cette frayeur.

Je ne sai point ce que c'est que cette histoire du Jansénisme qu'on imprime en Hollande; vous ne me madés pas si c'est pour ou contre: mais je vous conseille de ne témoigner aucune curiosité là-dessus, afin qu'on ne puisse vous nommer en rien. Vous voulés bien que je vous fasse une petite critique sur un mot de votre Lettre. *Il en a agi avec politesse*, il faut dire, *il en a usé*. On ne dit point *il en a bien agi*; & c'est une mauvaise façon de parler.

A Paris le 31. Septembre.

J'Avois déjà vû dans la Gazette toutes les magnificences de l'entrée de M. l'Ambassadeur; & je n'ai pas laissé de prendre un grand plaisir au recit que vous en avés fait. J'avois commencé cette Lettre dans le dessein de la faire longue: mais je suis obligé de me mettre dans mon lit pour prendre médecine. Je vous écrirai au long la premiere fois. Votre mere & tout le monde vous saluë.

L'Abbé Geneſt a été élû à l'Académie à la place de Boyer. Votre couſin l'Abbé du Pin a eu des voix pour lui, & pourra l'être une autre fois, de quoi il a grande envie. J'ai donné ma voix à l'Abbé Geneſt, à qui je m'étois engagé.

A Paris le 8. Octobre.

J'Ai la tête ſi épuiſée de tout le ſang qu'on m'a tiré depuis cinq ou ſix jours, que je laiſſe à ma femme le ſoin de vous écrire de mes nouvelles. Ne ſoyés cependant en aucune inquiétude ſur ma ſanté ; elle eſt, Dieu merci, beaucoup meilleure, & j'eſpere être en état d'aller dans huit jours à Fontainebleau. Vous ſavez ma ſincérité, & d'ailleurs je n'ai aucune raiſon de vous déguiſer l'état où je ſuis. Soyez tranquille, & ſongez un peu au bon Dieu. *Enſuite eſt écrit de la main de ſa femme.* J'ai pris la plume à votre pere ; il eſt dans ſon lit : il a ſeulement voulu commencer cette Lettre, afin que vous ne vous figurassiez pas qu'il est plus mal qu'il n'est : il a eu une fiévre continuë, & on a été obligé de le saigner deux fois : il a eu une bonne nuit, & il est ce matin sans fiévre ; il ne lui reste plus qu'une douleur dans le côté droit (1), quand on y touche, ou qu'il s'agite. Il est fort content de vos réflexions au sujet de l'établissement que nous avons été sur le point de vous donner. Il nous a paru cependant que le bien que cette fille vous aportoit, avoit fait un peu trop d'impression sur votre esprit, & que vous n'aviez pas assés pensé sur ce que votre pere vous avoit mandé de l'humeur de la personne dont il s'agissoit. Je vois bien, mon fils, que vous ne savez pas de quelle importance cela est pour le repos de la vie : c'est pourtant ce qui nous a fait rompre. Ne croyés point que nous ayons apréhendé de nous incommoder, cela ne nous est pas tombé dans l'esprit : & d'ailleurs il ne nous en coutoit guère plus qu'il nous en coutera pour vous faire subsister.

---

(1) La cause de sa mort.

Votre pere est si content de vous, qu'il fera toutes choses afin que vous soyés content de lui, pourvû que vous soyés honnête homme, & que vous viviés d'une maniere qui réponde à l'éducation que nous avons tâché de vous donner. Votre pere est bien fâché de la nécessité où vous nous marquez être de prendre la perruque ; il souhaiteroit que vous pûssiez garder vos cheveux : mais il remet cette affaire au conseil que vous donnera M. l'Ambassadeur, & s'il le faut, il enverra chercher, quand il se portera bien, un habile Perruquier. J'espere qu'il sera en état de vous écrire au premier ordinaire. Adieu, mon fils : songez à Dieu, & à gagner le Ciel.

A Paris le 16. Octobre.

Cette Lettre est commencée par elle.

Votre pere & moi sommes en peine de votre santé. Depuis plusieurs jours nous n'avons reçû de vos nouvelles. Il croit quelquefois que vous avez pris le parti de venir faire ici un tour ; il auroit bien de la joye de vous voir ; mais il feroit fâché que vous eussiez pris cette résolution sur la Lettre que je vous ai écrite, puisque les Médecins le croyent sans péril ; ils disent seulement que sa maladie pourra être longue : il conserve toujours une petite fiévre ; mais la douleur de côté est beaucoup diminuée. Nous avons passé aujourd'hui une partie de l'après-dînée sur la terrasse à nous promener ; ainsi vous voyés qu'il est en meilleur disposition. Pour le voyage de Fontainebleau, il n'y faut plus songer. La profession de votre sœur nous embarrasse ; mais il faudra bien qu'elle souffre avec patience ce retardement. *Ensuite est écrit de la main de Racine.* Je me porte beaucoup mieux, Dieu merci. J'espere de vous écrire par le premier ordinaire une longue Lettre, qui vous dédomagera de toutes celles que je ne vous ai point écrites. Je suis fort supris de votre silence, & de celui de M. l'Ambassadeur : peu s'en faut que je ne vous croye tous plus malades que je ne l'ai été. Adieu, mon cher fils, je suis tout à vous.

───────────

A Paris le 20 Octobre.

Lettre commencée par sa Femme.

JE vous écris, mon cher fils, auprès de votre pere, qui le vouloit faire lui-même : je l'en ai empêché, parce qu'il est fort fatigué de l'émétique qu'on lui a fait prendre, & qui a eu tout le succès qu'on en pouvoit espérer, de maniere que les Médecins disent qu'il n'a plus qu'à se tenir en repos, n'ayant plus rien à craindre. N'ayés point d'inquiétude sur lui : la sienne est, que vous ne preniés quelque parti précipité, qui vous detourneroit de vos occupations, & ne lui seroit d'aucun soulagement : il espére vous écrire Vendredy. On lui conseille de prendre ici les eaux de Saint Amand, en attendant qu'il puisse au printems les aller prendre sur les lieux : & si M. l'Ambassadeur venoit aussi les prendre, il vous améroit. M. Finot dit qu'il connoît le tempéramment de M. de Bonrepaux, & qu'il a mal fait d'aller prendre les eaux d'Aix-la-Chapelle ; que celles de Saint Amant lui conviennent : il doit en écrire à M. Fagon. *Ensuite est écrit de la main de Racine.* J'embrasse de tout mon cœur M. l'Ambassadeur. Quoiqu'il ne soit nullement nécessaire que vous me veniez voir, si néantmoins M. l'Ambassadeur avoit quelque dépêche un peu importante à faire porter au Roi, il se pourroit faire que M. l'Ambassadeur tourneroit la chose d'une telle maniere, que Sa Majesté ne trouveroit pas hors de raison qu'il vous en eût chargé : dites-lui seulement ce que je vous mande, & laissez-le faire. Adieu, mon cher fils ; j'ai bien songé à vous, & suis fort aise que nous soyons encore en état de nous voir, s'il plaît à Dieu. *Puis de la main de sa femme.* Ne vous étonnez pas si l'écriture de votre pere n'est pas bonne ; il est dans son lit ; sans cela il écriroit à l'ordinaire. Adieu.

A Paris le 24. Octobre.

ENfin, mon cher fils, je suis, Dieu merci, absolument sans fiévre. J'espere que je n'ai plus qu'une médecine à essuyer. J'ai pourtant la tête encore bien foible; la saison n'est pas fort propre pour les convalescens; & ils ont d'ordinaire beaucoup de peine en ces tems-ci à se rétablir. Ma maladie a été considérable; mais vous pouvez compter néantmoins que je ne vous ai point trompé, & que lorsque je vous ai mandé qu'elle étoit sans péril, c'est qu'on me l'assûroit en effet. Je suis fort aise que vous ne soyés point venu; votre voyage auroit été fort inutile, vous auroit couté beaucoup, & vous auroit détourné du train où vous êtes de vous occuper sous les yeux de M. l'Ambassadeur. Je souhaiterois de bon cœur que sa santé fut aussitôt rétablie que la mienne. J'espére que nous pourrons nous trouver lui & moi à Saint Amand, le printems prochain:

car on a en tête que ces eaux-là me font très-bonnes, aussi bien qu'à lui.

La profession de votre sœur a été retardée, de quoi elle a été fort affligée : elle a mieux aimé pourtant retarder, & que je fusse en état d'y assister. Je lui ai mandé que ce seroit pour la premiere semaine du mois de Novembre. Je serai alors si près de Fontainebleau, (1) que d'autres que moi seroient peut-être tentés d'y aller ; mais j'assisterai seulement à la profession de votre sœur, & je reviendrai le lendemain coucher à Paris.

Votre mere est en bonne santé, Dieu merci, quoiqu'elle ait pris bien de la peine après moi pendant ma maladie. Il n'y eut jamais de garde si vigilante, ni si adroite, avec cette différence, que tout ce qu'elle faisoit, partoit du fond du cœur, & faisoit toute ma consolation. C'en est une fort grande pour moi, que vous connoissiez tout le mérite d'une si bonne mere : & je suis persuadé que

---

(1) Elle faisoit profession chez les Ursulines de Melun.

quand je n'y ferai plus, elle retrouvera en vous toute l'amitié & toute la reconnoissance qu'elle trouve maintenant en moi. M. de Valincour & M. l'Abbé Renaudot m'ont tenu la meilleure compagnie du monde : je vous les nomme entre autres, parce qu'ils n'ont presque bougé de ma chambre. M. Despréaux ne m'a point abandonné dans les grands périls ; mais quand l'occasion a été moins vive, il a été bien vîte retrouver son cher Auteuil, & j'ai trouvé cela très-raisonnable, n'étant pas juste qu'il perdît la belle saison au tour d'un convalescent, qui n'avoit pas même la voix assez forte pour l'entretenir longtems : du reste il n'y a pas un meilleur ami, ni un meilleur homme au monde. Faites mille complimens pour moi à M. l'Ambassadeur, & à M. de Bonnac. Je leur suis bien obligé de l'intérêt qu'ils ont pris à ma maladie. Je suis aussi fort touché de toutes les inquiétudes qu'elle vous a causées ; & cela ne contribuë pas peu à augmenter la tendresse que j'ai euë pour vous toute ma vie. Je vous manderai une autrefois des nouvelles.

A Paris le 30. Octobre.

VOus pouvez vous assûrer, mon cher fils, que ma santé est, Dieu merci, en train de se rétablir entiérement : j'ai été purgé pour la derniere fois, & mes Médecins ont pris congé de moi, en me recommandant néantmoins une très-grande diette pendant quelque tems, & beaucoup de régle dans mes repas pour toute ma vie, ce qui ne me sera pas fort difficile à observer : je ne crains que les tables de la Cour : mais je suis trop heureux d'avoir un prétexte d'éviter les grands repas, auxquels aussi bien je ne prens pas un fort grand plaisir. J'ai résolu même d'être à Paris le plus souvent que je pourrai, non-seulement pour y avoir soin de ma santé, mais pour n'être point dans cette horrible dissipation, où l'on ne peut éviter d'être à la Cour. Nous partirons Mardi prochain pour la profession de ma chere fille, que je ne veux pas faire languir davantage. M. l'Archevêque de Sens veut absolument faire la cérémonie : j'aurois bien autant aimé qu'il eût donné cette commission à un autre, cela nous auroit épargné bien de l'embarras & de la dépense. M. l'Abbé Boileau a voulu aussi, malgré toutes mes instances, y venir prêcher, & cela avec toute l'amitié possible.

Nous allâmes l'autre jour dîner à Auteuil avec toute la petite famille, que M. Despréaux régala le mieux du monde. Ensuite il mena Lionval & Madelon dans le bois de Boulogne, badinant avec eux, & leur disant qu'il vouloit les mener perdre : il n'entendoit pas un mot de tout ce que ces pauvres enfans lui disoient ; c'est le meilleur homme du monde.

M. Hessein a un procès assés bizarre contre un Conseiller de la Cour des Aides, dont les chevaux ayant pris le frein aux dents, vinrent donner tête baissée dans son carosse, qui marchoit fort paisiblement. Le choc fut si violent, que le timon du Conseiller entra dans le poitrail d'un des chevaux de M. Hessein, & le perça de part en part, en telle sorte que le pauvre cheval mourut au bout d'une heure : il a fait assigner le Conseiller, & ne doute pas qu'il ne le fasse condamner à payer son cheval. Faites part de cette aventure à M. l'Ambassadeur ; mais qu'il se garde bien d'en plaisanter dans quelque Lettre avec M. Hessein, car il prend la chose fort tragiquement.

A Paris le 10. Novembre.

J'Arrive de Melun fort fatigué. J'avois crû que l'air me fortifieroit, mais je crois que l'ébranlement du carosse m'a beaucoup incommodé. Je ne laisse pourtant pas d'aller & de venir, & les Médecins m'assûrent que tout ira bien, pourvû que je sois exact à la diette qu'ils m'ont ordonnée, & je l'observe avec une attention incroyable. Je voudrois avoir le tems aujourd'hui de vous rendre compte du détail de la profession de votre sœur ; mais sans la flatter vous pouvez compter que c'est un Ange. Son esprit & son jugement sont extrêmement formés : elle a une mémoire prodigieuse, & aime passionnément les bons livres : mais ce qui est de plus charmant en elle, c'est une douceur & une égalité d'esprit merveilleuse. Votre mere & votre sœur aînée ont extrêmement pleuré ; & pour moi je n'ai cessé de sangloter ; je crois même que cela n'a pas peu contribué à déranger ma foible santé. Ne vous chagrinez pas si je ne vous écris pas davantage ; j'ai bien des choses à faire, & en vérité je ne suis guère en état de songer à mes affaires les plus pressées. Votre mere & toute la famille vous embrasse. C'est à pareil jour que demain que vous fûtes baptizé, & que vous fîtes un serment solemnel à J. C. de le servir de tout votre cœur.

A la Mere Sainte Thecle Racine.

A Paris le 11. Novembre.

J'Ai beaucoup d'impatience, ma chere Tante, d'avoir l'honneur de vous voir, pour vous dire tout le bien que j'ai vû dans ma chere enfant, que je viens de faire Religieuse. Je vous dirai cependant en peu de mots, que je lui ai trouvé l'esprit & le jugement extrêmement formé, une piété très-sincére, & surtout une douceur & une tranquilité d'esprit merveilleuse. C'est une grande consolation pour moi, ma chere Tante, qu'au moins quelqu'un de mes enfans vous ressemble par quelque petit endroit. Je ne puis m'empécher de vous dire un trait qui vous marquera tout ensemble, & son courage, & son naturel.

Elle avoit fort évité de nous regarder sa mere & moi pendant la cérémonie, de peur d'être attendrie du trouble où nous étions. Comme ce vint le moment où il falloit qu'elle embraſſât, ſelon la coûtume, toutes les ſœurs; après qu'elle eût embraſſé la Supérieure, on lui fit embraſſer ſa mere & ſa ſœur aînée qui étoient auprès d'elle, fondant en larmes. Elle ſentit tout ſon ſang ſe troubler à cette vûë; elle ne laiſſa pas d'achever la cérémonie avec le même air modeſte & tranquille qu'elle avoit eu depuis le commencement: mais dès que tout fût fini, elle ſe retira dans une petite chambre, où elle laiſſa aller le cours de ſes larmes, dont elle verſa un torrent, au ſouvenir de celles de ſa mere. Comme elle étoit dans cet état on lui vint dire que M. l'Archevêque de Sens l'attendoit au parloir avec mes amis & moi. *Allons, allons*, dit-elle, *il n'eſt pas tems de pleurer*. Elle s'excita elle-même à la gayeté, & ſe mit à rire de ſa propre foibleſſe, & arriva en effet en ſouriant au parloir, comme ſi rien ne lui fût arrivé. Je vous avouë, ma chere Tante, que j'ai été touché de cette fermeté, qui me paroît aſſez au-deſſus de ſon âge.

Le ſermon de M. l'Abbé Boileau

fut très-beau, & très-plein de grandes vérités. Tout cela a fait un terrible effet sur l'esprit de ma fille aînée; & elle paroît dans une fort grande agitation, jusqu'à dire qu'elle ne sera jamais du monde: mais je n'ose guère conter sur ces sortes de mouvemens qui peuvent passer.

J'oubliois de vous dire que celle qui vient de se faire Religieuse aime extrêmement la lecture, & sur-tout des bons livres, & qu'elle a une mémoire surprenante. Excusez un peu ma tendresse pour un enfant dont je n'ai jamais eu le moindre sujet de plainte, & qui s'est donnée à Dieu de si bon cœur, quoiqu'elle fût assûrément la plus jolie de tous mes enfans, & celle que le monde auroit le plus attirée par ses dangereuses caresses.

Ma femme & nos petits enfans vous assûrent tous de leur respect. Il m'est resté de ma maladie une dureté au côté droit, dont j'avois témoigné un peu d'inquiétude: mais M. Morin m'a assûré que ce ne seroit rien, & qu'il la feroit passer peu à peu par de petits remédes. Du reste je suis assez bien, Dieu merci.

Je n'ai point été surpris de la mort de M. du Fossé; mais j'en ai été très-touché. C'étoit pour ainsi dire, le plus ancien ami que j'eusse au monde. Plût à Dieu que j'eusse mieux profité des grands exemples de piété qu'il ma donnés! Je vous demande pardon d'une si longue Lettre, & vous prie toujours de m'assister de vos prieres.

A SON FILS.

A Paris le 17. Novembre.

JE crois qu'il n'est pas besoin que j'écrive à M. l'Ambassadeur, pour lui témoigner l'extrême plaisir que je me fais d'avoir bientôt l'honneur de le voir (1). Ma joie sera complette, puisqu'il a la bonté de vous amener avec lui. Dites-lui qu'il me feroit le plus sensible plaisir du monde, si dans le peu de séjour qu'il fera à

---

(1) Il revint, pour être témoin de sa mort quatre mois après.

Paris, il vouloit loger chez moi. Nous trouverons moyen de le mettre fort tranquilement & fort commodément: & du moins je ne perdrai pas un seul des momens que je pourrai le voir & l'entretenir. Vous ne me trouverez pas encore parfaitement rétabli, à cause d'une dureté qui m'est restée au foie ; mais les Médecins m'assûrent que je ne dois pas m'inquiéter, & qu'en observant une diéte fort exacte, cela se dissipera peu à peu. Comme je ne suis guère en état de faire de longs voyages à la Cour, vous viendrez fort à propos pour me tenir compagnie; je ne vous empêcherai pourtant pas d'aller faire votre cour. Je n'avois pas besoin de l'exemple de Madame la Comtesse d'Auvergne pour me modérer sur le Thé ; j'en use sobrement, ainsi ne m'en apportez pas.

Si M. l'Ambassadeur fait quelque cas de ces Mémoires dont vous parlez sur la paix de Riswik ; vous pouvez les acheter. Si j'étois assez heureux pour le voir & l'entretenir souvent, je n'aurois pas grand besoin d'autres mémoires pour l'histoire du

Roi ; il la fait mieux que tous les Ambassadeurs & tous les Ministres ensemble ; & je fais un grand fonds sur les instructions qu'il a promis de me donner. Je ne crois point aller à Versailles avant le voyage de Marly : j'ai besoin de me ménager encore quelque tems, afin d'être en état d'y faire un plus long séjour. Adieu, mon cher fils. Toute la famille est dans la joie, depuis qu'elle sait qu'elle vous reverra bientôt. Tâchez, au nom de Dieu, d'obtenir de M. l'Ambassadeur qu'il vienne descendre au logis.

De la mere Sainte Thecle Racine à Madame Racine.

Gloire à Dieu, &c.

JE vous suis très-obligée, ma chere niéce, d'avoir pris la peine de nous mander vous-même des nouvelles de notre cher malade. Dans la douleur & les fatigues où vous êtes d'une si longue maladie, je crains beaucoup que vous ne tombiez malade aussi. Au nom de

Dieu conservez-vous pour vos enfans: car je vois bien par l'état où vous me mandez qu'est mon neveu, qu'ils n'ont plus de pere sur la terre. Il faut adorer les decrets de Dieu & nous y soumettre. Que les pensées de la Foi nous soutiennent. Dieu nous soutient lorsque nous espérons en lui. On ne peut être plus touchée que je le suis de votre perte & de la mienne: prions Dieu l'une pour l'autre.

DE LA MESME.

Ce 17. Mai 1699.

Gloire à Dieu, &c.

JE suis bien aise, ma très-chere niéce, du don que le Roi vous a fait. Il n'importe guère que ce soit à vous, ou à vos enfans : une bonne & sage mere comme vous, aura toujours bien soin d'eux. Tout ce que je vous demande, c'est de vous conserver : car que seroit-ce si vous veniez à leur manquer ? Tâchez donc de vous consoler & de vous fortifier en regardant Dieu, qui est le protecteur des veuves, & le pere des orphelins. J'ai besoin aussi bien que vous de me tourner vers Dieu, (1) pour ne pas trop ressentir cette séparation.

---

(1) Elle mourut l'année suivante.

LETTRES
DE MADAME DE MAINTENON

Les Dames de l'illustre maison de Saint Cyr, où la mémoire de mon pere s'est conservée d'une maniere qui fait connoître combien il s'étoit acquis d'estime, se sont donné la peine de chercher parmi toutes les Lettres qu'elles ont de Madame de Maintenon, celles où il est fait mention de lui, & ont eu la bonté de me les communiquer. Je les donne avec une grande satisfaction : elles sont d'un style qui fera désirer toutes les Lettres écrites de la même main. Ces Dames en ont un recueil considérable.

A MADAME DE BRINON. (1)

A Chantilly le 28. Mars.

VOus avez raison de tout disposer pour la prise d'habit de notre fille la Sœur Lallie (2); mais comment pouvez-vous être incertaine du jour? N'est-il pas arrêté avec celui qui prêche, & avec celui qui fait la cérémonie? Pour moi, je serai également prête Jeudi ou Vendredi. M. Racine, qui veut pleurer, aimeroit mieux que ce fut Vendredi, ce qui ne doit pourtant pas vous obliger à rien changer. Avertissez-moi seulement le plutôt que vous pourrez.

Je n'écris point à Madame de la Maisonfort (3). Que pourrois-je lui

---

(1) C'est la même Madame Brinon dont il est parlé dans le morceau des *souvenirs* de Madame la Comtesse de Caylus, que j'ai rapporté

(2) Mademoiselle de Lallie avoit fait le rôle d'Assuérus, & par cette raison mon Pere croyoit devoit assister à sa prise d'habit: mais il ne pouvoit assister à une pareille cérémonie sans pleurer.

(3) Cette jeune personne, dont le pere avoit été

écrire qu'elle ne sache mieux que moi? Plût à Dieu qu'elle ne sût que J. C. crucifié ; qu'elle pût oublier tout le reste, & se donner à Dieu & à nous avec ce cœur sincere & doux qu'elle avoit, & même avec toutes ses premieres imperfections, que j'aimois bien mieux que celles que la dévotion lui a données !

Les bons témoignages que vous me rendez de la Communauté me donnent une grande joie. Soyez ravie d'être aimée & respectée pour l'amour de Dieu, & renoncez à l'amour propre qui voudroit s'attirer ces sentimens pour lui-même. Quand je vois nos cheres filles agir en esprit de foi, j'ai une grande espérance qu'elles s'établissent sur des fondemens solides. Dieu veuille les benir de plus en plus, afin qu'elles puissent

---

malheureux dans son bien, fut recommandée à Madame de Maintenon, qui lui trouvant beaucoup d'esprit, la prit en affection. Elle vécut quelque tems à la Cour, & ensuite entra à Saint Cyr, où l'on ne faisoit point encore de vœux. Comme elle étoit sous la direction de M. de Cambrai, & cousine de Madame Guyon, qui la venoit voir souvent, on craignit qu'elle n'introduisît le Quiétisme à Saint Cyr. Elle eut ordre d'en sortir, & se retira dans un Couvent à Meaux, où elle fut sous la direction de M. Bossuet, tant qu'il vécut.

T 4

par leurs soins & par leurs veilles accroître son Royaume.

Je ne vous enverrai pas aujourd'hui vos constitutions..... M. Racine & M. Despréaux les lisent, les admirent, & y corrigent des fautes de langage.

Vous recevez mes avis comme d'un Ange. Dieu veuille que je vous les donne aussi parfaitement que vous les recevez. Je suis, &c.

DE LA MESME A MADAME

DE LA MAISONFORT. (1)

JE vous prie, ma chere fille, de vous souvenir que vous êtes Chrétienne & Religieuse. Votre vie doit être cachée, mortifiée, & privée de tous les plaisirs. Vous ne vous repentez pas du parti que vous avez choisi ; prenez-le donc avec ses aus-

---

(1) Cette Lettre fut écrite, ainsi que la suivante, à la même Dame, dont j'ai parlé dans la nôtre précédente. Comme elle avoit beaucoup d'esprit, Madame de Maintenon craignoit toujours qu'elle n'en eût trop.

térités & ses sûretés. Vous auriez eu plus de plaisir dans le monde; & selon les apparences vous vous y seriez perdue: ou Racine, en vous parlant du . . . vous y auroit entraînée; ou M. de Cambrai auroit contenté, ou même renchéri sur votre délicatesse, & vous seriez Quiétiste. Jouissez donc du bonheur de la sûreté. Aimeriez-vous mieux que votre maison fût plus éclatante que solide: & que vous serviroit d'y avoir brillé, si vous étiez abîmée avec elle?

Pourquoi Dieu vous a-t'il donné tant d'esprit & de raison? Croyez-vous que ce soit pour discourir, pour lire des choses agréables, pour juger des ouvrages de prose & de vers, pour comparer les gens de mérite, & les auteurs les uns aux autres? Ces desseins ne peuvent être de lui. Il vous en a donné pour servir à un grand ouvrage établi pour sa gloire: tournez vos idées de ce côté-là, aussi solides que les autres sont frivoles. Tout ce que vous avez reçû, est pour le faire profiter; vous en rendrez compte. Il faut que votre esprit devienne aussi simple que votre cœur. Que voudriez-vous apprendre ma chere fille ? Je vous réponds fur beaucoup d'expérience, qu'après avoir bien lû, vous verriez que vous ne fauriez rien. Votre Religion doit être tout votre favoir ; votre tems n'eft plus à vous. Dieu vous a donné toute la raifon que la lecture pourroit avoir donnée à un autre. Je le remercie de ce que vous aimez l'oraifon & l'Office. Je ne vous y vois point fans regretter de n'être pas Religieufe.

MAINTENON.

A LA MESME.

IL ne vous eft pas mauvais de vous trouver dans des troubles d'efprit. Vous en ferez plus humble, & vous fentirez par votre expérience, que nous ne trouvons nulle reffource en nous, quelque efprit que nous ayons. Vous ne ferez jamais contente, ma chere fille, que lorfque vous aimerez Dieu de tout votre cœur, ce que je ne dis pas par rapport à la profession où vous êtes engagée. Salomon vous a dit, il y a longtems, qu'après avoir cherché, trouvé, & goûté de tous les plaisirs, il confessoit que tout n'est que vanité & affliction d'esprit, hors aimer Dieu & le servir. Que ne puis-je vous donner toute mon expérience ! Que ne puis-je vous faire voir l'ennui qui dévore les Grands, & la peine qu'ils ont à remplir leurs journées ! Ne voyez-vous pas que je meurs de tristesse dans une fortune qu'on auroit eu peine à imaginer ; & qu'il n'y a que le secours de Dieu qui m'empêche d'y succomber ? J'ai été jeune & jolie ; j'ai goûté des plaisirs ; j'ai été aimée par-tout. Dans un âge un peu plus avancé, j'ai passé des années dans le commerce de l'esprit. Je suis venu à la faveur, & je vous proteste, ma chere fille, que tous les états laissent un vuide affreux, une inquiétude, une lassitude, une envie de connoître autre chose, parce qu'en tout cela rien ne satisfait entierement. On n'est en repos que lorsqu'on s'est donné à Dieu ; mais avec cette volonté déterminée dont je vous parle quelquefois. Alors on sent qu'il n'y a plus rien à chercher ; qu'on est arrivé à ce qui seul est bon sur la terre. On a des chagrins, mais on a aussi une solide consolation, & la paix au fonds du cœur au milieu des plus grandes peines.

Mais vous me direz, Se peut-on faire dévote quand on veut ? Oui, ma chere Fille, on le peut ; & il ne nous est pas permis de croire que Dieu nous manque. *Cherchez & vous trouverez : heurtez à la porte, & on vous l'ouvrira :* ce sont ses paroles ; mais il faut le chercher avec humilité & simplicité. Saint Paul pouvoit bien en savoir plus qu'Ananie. Il va pourtant le trouver, & apprend par lui ce qu'il faut qu'il fasse. Vous ne le saurez jamais par vous-même. Il faut vous humilier ; vous avez un reste d'orgueil que vous déguisez à vous-même sous le goût de l'esprit ; vous n'en devez plus avoir ; mais vous devez encore moins chercher à le satisfaire avec un Confesseur. (1) Le plus simple est le meil-

___

(1) Malgré cet avis elle ne chercha pas les plus simples, puisqu'elle fut conduite par M. de Cambrai d'abord, & ensuite par M. Bossuet.

leur pour vous ; & vous devez vous y soumettre en enfant. Comment surmonterez-vous les croix que Dieu vous enverra dans le cours de votre vie, si un accent Normant ou Picard vous arrête : ou si vous vous dégoutez d'un homme, parce qu'il n'est pas aussi sublime que Racine ? Il vous auroit édifié le pauvre homme, si vous aviez vû son humilité dans sa maladie, & son repentir sur cette recherche de l'esprit Il ne chercha point dans ce tems-là un directeur à la mode ; il ne vit qu'un bon Prêtre de sa paroisse (1). J'ai vû un autre bel Esprit, qui avoit fait de très-beaux ouvrages, sans les avoir fait imprimer, ne voulant pas être sur le pied d'Auteur : il brûla tout, & il n'est resté de lui que quelques fragmens dans ma mémoire. Ne nous occupons point de ce qu'il faudra tôt ou tard abjurer. Vous n'avez encore guère vécu ; & vous avez pourtant à renoncer à la tendresse de votre

---

(1) Ce Prêtre étoit depuis longtems son Confesseur ordinaire, & le fut jusqu'à la fin. Cependant il eut dans sa derniere maladie, de grandes obligations à l'Abbé Boileau le Prédicateur, qui venoit souvent lui parler de Dieu.

cœur, & à la délicatesse de votre esprit. Allez à Dieu, ma chere Fille, & tout vous sera donné. Adressez-vous à moi tant que vous voudrez. Je voudrois bien vous mener à Dieu; je contribuerois à sa gloire; je ferois le bonheur d'une personne que j'ai toujours aimée particulierement; & je rendrois un grand service à un Institut qui ne m'est pas indifférent.

MAINTENON.

A MADAME LA MARQUISE DE...

A Saint Cyr le 12 May 1717.

JE reconnois bien M. le Maréchal de Villeroi dans la sollicitation qu'il a faite pour vous à M. le Duc d'Orléans, sans vous en rien dire. Il en usa de même pour moi, à la mort de la Reine Mere : il demanda au Roi une pension pour moi, quoiqu'il ne m'eût jamais parlé. Il vient de m'écrire sur ce qui se passe, une Lettre en style plus tragique que celui de Longepierre. Je voudrois bien être en tiers quand vous pleurez avec Madame de Chevreuse; ses larmes sont bien sincères, & elle a grande raison. Comment M. Dangeau se tire-t'il de l'état présent du monde, lui qui ne veut rien blâmer? Dieu vous a fait une grande grace en vous donnant le goût de la solitude ; car vous êtes très-propre au monde ; (c'est-à dire au monde que j'ai connu). Ce n'est pas la seule que vous ayez reçûe de lui ; & je ne connois personne qui lui doive tant de reconnoissance.

Dieu veuille que la représentation d'Athalie fasse quelques conversions : c'est, je crois, la plus belle piéce qu'on ait jamais vûe. Je suis étonnée que M. le Cardinal de Noailles ne s'oppose pas à ces représentations faites par des Comédiens. Vous jugez bien qu'on le trouve très-mauvais à Saint Cyr.

TOus les avis que mon Pere dans ses Lettres donna à mon Frere pour se faire à la Cour des amis & des protecteurs, furent inutiles à un homme qui dominoit l'amour de la solitude, & qui, sitôt qu'il fut devenu son maître, a fui le monde, quoiqu'il y fût fort aimable, quand il étoit obligé d'y paroître. M. de Torcy continuant ses bontés pour lui, après la mort de mon Pere, l'envoya à Rome avec l'Ambassadeur de France. Il y resta peu, & ayant obtenu la permission de vendre sa charge de Gentilhomme ordinaire, il s'enferma dans son cabinet avec ses livres, & y a vécu jusqu'à 69 ans, sans presque aucune liaison qu'avec un ami, très-capable à la vérité de le dédommager du reste des hommes. On a bien pû dire de lui, bene qui latuit, bene vixit. Sans aucune ambition, & même sans celle de devenir savant, son seul plaisir fut de parcourir toutes les sciences, s'attachant particulierement aux Belles-Lettres, & s'étant toujours contenté de lire, sans avoir jamais rien écrit, ni en vers, ni en prose, quoiqu'il fût très-capable d'écrire, & par ses connoissances, &

par son style. On en peut juger par cette Lettre qu'il m'écrivit lorsque je lui fis remettre le Poëme de la Religion pour l'examiner.

A Paris.

J'Ai lû votre ouvrage, rapidement à la vérité, & simplement pour me mettre au fait du Tout ensemble : le projet est beau, bien exécuté, & digne d'un Chrétien de votre nom. J'y ai trouvé une érudition, qui me fait voir que je ne suis point votre aîné en tout. Je ne vous parlerai pas de la versification : tout le monde convient que vous savez tourner un vers ; il n'y a rien que vous ne veniez à bout de dire en vers : il semble même que la secheresse & l'aridité des sujets échauffent votre veine, & vous tiennent lieu, pour ainsi dire, d'Apollon. Le fond des choses me fournira peut-être plusieurs observations que je vous ferai de vive voix. Je vous dirai seulement aujourd'hui, que vous insistez trop dans votre sixiéme chant sur la conformité de la morale des Payens avec celle de l'Evangile. Comment ces deux loix, celle de l'Evangile, & la loi naturelle, ne seroient-elles pas conformes, puisqu'elles sont toutes deux l'ouvrage du même Législateur ? Mais trouverez-vous dans la morale des Payens, l'amour de Dieu & l'amour de la Croix, ce qui fait à la fois, & tout le pénible, & toute la beauté de la loi de l'Evangile ?

Je ne puis vous pardonner qu'un aussi grand homme que Socrate vous fasse pitié dans le plus bel endroit de sa vie, lorsqu'il parle de ce coq qu'on doit sacrifier pour lui à Esculape. Je crains bien que vous n'ayez lû cet endroit que dans le François de M. Dacier : & il n'est pas étonnant qu'un pareil Traducteur vous ait induit en erreur. Socrate ne dit point à Criton de sacrifier un coq, mais simplement, *Criton, nous devons un coq à Esculape*, οφείλομεν ἀλεκτρύονα. Ne voyez-vous pas que c'est une plaisanterie, & que Platon, qui est toujours Homérique, le fait mourir comme il avoit vécu, c'est-à-dire, l'ironie à la bouche ? C'étoit une façon de parler proverbiale : quand quelqu'un étoit échappé

de quelque grand danger, on lui disoit : *Oh, pour le coup vous devez un coq
à Esculape*, comme nous disons, *vous
devez une belle chandelle*, &c. Voilà
tout le mystère. Socrate veut dire,
*Nous devons pour le coup un beau coq à Es-
culape, car certainement me voilà guéri de
tous mes maux.* Ce qui est très conforme à l'idée qu'il avoit de la mort. Pouvez-vous croire que la derniere parole d'un homme tel que Socrate ait été
une sottise ? Il y a des noms si respec-
tables, qu'on ne sauroit, pour ainsi dire, les attaquer, sans attaquer le genre
humain. *Parcendum est caritati hominum*,
dit si bien Cicéron. M. Despréaux,
tout Despréaux qu'il étoit, essuya de
la part de ses amis des critiques très-
ameres, sur ce qu'il avoit dit de Socrate dans son Equivoque. Il s'en sau-
voit, en disant qu'il n'avoit pû im-
moler à J. C. une plus grande victi-
me, que le plus vertueux homme du
Paganisme.

 L'intérêt que je prens à ce qui vous
regarde, l'emporteroit peut-être sur
ma paresse, & m'engageroit à vous
écrire d'autres réflexions ; mais le métier de Critique est un désagréable

métier, & pour celui qui le fait, & pour celui en faveur de qui on le fait. D'ailleurs je vous exhorte à chercher des censeurs plus éclairés & moins intéressés que moi.

La maniere dont il explique les dernieres paroles de Socrate, est fort ingénieuse, & est peut-être véritable. Mais M. Dacier, M. Rollin, & sur-tout la réponse de Criton, qui prend ces mots dans le sens naturel, m'ont persuadé que j'en avois pû dire ce que j'en ai dit, d'autant plus que Socrate ne parlant même dans ses derniers momens, que d'une façon incertaine sur l'immortalité de l'ame, m'a toujours paru un homme inconcevable.

www.ingramcontent.com/pod-product-compliance
Lightning Source LLC
Chambersburg PA
CBHW070540230426
43665CB00014B/1763